中华人民共和国法律释义丛书

中华人民共和国
电影产业促进法释义

主　编：许安标
副主编：王瑞贺

法律出版社

本书撰稿人：

郭　庆　诸政红　王历磊　侯晓光
陶　勇　袁先鹏　刘　林　刘汉思

出版前言

《中华人民共和国法律释义丛书》是由全国人大常委会法制工作委员会组织编辑的一套系列丛书。

该套丛书由一系列法律释义组成。邀请有关专家、学者和部分参与立法的同志编著。该丛书坚持以准确地反映立法宗旨和法律条款内容为最基本要求，在每部法律释义中努力做到观点的权威性和内容解释的准确性。

我们相信，该套丛书的陆续出版，将会给广大读者进一步学好法律提供有益的帮助。

目　录

第二部分 附 录

导 读

电影产业促进法于2016年11月7日经十二届全国人大常委会第二十四次会议表决通过,并于2017年3月1日起实施。这部法律对电影创作、摄制、发行、放映等活动和电影产业的支持、保障进行了全面规范。共六章六十条,虽然从篇幅上讲算不上大法,却有不少非同寻常之处。在准确理解每个具体条文的含义之前,我们需要从整体上把握这部法律的精神,了解在立法过程中对主要问题的思考和处理情况。

四点总体认识

第一,电影产业促进法是落实党中央关于繁荣发展社会主义文艺和建立健全文化法律制度决策部署的重大立法事项。党的十八届四中全会决定要求,建立健全坚持社会主义先进文化前进方向、遵循文化发展规律、有利于激发文化创造活力、保障人民基本文化权益的文化法律制度。习近平总书记就推动文化大发展大繁荣、建设社会主义文化强国作出过很多重要论述。立法工作要坚持党的领导,坚决贯彻党中央的决策部署,像电影产业促进法这样一部具有很强意识形态色彩、涉及国家文化安全的法律,尤其需要吃透党中央相关文件的精神和要求,才能把握好解决立法相关问题的思路和方法。

第二,电影产业促进法是我国文化立法取得的重大成果。

文化建设是中国特色社会主义总体布局中五大建设之一,但文化领域的立法已经不能适应全面推进依法治国的需要。在现行法律体系中,文化方面的立法较为薄弱,甚至存在很多空白。按照此前的说法,文化方面的法律只有"两部半":其中,两部指的是文物保护法和非物质文化遗产保护法,"半部"指的是著作权法(著作权法属于民法,因为具有文化属性,所以通常将其列为文化方面的法律)。党的十八大以来,党中央和全国人大常委会、国务院等有关方面都非常重视文化立法。2013 年经党中央批准的十二届全国人大常委会立法规划包括了制定电影产业促进法、公共图书馆法和修改著作权法、文物保护法,并将文化产业促进法和公共文化服务保障方面的立法作为研究论证项目。党的十八届四中全会以后,经党中央批准对立法规划进行了调整,明确将文化产业促进法和公共文化服务保障法作为规划一类项目,并同时加快了包括电影产业促进法、公共文化服务保障法在内的文化方面立法的进程。中央宣传部先后制定并实施了《关于制定我国文化立法十年规划(2004 - 2013)的建议》《未来五年(2014 - 2018)加快推进我国文化立法工作的建议》。这两份建议中都提出了电影产业促进法这一立法项目。电影产业促进法的立法过程颇为曲折。据介绍,早在 1984 年就有了电影法草稿。1988 年 6 月,七届全国人大法律委员会《关于五年立法规划的初步设想》中也提出了电影法的立法项目。因立法分歧较大,进程缓慢,在 20 世纪 90 年代初调整立法思路,改为先由国务院制定行政法规,并于 1996 年制定了《电影管理条例》。在电影产业化改革以后,2003 年又重新提出制定电影方面法律的问题,启动了电影促进法的起草制定工作。2009 年电影促进法更名为"电影产业促进法"。如从最早的起草工作算起,电影立法已经走过了三十多年的立法历程;从重启电影立法算起,也有十三个年头了。历经三届，几经反复，多方论证，广泛征求意见，数易其稿，也充分说明了文化立法的复杂性和特殊性。法律通过后，有媒体报道："承载了数代中国电影人梦想的电影产业促进法终于开花结果。"电影产业促进法是我国文化领域一部重要法律，是文化产业方面的第一部法律。

第三，我国发展电影产业取得了巨大成就，形成了一系列成熟的经验和做法，为立法奠定了坚实的基础。自2002年开始的电影产业化改革至今，我国电影产业已经取得长足发展。产业化改革之初，我国影片年产量不足百部，2016年达到了772部；票房从不足10亿元增加到2016年的457.12亿元。产业化就必然会有市场竞争，没有竞争就没有生命力。习近平总书记在文艺工作座谈会上的讲话中充分肯定了电影领域产业化后取得的成就。他说："经过市场竞争，国外影片并没有把我们的国产影片打垮，反而刺激了国产影片提高质量和水平，在市场竞争中发展起来了，具有了更强的竞争力。"产业化的成绩不仅表现在票房和产业规模上，还包括一批政策和制度成果。党和国家在电影行业与产业方面出台了一大批政策和法规规章等规范性文件，从市场规范到政策扶持、从剧本创作到发行放映、从合作拍摄到"走出去"战略，等等，都已经形成了一些稳定成型、行之有效的经验、政策和规范性文件，其中包括一批较为成熟的产业政策。因此，现在我们有条件把部分实施效果好、较为成熟的经验、政策总结、提炼上升为法律。这就是制定电影产业促进法的经济、社会和政策基础。

第四，电影产业促进法立法既要坚持简政放权，又要保障国家文化安全。如何处理电影行业管理和产业发展过程中的放管问题，始终是立法的重点和难点。这部法律总体上来说，既注重建立健全促进和保障电影产业发展的各项制度，又注重加强规范电影市场秩序，大力弘扬社会主义核心价值观，维护国家文化安全。我们坚持放管并举，该放的放开，该管的管住，寓管理于服务之中，为电影活动和相关产业发展提供便利和保障。一方面，按照下放和取消行政审批的要求，立法延续了相关领域继续简政放权的行政审批改革进程，减少行政审批项目，降低准入门槛。这部法律在从事电影活动方面没有新设行政许可，而且取消了电影制片单位审批、摄制电影片许可证（单片）审批等行政审批项目，下放了电影片审查等多项行政审批项目。特别是关于电影摄制许可问题，全国人大常委会在二审时对一审草案中规定的电影摄制许可（即企业资质许可）和电影剧本（梗概）的备案、审查问题进行了认真研究，在取得共识的基础上，最后取消了摄制电影的企业资质许可，简化、优化行政程序，通过电影剧本（梗概）备案或者审查把住"入口关"。这样既符合党中央简政放权的要求，又能有效地维护文化安全。另一方面，在电影创作、摄制和发行、放映等环节，努力建立健全规范、公开、透明的电影管理程序和标准。例如，明确规定电影审查的内容标准和行政程序，在相关程序中还明确规定审查期限；建立专家审查制度，要求国务院电影主管部门根据本法制定完善电影审查的标准和程序，并向社会公布。

八个主要问题

以上几点认识有助于理解电影产业促进法立法的重要意义和总体思路。经过梳理和概括，我们认为，这部法律主要解决了以下八个问题。

一、电影产业促进法的调整范围是什么？

制定电影产业促进法要解决什么问题？调整哪些法律关

系？规范哪些活动和行为？能够把电影产业范畴内的问题解决到什么程度？等等。电影领域正在进行日新月异的改革，而法律是相对稳定的，对于正在或将要发生的重大变革，电影产业促进法如何调整、适应、留有接口，都需要在立法过程中慎重研究。在立法过程中，逐步厘清了以下几个问题：

（一）只就电影立法，而不包括电视剧。电影与电视剧，既有共性，又有区别。二者都是视听作品的综合表现形式，而且越来越多地出现从业人员跨界发展、制作公司兼营等现象，甚至进行影视剧套拍，但二者在艺术表现特点、行业属性、创作规律、传播模式、管理体制等方面存在明显不同。例如，就行业属性而言，电影具有较强产业和市场特征，在国际文化贸易中占有极其重要的地位，观众要通过购票来消费，而电视剧具有较强的公益性和公共产品特性，也是公共文化服务的一部分，一般不需要购票消费。很多意见要求就影视合并立法，法律名称可以叫作“影视管理法”或者“影视产业促进法”。立法过程中，也曾经尝试在法律附则中规定电视剧的创作、摄制等活动参照电影产业促进法的有关规定执行。从国外的立法模式来看，多数国家是对电影或电影产业单独立法的。英国有电影法和电影院法，法国有电影工业法，德国有电影产业促进法，俄罗斯制定了联邦电影业国家扶持法，韩国制定了电影振兴法，意大利、西班牙、印度、新加坡等都有电影法。美国、加拿大等国采用分散立法的方式。美国在联邦层面没有统一规定，而是由各州自行立法，各州侧重点不同，有的重在平衡市场竞争，如印第安纳州的反不正当竞争法就涉及电影内容；有的侧重于电影摄制税收优惠的规定，如亚利桑那州在其民法典中有对电影制片优惠的规定。加拿大关于电影的法律框架则包括版权法、所得税法、投资法、国家电影局法和影视协会法等。当然，也有少数国家，如巴西，是将视听艺术合并立法的。立法模式最终选择就电影产业单独立法，是一个科学、合理的选择。在全国人大常委会一审时，影视合并立法的呼声依然很高，经过讨论、说明，二审以后认识逐渐趋于一致，只就电影产业单独立法成为主导意见。

（二）网络电影等网络视听节目不纳入调整范围。对这个问题的认识有个过程，解决思路前后有所调整，甚至反复。这也反映电影行业和产业领域正在发生着深刻变革，而且这些变革对现行管理体制、法律制度和产业趋势会造成什么样的影响，各方面的认识尚难统一，管理和规制的经验还不成熟。网络视听节目，是指制作、编辑、集成并通过互联网向公众提供视音频节目，以及为他人提供上载传播视听节目服务的活动。其主要包括通常所说的网络剧、微电影、网络大电影等。网络剧，是指通过互联网播放的网络连续剧；微电影是指专门在各种新媒体平台上播放、适合在移动状态和短时休闲状态下观看的具有完整故事情节的视频短片，也叫网络微视频；网络大电影是介于传统影院电影和微电影之间的中小制作电影，以互联网传播但不进入传统影院发行放映渠道的网络电影。网络剧不纳入调整范围比较好理解，但微电影和网络大电影，主要是网络大电影，二者虽然在时长、投资、营利模式等方面有差异，但无实质性区别，且同时冠以“电影”之名，是否进入法律调整范围，认识分歧较大。网络电影近年来正在进行着飞跃式发展，据国家新闻出版广电总局提供的材料，2014 年有商业和艺术价值的微电影年产量达 2 万部，网络大电影 400 多部。2015 年，网络大电影已经达到 600 多部。特别是近两年，随着数字技术和网络技术的迅猛发展，网络大电影在影像和声音质量方面基本达到了影院放映的水平和要求，创作和播放规模也开始爆发式增长。

对于网络视听节目，我国目前实行不同于电影的管理制度，出台了一些规范性文件，主要包括《互联网视听节目服务管理规定》《关于进一步加强网络剧、微电影等网络视听节目管理的通知》和《关于进一步加强网络剧、微电影等网络视听节目管理的补充通知》等。对网络视听节目实行播出机构准入管理，对内容审核实行“谁办网，谁负责”的自审自播模式。二审之前，主管部门始终坚持现行的管理模式，不希望将网络电影纳入电影产业促进法的调整范围。后来，实际情况发展了很大的变化。随着网络视听节目的快速发展，特别是网络大电影，正对包括影院电影在内的视听艺术市场造成巨大冲击，同时，相当一部分网络视听节目充斥着暴力、恐怖、迷信、色情内容，侵犯知识产权，甚至宣传社会阴暗面，传播负能量，诋毁社会主义核心价值观。在草案二审后，有关方面和主管部门对网络电影的认识有了很大转变，希望对现行网络视频管理制度进行调整，对网络电影与影院电影进行统一管理，采取统一规则、统一标准，进行事前的内容审查。具体而言，就是要将网络电影限定为片长60分钟以上、有完整叙事结构的单本影片，纳入法律调整范围，实施剧本梗概备案或剧本立项审查、完成片审查和境外参展备案管理等。完成片获得电影公映许可证后，方可通过信息网络传播。其中，符合电影院放映技术标准的，还可以通过院线发行和在影院放映。最后通过的法律没有采纳这一意见。其主要考虑是，网络电影和传统影院电影的区别较大，这部法律起草至今十几年时间里只限定为影院电影，对于网络视听节目立法相关问题的论证尚不充分。网络视听节目有特别的管理制度，影院电影和网络电影统一管理没有什么经验，还需要进一步探索。这部法律只解决影院电影问题，比较谨慎、稳妥。习近平总书记在文艺工作座谈会上的讲话中指出：互联网技术和新媒体改变了文艺形态，催生了一大批新的文艺类型，也带来文艺观念和文艺实践的深刻变化。就当前的立法条件来看,对网络电影继续实行现行的管理制度,可以对发展中出现的新问题灵活规范和调整,同时也为进一步制定相关法律或法规积累经验,让网络电影这种新的视听艺术形式保留更自由、更充分的发展空间。

法律上对电影的定义是:运用视听技术和艺术手段摄制、以胶片或者数字载体记录、由表达一定内容的有声或者无声的连续画面组成、符合国家规定的技术标准、用于电影院等固定放映场所或者流动放映设备公开放映的作品。这个定义很复杂。如果撇开专业、技术的限定词,就可以简单理解为法律规定的只是“影院电影”。

网络电影不适用本法,影院电影才适用本法,但是符合本法规定的电影即影院电影,如果通过互联网、电信网、广播电视网等信息网络传播,除了适用本法外,还需要遵守信息网络管理的法律、行政法规的规定。

(三)对“电影活动”的理解要宽泛一些。第二条规定:“在中华人民共和国境内从事电影创作、摄制、发行、放映等活动(以下统称电影活动),适用本法。”“电影活动”包含的内容比较丰富,包括公民、法人、其他组织从事电影创作、摄制、发行、放映的活动,国家机关的管理行为,还包括个人的观影行为等。《电影管理条例》对电影进出口作了专章规定,而电影产业促进法没有采取这种办法,但这一条中的“等”,应该理解为包括电影进出口的内容,换言之,电影进出口也属于电影产业促进法调整的范围。如第十一条规定“国家鼓励开展平等、互利的电影国际合作与交流,支持参加境外电影节(展)”;第四十四条规定:“国家对优秀电影的外语翻译制作予以支持,并综合利用外交、文化、教育等对外交流资源开展电影的境外推广活动。国家鼓励公民、法人和其他组织从事电影的境外推广。”

（四）属于道德规范的可作原则规定，属于市场能够调节的尽量不作法律限制。在立法过程中特别是法律草案提请全国人大常委会审议之后，各方面主要针对社会反映较大的“劣迹艺人”和“天价片酬”问题，呼吁在电影产业促进法中作出规定。我们认为“劣迹艺人”问题基本上属于道德范畴的事情，在法律上如果作出禁业等限制性规定，既违反法理，又与现行的一些法律不相协调。但演艺人员作为社会公众人物，也必须承担比普通公民更多的道德义务。所以，最后在总则中规定“演员、导演等电影从业人员应当坚持德艺双馨，遵守法规，尊重社会公德，恪守职业道德，加强自律，树立良好社会形象”。“天价片酬”问题是在二审以后才被社会热炒的，在全国人大常委会会议上也有很多反映。但这个问题的成因很复杂，症结不在于法律制度。立法过程中，曾尝试在法律草案中作出规定，要求摄制电影的法人、其他组织应当统筹安排摄制资金的使用，合理确定导演、主要演员、一般演职人员及其他工作人员的薪酬在摄制成本中所占比例，保障电影制作质量。但最后的研究意见认为，“天价片酬”问题还是主要靠市场竞争、行业自律去解决，不宜在法律上作出硬性规定。

总之，电影产业促进法最终确定的立法边界是明确的，调整范围相对较小，但就目前的立法条件而言，采取先以产业领域为重点建立电影相关法律制度的立法思路，是稳妥、务实的选择。在这部法律实施一段时间总结经验以后，还可以逐步拓宽法律调整范围，补充、完善相关法律制度。

二、电影产业促进法是如何保障电影创作自由的？

电影创作是摄制电影、发展电影产业的基础性、前提性活动，但就“促进法”而言，电影创作并不是主要的、核心的内容，因此，涉及电影创作的问题只在总则、第二章和第四章中作了一些较为原则的规定。在立法过程中,围绕电影创作自由也有不少争论,就如何保障电影创作自由、如何体现党的文艺方针和创作导向、如何鼓励和支持优秀电影剧本的创作等,都进行过深入的研究和讨论。

(一)总则中明确规定了“尊重和保障电影创作自由”。继2014年10月习近平总书记在文艺工作座谈会上发表重要讲话之后,2015年中共中央又印发了关于繁荣发展社会主义文艺的意见,开启了繁荣社会主义文艺的新篇章。电影产业促进法第四条规定:“国家坚持以人民为中心的创作导向,坚持百花齐放、百家争鸣的方针,尊重和保障电影创作自由,倡导电影创作贴近实际、贴近生活、贴近群众,创作思想性、艺术性、观赏性相统一的优秀电影。”这里体现了发展文艺事业的方针以及对电影行业和产业发展方向的指引。“国家坚持以人民为中心的创作导向”“尊重和保障电影创作自由”等表述都是第一次出现在法律规定之中。

在立法过程中,有些意见希望对电影创作自由作出更加具体、充分的规定,但从理论和立法目的来看,关于创作自由的规定不应是电影产业促进法的重点,也不宜作过细的规定。宪法第四十七条规定:“中华人民共和国公民有进行科学研究、文学艺术创作和其他文化活动的自由。国家对于从事教育、科学、技术、文学、艺术和其他文化事业的公民的有益于人民的创造性工作,给以鼓励和帮助。”这是公民的基本权利,包括文学艺术创作自由,而没有直接提到电影创作自由。所以,电影创作自由是从属于这一项基本权利的。在电影产业促进法的总则中需要与这一宪法规定做好衔接。应该看到,“电影创作自由”第一次由国家法律予以肯定,是电影法治建设的一个重大进步。

(二)第二章对电影创作作了简单规定。这一章的名称是

“电影的创作、摄制”,但实际上直接规定电影创作的内容只有一条,即第十二条“国家鼓励电影剧本创作和题材、体裁、形式、手段等创新,鼓励电影学术研讨和业务交流。县级以上人民政府电影主管部门根据电影创作的需要,为电影创作人员深入基层、深入群众、体验生活等提供必要的便利和帮助”。这一条中规定的两个条款主要体现了两层意思:一是明确国家从电影剧本创作、艺术表现形式和学术研究交流等方面鼓励电影创作活动;二是明确县级以上人民政府为电影创作活动提供便利和帮助的责任,这也是一项具有中国特色的法律制度。

(三)第四章明确国家支持电影创作的范围。第三十六条明确规定,国家支持创作、摄制的电影包括:传播中华优秀文化、弘扬社会主义核心价值观的重大题材电影;促进未成年人健康成长的电影;展现艺术创新成果、促进艺术进步的电影;推动科学教育事业发展和科学技术普及的电影;其他符合国家支持政策的电影。对这些电影的支持有实实在在的政策措施和文件依据,例如,财政部在 2007 年印发的《电影精品专项资金管理办法》,在专项资金使用范围中列为第一位的就是中国电影华表奖及夏衍剧本奖的奖励。

三、电影产业促进法规定了哪些行政许可?在电影摄制许可方面如何既体现行政审批改革的要求,又有利于保障国家文化安全?

总体上看,电影产业促进法确认了近些年电影领域行政审批改革的成果,并延续了取消、下放、合并相关行政审批,实行简政放权的趋势。电影产业促进法草案最初规定了六个行政许可项目,即电影制片单位设立许可、中外合作摄制电影片审批、电影剧本(梗概)备案核准和电影片审查、电影发行单位设立许可、电影放映单位设立许可、在境内举办涉外电影节(展)审批。

与此前的相关行业管理制度相比，取消了两项行政审批，即取消电影摄制许可证（单片），只保留电影摄制许可证；取消一般题材电影剧本审查，只需将电影剧本梗概予以备案。同时，下放了五项行政许可，即电影摄制审批、特殊题材电影剧本审批、电影公映审批、电影放映审批、举办涉外电影节（展）审批。

电影摄制许可，是电影行业行政审批制度改革的难点，也是这次立法的难点。在法律草案一审时，是否规定电影摄制许可再次成为焦点。一审法律草案的设想是同时规定电影摄制资质许可和一般题材电影剧本的备案及特殊题材电影剧本的审查。所谓电影摄制许可，就是对摄制主体实行资质许可，要求企业、其他组织必须具有与所从事的电影摄制活动相适应的人员、资金等条件，经电影主管部门批准，才可以从事电影摄制活动。这项许可主要是根据《电影管理条例》设立的。2014 年，该行政许可权限下放至省级广电部门实施。2015 年，内资电影制片单位设立审批由工商登记前置审批事项改为后置审批。实践中，申请设立电影制片单位，由所在地省级广电部门审批，发给摄制许可证。在法律草案提请全国人大常委会审议后，有关方面正在研究并将摄制许可列为拟取消的项目。同时，2014 年国务院印发《注册资本登记制度改革方案》，已经明确将公司资本注册制改为认缴制，不能再以公司注册资本门槛作为电影摄制资质许可的条件，原草案中的“相适应的人员条件”在实践中也已经形同虚设。所以，在法律上规定此项行政许可已经不具备可行性。为此，法律委、法工委召开了专题协调会，有关部门参加并进行了论证和协调。最后达成一致，将原草案第十五条（关于电影摄制许可）、第十六条（关于电影剧本的备案和审查）合并，简化为一道审批程序。当然，考虑到保障文化安全的需要，保留了特殊题材电影剧本的审查批准和一般题材电影剧本的备案管理。

这样既简化、优化了行政许可程序，又维持了电影立项阶段的把关，有利于保障文化安全。

需要说明的是一般题材电影剧本的备案问题。电影剧本通常分为四类：(1)一般题材；(2)特殊题材；(3)重大革命、重大历史题材与重大文献纪录影片；(4)中外合作摄制影片。对不同的类型分别实行不同的备案和审查程序。电影产业促进法保留了第(4)项即中外合作电影的摄制许可，并作出了专门规定，即第十四条，要求法人、其他组织经国务院电影主管部门批准，可以与境外组织合作摄制电影。对第(2)、(3)两项也基本维持了现行的行业管理制度，改革的主要是第(1)项即一般题材的境内电影的行业管理模式。也就是说，对境内电影在取消摄制许可的前提下规定了两种管理模式。一是，涉及重大题材或者国家安全、外交、民族、宗教、军事等方面题材，实行审查制。这里讲的重大题材，即重大革命、重大历史题材和重大文献纪录影片；国家安全、外交、民族、宗教、军事等方面题材，即通常所讲的特殊题材(法律条文中没有使用原来规章等文件中用的"特殊题材"概念)。报送审查的必须是电影剧本，而不是梗概。二是，一般题材，实行备案制。除重大题材和特殊题材以外的题材均为一般题材，实行剧本梗概备案制，即由拟摄制电影的法人、其他组织将电影剧本梗概向国务院电影主管部门或者省、自治区、直辖市人民政府电影主管部门备案。中央影视文化单位向国家新闻出版广电总局备案，地方影视文化单位向省级广电部门备案。剧本梗概报送备案后，均要由接受备案的机关出具备案证明文件。采用"备案证明文件"，是立法过程中各方均可以接受的处理办法。

就电影本身的公共文化属性来讲，取消了长期实行的摄制许可后需要一个过渡性的管理措施，因此，"备案证明文件"既能贯彻简政放权、激发电影市场活力的要求,又能使相关管理部门有一个抓手,保证相应统计、管理活动的正常运行。同时,“出具备案证明文件”在实践中确实为相关摄制活动提供便利,制片方也可以及时得到主管部门的反馈意见,减少后期的摄制协调和剧本修改难度,有助于降低风险和成本。

四、电影产业促进法对电影审查制度有哪些规定?在立法过程中是如何考虑电影分级问题的?

电影管理条例专章规定了电影审查,明确规定国家实行电影审查制度,未经国务院主管部门的电影审查机构审查通过的电影片不得发行、放映、进口、出口。电影产业促进法没有专章对电影审查制度作出规定。在电影审查和分级制度方面,立法过程中主要有以下几个方面的考虑:

(一)坚持实行电影审查制度是必要和可行的。电影审查制度与我国的社会制度、文化传统、意识形态是密切相关的。早在1948年,中宣部下发《关于电影工作的指示》就确立了电影审查制度。就法制化的进程而言,审查制度也是从政策向法规规章、再到法律,逐渐过渡,并随着电影事业发展和电影体制改革逐渐完善的。1993年的部门规章《电影审查暂行规定》规定了电影审查制度,1996年行政法规《电影管理条例》规定了电影审查制度,并在2001年修改后的《电影管理条例》中进一步规范、完善。这次立法,对电影审查制度本身的认识始终是一致的。分歧在于是只规定审查制度不规定分级制度,还是实行审查和分级并行的制度。就外国的情况来看,主要有三种类型:一是欧美诸国普遍实行电影分级制度,不实行审查制度,由官方或协会等非政府组织按照确定的分级指导原则、标准、程序对电影进行分级;二是只实行审查制度,而不实行分级制度,即由政府部门对电影的内容进行审查,审查通过后方可公映;三是实行审查和分级相结合的制度,在新加坡、印度等国,首先由政府部门对电影内容进行审查,然后再对通过审查的电影进行分级。实行审查制度,是电影管理制度的一种模式,与世贸规则并不矛盾。

(二)电影审查的规范化、法制化、公开化是我国电影管理制度的巨大进步。(1)在坚持电影审查制度的前提下,电影产业促进法第一次以国家法律的形式对电影审查制度作了规定,也就是说,电影审查制度自此有了国家法律的依据。(2)完善了电影审查的内容标准,比《电影管理条例》的相关规定更加充实、完善,而且增加了一些新的内容,如“煽动抗拒或者破坏宪法、法律、行政法规实施”“宣扬恐怖主义、极端主义”“诋毁民族优秀文化”等,都是新增加的电影审查内容标准。(3)对电影审查的程序进行具体规定,包括:对主管部门审查的时间作出明确规定;对于准予公映的,要颁发电影公映许可证;对不准予公映的,要书面通知申请人并说明理由。要求国务院电影主管部门制定完善电影审查的具体标准和程序,并向社会公布,而且在制定具体标准的过程中必须向社会公开征求意见,并组织专家进行论证。同时,规定了进行电影审查应当组织不少于五名专家进行评审,还规定了对专家评审意见有异议时适当的救济渠道。法人、其他组织对专家评审有异议的,国务院电影主管部门或者省、自治区、直辖市人民政府电影主管部门可以另行组织专家再次评审。国务院电影主管部门还将根据本法的授权,制定专家遴选和评审的具体办法。(4)进一步明确电影审查和公映许可效力。除国家另有规定的情况外,未取得电影公映许可证的电影,不得发行、放映,不得通过互联网、电信网、广播电视网等信息网络进行传播,不得制作音像制品。参加电影节(展)的电影也必须以获得公映许可证为前提。总之,在电影产业促进法中,电影审查法律制度的建立是按照规范化、法制化、公开化的要求进行的。

（三）虽未确立分级制度，但非常注重对青少年的保护。电影产业促进法坚持并完善了电影审查制度，没有规定电影分级制度。反对和支持分级制度的两种声音贯穿整个立法过程，但法律起草部门和有关方面在这部法中不规定电影分级制度的立场始终是明确的。支持分级制度的意见很多，理由也很多，但分级制度的核心是青少年保护问题。电影产业促进法虽然没有规定分级制度，但绝不意味着不重视青少年保护问题，而且恰恰相反，这部法律突出体现了加强青少年保护的内容。直接规定青少年保护及其观影需求保障的内容至少有四处：(1)要求电影不得含有侵害未成年人合法权益或者损害未成年人身心健康的内容（第十六条第六项）；(2)对于获得公映许可证的电影，如果电影放映可能引起未成年人等观众身体或者心理不适的，应当予以提示（第二十条第一款）；(3)在保障未成年人观影需求方面，规定国务院教育、电影主管部门可以共同推荐有利于未成年人健康成长的电影，并采取措施支持接受义务教育的学生免费观看，由所在学校组织安排（第二十八条）；(4)国家明确支持创作和摄制的电影包括“促进未成年人健康成长的电影”（第三十六条第二项）。总体上看，在各方分歧较大、难以决策的条件下，比较稳妥且符合实际的选择是，不规定分级制度，但加强与电影有关的青少年保护，同时逐步完善电影审查制度，并在条文中为将来可能进行的改革留有空间。

五、关于发行制度为什么只有很简单的规定？

所谓电影发行，就是电影著作权或者发行权享有者向社会提供电影拷贝用于放映和其他有关电影流通的行为和过程。电影发行一般通过票房分账或者出售、出租电影拷贝等方式收取费用。电影发行是电影作品有效进入市场的流通环节,是电影产业的重要链条。我国电影产业发展已经取得的成就与发行领域的改革是分不开的;电影产业的进一步发展也迫切需要发行领域的进一步改革。第三章名为“电影发行、放映”,但关于电影发行制度的规定并不多,基本上维持了现行发行制度。作出这样的制度设计,主要是考虑到电影发行制度正在进行改革,大的政策调整还没有最后确定,不宜规定得太细,原则一些的规定可为将来的改革留下空间,不会造成阻碍。

这次立法最主要的内容就是规定了发行许可制度。一方面,确认了电影发行许可。规定企业具有与所从事的电影发行活动相适应的人员、资金条件的,经国务院电影主管部门或者所在地省、自治区、直辖市人民政府主管部门批准,可以从事电影发行活动;另一方面,明确了电影发行许可的审批程序。程序性规定与电影放映许可是一样的。主管部门在受理之日起三十日内,作出批准或者不批准的决定。对符合条件的,予以批准,颁发电影发行经营许可证,并予以公布;对不符合条件的,不予批准,书面通知申请人并说明理由。

我国电影发行机制目前面临着新的挑战,也一直在尝试着进一步的改革。就国产影片的发行而言,以前通过电影管理条例、电影企业经营资格准入暂行规定等,也建立了严格的行政审批制度。按照发行主体划分,我们可以把发行分为普通发行主体和院线公司发行两种形式。普通发行渠道包括专营国产影片的发行公司和电影制片单位发行本单位摄制并被许可公映的电影片及其复制品。专营国产影片的发行公司申请设立的条件是:注册资本不少于50万元,参与发行过两部电影。因为工商注册制的改革,注册资本的要求已经没有了,现在唯一的要求是参与发行过两部影片。2014年《国务院关于取消和调整一批行政审批项目等事项的决定》(国发〔2014〕27号)将电影发行单位设立、变更业务范围或者兼并、合并、分立审批由前置审批改为后置审批,即由“先证后照”改为“先照后证”。审批权限属于国务院电影主管部门和省级电影主管部门两种情况。因为设立此类公司实际上已经是“零门槛”,这个行政许可实际便是形同虚设,甚至在一些地方没有向主管部门申请许可的公司也在从事国产影片的发行。

院线公司的设立目的是减少发行层次、改变按行政区域计划供片模式,变单一的多层级发行为以院线为主的一级发行,发行公司和制片单位直接向院线公司供片。我国自2001年开始实行院线制改革,至今全国共有城市主流院线公司48家,其中原国家广电总局批准设立的跨省经营的40家,省级广电部门批准设立的8家。从要求来看,跨省院线的设立、兼并、重组全部由国家新闻出版广电总局审批,实际上多年来并没有批准新的跨省院线。同时,2016年《国务院关于第二批取消152项中央指定地方实施行政审批事项的决定》(国发〔2016〕9号)已经取消原由省级广电部门负责的电影院加入院线的审批。那么,在这种情况下为什么要对发行许可仍然作出规定?主要考虑:一是,虽然通过发行公司形式专营国产影片的行政许可实际已无必要,但院线公司,特别是跨省经营的院线公司仍在发展和改革之中,需要在法律中予以明确。所以,没有区分两种情况作专门规定,而是笼统规定了电影发行的行政许可。二是,电影发行体制改革涉及的进口影片问题比较复杂,当前只能作简单规定。

六、电影产业促进法规定的电影放映制度包括哪些内容?

相对于电影产业的其他环节,关于电影放映制度的规定是非常充实的,主要内容包括:确立固定场所电影放映许可及其程序,建立流动放映备案制度;突出电影放映活动的公共文化属性，鼓励和扶持公益放映，保障农村地区群众观影需求，为未成年人等特殊群体观影提供便利；对国产电影在放映环节予以特别保护；保证电影放映质量，保护电影市场秩序，打击扰乱电影市场的行为。理解这些内容，需要把握以下几点：

（一）这次立法确认了近几年电影放映方面行政审批制度改革的成果。按《电影管理条例》的规定，电影放映审批包括电影放映单位设立、变更业务范围或者兼并、合并、分立审批。2012 年《国务院关于第六批取消和调整行政审批项目的决定》（国发〔2012〕52 号）适度下放了审批权，即原来规定可以由县或者设区的市广电部门审批，改革以后，全部由县级广电部门审批。2014 年《国务院关于取消和调整一批行政审批项目等事项的决定》（国发〔2014〕27 号）将“电影放映单位设立、变更业务范围或者兼并、合并、分立审批”由前置审批改为后置审批。2016 年《国务院关于第二批取消 152 项中央指定地方实施行政审批事项的决定》（国发〔2016〕9 号）取消了“电影放映单位兼并、合并、分立审批”，实际上只保留了“电影放映单位设立、变更业务范围审批”。电影产业促进法对电影放映许可的规定包括：一是明确企业和个体工商户均可以成为影院等固定场所放映的主体，而《电影管理条例》规定只有放映单位才能成为影院放映的主体；二是电影产业促进法进一步明确了流动放映的备案管理制度，企业和个人均可以从事流动放映活动，但应当将企业名称或者经营者姓名、地址、联系方式、放映设备等向经营区域所在地县级人民政府电影主管部门备案。按照电影管理条例的规定，放映单位或者个人从事农村 16 毫米电影片放映业务既需要履行电影行政主管部门备案程序，又需要履行工商登记手续。

（二）强化电影放映活动的公共文化属性，鼓励和扶持公益放映,保障农村地区群众观影需求,为特殊群体观影提供便利。法律明确规定由政府出资建立完善农村电影公益放映服务网络,县级以上人民政府应当将农村电影公益放映纳入农村公共文化服务体系建设。我国始终把农村电影放映活动作为丰富农村群众文化生活的重要手段,特别是近些年党中央、国务院重视农村公共文化服务体系建设和实施农村电影放映工程以来,极大地改善了农村地区的观影条件。第一次以法律形式正式确定农村公益放映活动补贴机制,而且明确了相应的法律责任,不得以虚报、冒领等手段骗取农村电影公益放映补贴资金,对以虚报、冒领等手段骗取农村电影公益放映补贴资金和有关工作人员贪污、挪用、截留、克扣农村电影公益放映补贴资金的行为,均要依法追究法律责任。同时,考虑到我国地区之间发展上的不平衡,不仅要总体上强调政府的公共文化服务保障责任,还要充分发挥市场的作用来改善农村电影服务市场,所以法律规定了"积极引导社会资金投资农村电影放映"。

法律对中小学电影教育和特殊群众的观影保障都作了规定。国务院教育、电影主管部门可以共同推荐有利于未成年人健康成长的电影,并采取措施支持接受义务教育的学生免费观看,由所在学校组织安排。为了加强中小学影视教育工作,国家已经出台了一系列文件,包括1996年国家教委、广电部、文化部联合下发的《关于做好中小学教育影视片推荐和发行工作的通知》,2008年教育部、发改委、财政部、文化部、广电总局五部委联合下发的《关于进一步加强中小学影视教育的通知》,2010年国办《关于促进电影产业繁荣发展的指导意见》,2015年发布的《国家基本公共文化服务指导标准(2015－2020)》等,对中小学观看电影问题都有明确规定。在立法过程中,这方面的意见集中在如何保证接受义务教育的学生免费观看电影。从前述

2008年五部委文件开始，进入农村义务教育阶段学校为学生放映的爱国主义电影经费从公用经费中开支，城市义务教育阶段学生的影视教育经费纳入公用经费开支范围。前述2015年1月发布的《国家基本公共文化服务指导标准（2015－2020）》也将“为中小学生每学期提供两部爱国主义教育影片”列为“观赏电影”的两项具体指标之一。但这些规定在各地方执行情况差别很大，所以在立法时要作出统一的硬性规定很难。问题是能不能免费观看？如果免费观看，经费由谁出？如何列支？在认真研究讨论之后，这里首先明确了免费观看，但如何安排经费未在法里作出明确规定，只是原则上规定了国家支持的责任和学校组织安排的责任，需要有关主管部门按照这一原则作出具体化的规定。

为了鼓励电影放映活动与社会公益活动相结合，第三十二条规定“国家鼓励电影院在向观众明示的电影开始放映时间之前放映公益广告”。这与广告法的有关规定是相互衔接的。广告法第七十四条规定，国家鼓励、支持开展公益广告宣传活动，传播社会主义核心价值观，倡导文明风尚。

（三）坚持在放映环节对国产电影加强保护。对国产电影的保护问题是立法的重点之一。第二十九条规定，电影院应当合理安排由境内法人、其他组织所摄制的电影的放映场次和时段，并且放映的时长不得低于年放映电影时长总和的三分之二。这一条规定引起了不少争议。审议过程中各方面的意见主要是，认为规定得太死，不利于提高我国电影市场的竞争力，同时也难以实施。对立法过程非常关注的美国政府、美国电影协会等，也多次以不同方式提出取消这一规定的意见，认为中国对国产影片的保护损害了他们的利益。其实，由国内法对国产电影放映时长比例作出明确规定，是世贸规则允许的（1947年《关税与贸易总协定》第四条),目的是促进世贸成员国的文化传承和保护文化多样性。我国早在1996年《电影管理条例》中就对此作出了规定,2010年《电影管理条例》和其他文件都延续了这一规定。从我国电影产业发展的现状和保护我国文化传统的需要来看,电影产业促进法维持这一规定是必要的。这一条的规定比原来草案的内容更加严谨和充实。原草案只对境内电影放映时长作了规定,而没有涉及场次和时段,可能造成实践中的规避和敷衍现象,无法达到保护国产电影的实效。

七、电影产业促进法是如何加强规范和保护电影市场的?

加强对电影市场秩序的规范和保护,是立法的一大亮点。近些年来,在电影市场繁荣和产业发展的同时,出现了很多管理失范的乱象,虚假票房、盗录盗播等问题突出,严重影响了电影产业的健康发展。围绕建立和完善电影市场管理法律制度,电影产业促进法作了比较全面、具体的规定,主要是针对电影放映活动的,也有少量内容涉及电影发行环节。包括:(1)要求电影院的设施、设备以及用于流动放映的设备应当符合电影技术的国家标准。国务院已经于2015年3月通过标准化工作改革方案,正在整合精简强制性标准,要求将现行强制性国家标准、行业标准和地方标准整合为强制性国家标准。这一规定也为将来制定和整合电影技术国家标准提供了依据。(2)要求电影院按照国家有关规定安装计算机售票系统。(3)规定在未得到权利人许可的情况下,任何人不得对正在放映的电影进行录音录像。发现进行录音录像的,电影工作人员有权予以制止,并要求其删除已经录制完成的音像。这既是对正常电影放映秩序的维护,又有利于保护与电影相关的知识产权。(4)明确规定电影放映期间不得放映广告,要求电影院在向观众明示的电影开始放映时间之后至电影放映结束前,禁止任何形式的广告。(5)确定电影院维护正常放映秩序的职责，应当遵守治安、消防、公共场所卫生等法律、行政法规，维护放映场所的公共秩序和环境卫生，保障观众的安全与健康。同时，观众也要服从电影放映场所正常的公共秩序管理。(6)针对电影市场比较突出的虚假票房问题，作出了禁止性规定，即电影发行企业、电影院等应当如实统计电影销售收入，提供真实准确的统计数据，不得采取制造虚假交易、虚报瞒报销售收入等不正当手段，欺骗、误导观众，扰乱电影市场秩序。这些行为导致的法律责任包括：由县级以上人民政府电影主管部门责令改正，没收违法所得，处五万元以上五十万元以下的罚款；违法所得五十万元以上的，处违法所得一倍以上五倍以下的罚款。情节严重的，责令停业整顿；情节特别严重的，由原发证机关吊销许可证。法律责任的规定是比较严密和严厉的，对于制造虚假交易、虚报瞒报销售收入等各种不正当手段欺骗、误导观众，扰乱电影市场秩序情况都区别不同情节和程序，规定了相应的行政法律责任，包括责令改正、没收违法所得、罚款、责令停业整顿、吊销许可证等。(7)加强对境内举办涉外电影节(展)的管理，确认了涉外电影节(展)的行政许可。第三十五条规定，在境内举办涉外电影节(展)，须经国务院电影主管部门或者省、自治区、直辖市人民政府电影主管部门批准。关于在境内举办涉外电影节(展)，原来是由《电影管理条例》规定了行政审批事项。2013 年 7 月，《国务院关于取消和下放 50 项行政审批项目等事项的决定》已经将这一审批项目的子项“地方对等交流互办单一国家电影展映活动审批”由国务院电影主管部门下放至省级电影主管部门。第二十一条也明确了参加电影节(展)的电影必须事先取得公映许可证，即摄制完成的电影取得电影公映许可证，方可参加电影节(展)。拟参加境外电影节(展)的，送展法人、其他组织应当在该境外电影节

(展)举办前,将相关材料报国务院电影主管部门或者省、自治区、直辖市人民政府电影主管部门备案。综合起来看,电影产业促进法对涉外电影节(展)的规定是比较严格的,这样有利于维护电影领域的文化安全。

八、电影产业促进法规定了哪些支持和保障电影产业的法律制度?

电影产业促进法,顾名思义,应该以规定对电影产业的扶持、保障政策措施为重点。但具体的支持和保障措施写哪些、怎么写、是具体一点还是原则一点好等问题,在立法过程中存在广泛的争议,需要认真研究。

从广义上理解,这部法律的很多规定都能起到支持和保障电影产业发展的作用。比如,取消、下放行政审批权限,是放松电影市场管制和激发电影产业活力的重要举措。再如,维护电影市场秩序和打击破坏电影市场秩序行为的规定,同样是对电影产业健康发展的保护和促进。这里所讲的,主要是第四章的规定,直接以法律规范体现国家对电影产业的支持和保障政策,以及财政、金融、土地利用、城市规划等多方面的具体促进措施。

在法律中如何规定促进和保障方面的政策措施,是立法工作的难点。写得原则、概括,会有意见批评法律不具体,缺乏可操作性,不解渴;写得具体、详细,会有意见批评不切实际,搞"一刀切",甚至为进一步的发展和改革造成阻碍,在立法过程中各方也难以协调一致。总体上看,电影产业促进法第四章的规定是比较成功的。法律草案在提请全国人大常委会审议之前,各有关方面和部门对这一章内容的意见已经基本趋于一致,在常委会审议阶段,基本上没有做较大幅度的改动,为法律的顺利出台创造了条件。具体而言,有利因素主要在于:一是,在我国电影产业化改革过程中出台了很多政策,特别是电影经济政策,效果明显,上升为法律规范,通过法律形式固定下来,是顺理成章的事情。如电影专项资金,从 1991 年开始,国家对县及县级以上城市电影票房收入按 5% 的标准征收电影专项资金,已经实行了二十多年。作为电影行业的宏观调控资金,为城市影院新建与改造、胶片向数字化放映发展、全国影院计算机售票系统的推广、农村电影放映工程的实施、少数民族电影的译制等作出了很大贡献。还有 2010 年《中央宣传部、中国人民银行、财政部、文化部、广电总局、新闻出版总署、银监会、证监会、保监会关于金融支持文化产业振兴和发展繁荣的指导意见》、2014 年《财政部、国家发展改革委、国土资源部、住房城乡建设部、中国人民银行、国家税务总局、新闻出版广电总局关于支持电影发展若干经济政策的通知》等。二是,由于电影产业近些年取得了巨大成绩,电影市场成长较快,市场主体的竞争力增强,对财政等方面的政策需求比较符合实际,客观上减小了立法难度。三是,这部法律起草工作历时较长,有关方面对支持政策长期研究论证,国务院有关部委和其他有关单位经过协调沟通,对一些重要问题的认识已经趋于一致。

然而,在研究修改这一章的条文时,确实面临很多困难。无论在审议中还是法律出台后,我们都能够听到不同的意见。业界和很多关心电影产业的人们认为,法律规定的扶持、促进和保障政策措施太原则,难以操作,担心起不到应有的作用。为什么没有作出更加具体的规定?主要原因:一是,党的十八届三中全会决定要求清理规范重点支出同财政收支增幅或生产总值挂钩事项,一般不采取挂钩方式的改革,税收优惠政策统一由专门税收法律法规规定。因此,立法一般不再对财政、税收等问题作出具体、明确的规定。所以电影产业促进法涉及相关财税政策措施的时候,就很难作出具体规定。二是,已经出台并正在执行的很多政策面临着进一步改革，难以用法律固定下来。例如，有关专项资金、基金在财税体制改革中可能要进一步整合，虽然政策面希望现有的财政、政策的支持力度不会减小，但不可能由法律作出过细的规定。三是，我国立法的通常做法，对产业促进政策一般以法律作出原则规定，再由行政法规、地方性法规、部委规章等作出配套规定，这样既有利于维护法制统一和法律规范的稳定性，又便于照顾各地区、各领域的差异。

法律规定的支持和保障内容有以下几个方面：

（一）明确国家支持创作、摄制电影的范围。属于第三十六条列举的电影类型，都有相对应的支持政策和明确的法规、文件依据。

（二）财政支持。国家引导相关文化产业专项资金、基金加大对电影产业的投入力度，根据不同阶段和时期电影产业的发展情况，结合财力状况和经济社会发展需要，综合考虑、统筹安排财政资金对电影产业的支持，并加强对相关资金、基金使用情况的审计。这里虽然没有写明电影事业发展专项资金、电影精品专项资金、文化产业发展专项资金等名称、范围及相关制度，但为这些资金提供了法律依据，而且规定了对相关资金、基金使用情况的审计监督。

（三）税收优惠政策。国家实施必要的税收优惠政策，促进电影产业发展，实际上涉及的主要税种有增值税、企业所得税、关税等。具体办法由国务院财税主管部门依照税收法律、行政法规的规定制定。

（四）规划和用地支持。县级以上地方人民政府应当依据人民群众需求和电影市场发展需要，将电影院建设和改造纳入国民经济和社会发展规划、土地利用总体规划和城乡规划等，按照国家有关规定，有效保障电影院用地需求，积极盘活现有电影院用地资源，支持电影院建设和改造。

（五）金融支持。国家鼓励金融机构为从事电影活动以及改善电影基础设施提供融资服务，依法开展与电影有关的知识产权质押融资业务，并通过信贷等方式支持电影产业发展，对国务院电影主管部门依照本法规定公告的电影的摄制，按照国家有关规定合理确定贷款期限和利率；鼓励保险机构依法开发适应电影产业发展需要的保险产品；鼓励融资担保机构依法向电影产业提供融资担保，通过再担保、联合担保以及担保与保险相结合等方式分散风险；鼓励法人、其他组织通过到境外合作摄制电影等方式进行跨境投资，依法保障其对外贸易、跨境融资和投资等合理用汇需求。

（六）教育和培训支持。国家实施电影人才扶持计划，支持有条件的高等学校、中等职业学校和其他教育机构、培训机构等开设与电影相关的专业和课程，采取多种方式培养适应电影产业发展需要的人才；鼓励从事电影活动的法人和其他组织参与学校相关人才培养。

（七）对落后地区和少数民族电影的支持。国家采取措施，扶持农村地区、边疆地区、贫困地区和民族地区开展电影活动，鼓励、支持少数民族题材电影创作，加强电影的少数民族语言文字译制工作，统筹保障民族地区群众观看电影需求。

（八）实施电影走出去战略。国家对优秀电影的外语翻译制作予以支持，并综合利用外交、文化、教育等对外交流资源开展电影的境外推广活动；鼓励公民、法人和其他组织从事电影的境外推广。

（九）社会支持和监督。国家鼓励社会力量以捐赠、资助等方式支持电影产业发展，并依法给予优惠。县级以上人民政府电影主管部门应当加强对电影活动的日常监督管理，受理对违反本法规定的行为的投诉、举报，并及时核实、处理、答复；将从事电影活动的单位和个人因违反本法规定受到行政处罚的情形记入信用档案，并向社会公布。

以上是对电影产业促进法的四点总体认识和立法过程中八个主要问题的思考和处理情况。希望各方共同努力，学习好、宣传好、实施好电影产业促进法，将我国电影产业发展和行业管理水平提高到一个新的高度。同时，这部法律的实施还需要国务院及其主管部门按照立法法的规定抓紧制定和修改相关的配套法规规章。

第一部分 释 义

第一章 总 则

总则是法律的总纲，一般对立法目的、依据、调整范围、基本原则以及其他一些重要问题作出规定，对全法起统领和指导作用。我国法律一般都设有“总则”一章，其中规定的有关原则和制度，在其后的法律条文中一般都有具体体现和明确规定。本法总则共十一条，主要对本法的立法目的，适用范围和调整对象，电影定义，从事电影活动应当遵循的基本原则，电影创作应当坚持的原则，电影及其相关产业政策，电影技术创新，与电影有关的知识产权的保护，电影行业管理体制，电影行业自律规范和从业人员道德自律，电影评价以及国际合作和交流等作了规定。

第一条 为了促进电影产业健康繁荣发展，弘扬社会主义核心价值观，规范电影市场秩序，丰富人民群众精神文化生活，制定本法。

【释义】 本条是关于立法宗旨的规定。

本条开宗明义，规定本法的立法宗旨主要有三个方面内容：

一、促进电影产业健康繁荣发展、规范电影市场秩序

促进电影产业健康繁荣发展、规范电影市场秩序是本法立

法的直接目的。电影产业是文化产业的重要组成部分。促进电影产业健康繁荣发展,对于加强社会主义文化建设、满足人民群众精神文化需求、促进经济发展方式转变、扩大中华文化国际竞争力和影响力、增强国家文化软实力具有十分重要的意义。近年来,在国内经济高速发展、综合国力不断增强、市场需求不断增长的背景下,电影产业焕发出旺盛的生命力和巨大的发展潜力,电影市场规模迅速扩大、市场结构日益完善、市场影响显著增强。自2002年电影产业化改革以来,我国影片年产量已从不足百部稳定到600余部,票房从每年不足10亿元增加到2014年的近300亿元。2015年全国总票房、城市院线观影人次、银幕总数分别达到440.69亿元、12.6亿和31627块,比“十二五”初期分别增加了2.36倍、2.55倍和2.41倍,年均复合增长率分别达到35.39%、37.26%和35.85%,2015年国产影片的市场占有率高达61.58%。2016年全国电影总票房为457.12亿元,同比增长3.73%;城市院线观影人次为13.72亿,同比增长8.89%;目前中国银幕总数已达41179块,成为世界上电影银幕最多的国家。电影产业的快速发展,有效带动了关联产业的发展,一方面直接推动电视版权、网络版权、游戏版权、衍生品版权的发展,另一方面辐射带动旅游项目消费、餐饮消费、购物消费等的快速发展。电影产业已经成为文化领域拉动内需、促进就业、推动国民经济增长和转型升级的重要产业之一。与此同时,我们也应当看到,我国电影产业发展仍存在诸多问题,还不能完全适应经济社会发展和人民群众不断提高的精神文化需求,产业化水平距离电影强国的要求还有较大差距。一是电影产品结构体系仍不完整,影片的核心竞争力不强;二是电影的科技化水平还不高,在影片制作水平和技术含量、关键系统设备国产化研制及制作工具自主研发、电影产业信息化运营管理、信息技术创新型人才支撑等方面,与国际先进水平相比尚存在较大差距;三是电影工业基地建设水平不高,未能为产业发展提供强有力的工业化保障和技术支撑;四是电影市场仍存在影院建设地域分布不均衡、电影票价偏高等问题;五是影院偷漏瞒报票房等违法违规经营问题突出、电影市场秩序有待整顿等。为切实解决中国电影产业发展中存在的问题,需要总结、提炼多年来行之有效的产业促进政策,通过法律制度设计,以促进中国电影产业发展为主旨,进一步激发电影市场活力,规范电影市场秩序,提高电影产业发展水平,为我国电影产业持续健康稳定发展奠定坚实的基础,也为建设电影强国提供法制保障。

二、弘扬社会主义核心价值观

弘扬社会主义核心价值观是本法立法的内在要求。一个国家的强盛,离不开精神的支撑;一个民族的进步,有赖于文明的成长。党的十八大提出,“倡导富强、民主、文明、和谐,倡导自由、平等、公正、法治,倡导爱国、敬业、诚信、友善,积极培育和践行社会主义核心价值观”,从国家、社会和公民三个层面概括了社会主义核心价值观的价值目标、价值取向和价值准则。这“三个倡导”二十四个字的社会主义核心价值观,汲取了人类思想精华,适应了时代发展要求,集中反映着当代中国人民的价值理想和精神向往。

当前,我国正处在大发展大变革大调整时期,在前所未有的改革、发展和开放进程中,各种价值观念和社会思潮纷繁复杂。面对世界范围思想文化交流交融交锋形势下价值观较量的新态势,面对改革开放和发展社会主义市场经济条件下思想意识多元多样多变的新特点,迫切需要我们积极培育和践行社会主义核心价值观,扩大主流价值观念的影响力,用社会主义核心价值观引领社会思潮,凝聚社会共识。而电影作为文化产品具有育人化人的重要功能,可以潜移默化地产生对人心智的教化、精神的感化、对道德情操乃至于社会风气的净化作用。优秀的电影作品应当充满对人类的博大关爱、对美好情感的热情赞颂、对幸福生活的执着追求,发挥塑造美好心灵、培养道德情操、引领社会风尚的重要作用。如果迎合低级趣味,是非不分、善恶不辨,以丑为美、以怪为美,长此以往势必会弱化人们对真善美的感受力和辨别力,误导观众、贻害后代。就电影本身而言,也只有贯注了思想、蕴涵了精神,才具有真正的价值和意义。一部电影作品,如果没有思想、散失了精神,再华丽的场面、再新颖的形式、再娴熟的技巧,也很难留下长久的回味和深刻的印记。如果只是沉溺于表层的视觉感受,不但不能带来思想的营养,反而会造成精神的贫瘠。

电影作为文化产品,具有较强的意识形态属性。社会主义制度决定了我国电影是社会主义先进文化建设的重要环节,是社会主义精神文明建设的重要组成部分。生动体现、积极弘扬社会主义核心价值观,是我国电影创作的必然要求,也是我国电影产业发展的必然要求。要坚持以社会主义核心价值观引领电影创作生产,实现核心价值观的全方位贯穿、深层次融入,让电影成为弘扬社会主义核心价值观的生动载体,通过精彩的故事、鲜活的语言、丰满的形象,使核心价值观生动地体现在电影作品中,潜移默化、滋养人心,让人们在文化熏陶中感悟认同社会主流价值。讴歌真善美,贬斥假恶丑,高扬爱国主义旗帜,弘扬共同理想,礼赞高尚情操,展现民族精神和时代精神。

三、丰富人民群众精神文化生活

丰富人民群众精神文化生活是本法立法的根本目的。党的十八大报告指出,让人民享有健康丰富的精神文化生活,是全面建成小康社会的重要内容。建设社会主义文化强国,必须把满足人民群众日益增长的精神文化需求作为社会主义文化建设的根本目的，做到文化发展依靠人民、文化发展为了人民、文化发展成果由人民共享，切实保障人民群众基本文化权益。

当代中国进入了全面建设小康社会的关键时期和深化改革开放、加快转变经济发展方式的攻坚时期，文化越来越成为民族凝聚力和创造力的重要源泉、越来越成为综合国力竞争的重要因素、越来越成为经济社会发展的重要支撑，丰富精神文化生活越来越成为中国人民的热切愿望。全面建成惠及十几亿人口的更高水平的小康社会，既要让人民过上殷实富足的物质生活，又要让人民享有健康丰富的文化生活。中国电影作为社会主义文艺的重要组成部分，必须把满足人民群众精神文化需求作为工作的出发点和落脚点，坚持以人民为中心、以人民为主体，创作生产出人民群众喜闻乐见的优秀作品，更好地保障人民群众基本文化权益，更好地满足人民群众多方面、多层次、多样性的精神文化需求，不断丰富人民群众的精神世界，增强人民群众的精神力量，让电影成为不断推动人民精神文化生活迈上新台阶的重要途径。

第二条　在中华人民共和国境内从事电影创作、摄制、发行、放映等活动（以下统称电影活动），适用本法。

本法所称电影，是指运用视听技术和艺术手段摄制、以胶片或者数字载体记录、由表达一定内容的有声或者无声的连续画面组成、符合国家规定的技术标准、用于电影院等固定放映场所或者流动放映设备公开放映的作品。

通过互联网、电信网、广播电视网等信息网络传播电影的，还应当遵守互联网、电信网、广播电视网等信息网络管理的法律、行政法规的规定。

【释义】 本条是关于本法适用范围和调整对象，电影定义，本法与信息网络管理方面法律、行政法规关系的规定。

一、本法的适用范围和调整对象

本法的适用范围，即地域范围（或称空间效力范围）是中华人民共和国境内，即中华人民共和国主权所及的全部领域。本法的效力原则上及于中华人民共和国的全部领域，凡在我国境内从事电影创作、摄制、发行、放映等电影活动的，都必须遵守本法的规定。需要特别说明的是，本法不适用于香港和澳门两个特别行政区。按照香港特别行政区基本法和澳门特别行政区基本法的规定，只有列入这两个基本法附件三的全国性法律，才能在这两个特别行政区适用，而本法未列入两个基本法的附件三，因此，不适用于港澳地区。

本法规定的调整对象是电影活动，包括电影创作、摄制、发行、放映等活动。第一，电影创作指电影从创意产生、策划、拍摄到制作完成的一系列过程中艺术创作层面的工作。对不同的创作人员所指代的范畴不同，如导演创作、编剧的剧本创作、演员的表演创作、美术创作、作曲的音乐创作、后期特效的数字艺术创作等。第二，电影摄制是一种经营性活动，这使其区别于家庭影像记录等其他影像摄制活动。同时，电影的摄制是一项系统工程，包括前期拍摄阶段和后期制作阶段，涉及演职人员的雇佣和组织，编剧、演员、导演和其他创作人员的创造性劳动，摄影、录音、照明、剪接等器材和场地的使用，拍摄活动和制作活动的组织和实施等。第三，电影发行是指电影著作权或者发行权拥有者为满足公众的合理需求，向社会提供一定数量电影拷贝用于放映的行为和过程。电影的发行是电影作品有效进入市场的流通环节，一般通过电影票房分账或者出售、出租电影拷贝等方式收取一定费用。随着我国电影产业化程度的不断提高，电影发行已经成为电影产品营销的重要环节，除拷贝分发以外，电影发行还包含了市场策划、宣传推介、票房监管和统计等工作。第四，电影放映是电影作品进入社会的终端环节。电影作品制作完成后，由发行商向电影放映单位提供复制拷贝，电影放映单位通过放映设备将电影画面和声音还原在电影银幕上供观众观看。以上这四个环节涵盖了电影产业链条的主要方面。此外，本法附则还对境外资本在我国境内设立电影企业作了指引性规定。

二、关于电影的定义

本条第二款对电影进行了定义。除了电影具有的“运用视听技术和艺术手段摄制、以胶片或者数字载体记录，由表达一定内容的有声或者无声的连续画面组成”等通常特征外，电影的定义还突出强调了“符合国家规定的技术标准”和“用于电影院等固定放映场所或者流动放映设备公开放映”两个特征。

“符合国家规定的技术标准”是在技术层面对电影的要求。电影技术标准分为胶片电影和数字电影两种类型。胶片电影技术标准涵盖拍摄、录音、制作、洗印、放映等环节，目前发展已经十分成熟和完善。随着电影数字化的高速推进，数字电影技术标准的重要性越来越突出，涵盖数字节目源获取、数字后期制作、数字母版制作（压缩、加密、打包）、数字声音、数字发行传输、数字存储、数字播映、安全管理、数字立体电影等关键环节和部分。依据国情，国内数字电影按照专业数字电影（2K/4K）、中档数字电影（1.3K）和流动数字电影（0.8K）三个层次发展，并遵守相应的技术标准和要求。其中，专业数字电影与国际保持接轨，遵守国际相关技术标准，中档数字电影和流动数字电影依据我国国情，遵守自主技术标准。按照本法对于电影的定义要求，电影片技术质量应按照国家有关电影技术标准进行审查。

技术审查就是国家电影行政管理部门按照电影技术标准对送审电影片的技术质量进行审看和检查,筛查出具有明显技术缺陷的影片,避免此类影片在未做任何技术补救措施的情况下进入市场,影响观众的视听感受和观看情绪。实行技术审查,旨在规范电影制作和放映市场行为,引导电影制作技术质量的不断提升,保障高品质电影档案的收缴,避免具有技术缺陷的电影给电影市场带来不利影响,促进电影市场的健康发展。技术审查的对象为电影完成片,技术审查环境为专业影院放映环境。技术审查目前采用专家组主观评价的方式,通过多位观影者的观影感受,对影片各个技术质量指标进行打分,最终得到影片技术质量的综合评价结论。具有明显技术质量缺陷的影片,只有修改合格后才能进入市场。

“用于电影院等固定放映场所或者流动放映设备公开放映”这一特征将本法所称的“电影”限定于影院电影,以区别于“网络电影”等网络视听节目。近年来,“微电影”“网络大电影”等网络视听节目作为一种新兴的网络文化业态,发展迅速。电影产业促进法草案在全国人大常委会会议审议过程中,有意见提出,建议将“微电影”“网络大电影”等网络视听节目纳入本法调整范围。根据原国家广播电影电视总局、原信息产业部2007年制定的《互联网视听节目服务管理规定》,互联网视听节目服务是指制作、编辑、集成并通过互联网向公众提供视音频节目,以及为他人提供上载传播视听节目服务的活动。根据《关于进一步加强网络剧、微电影等网络视听节目管理的通知》(广发〔2012〕53号)和《关于进一步完善网络剧、微电影等网络视听节目管理的补充通知》(新广电发〔2014〕2号),目前网络剧、微电影、网络大电影等统一作为网络视听节目管理。从电影技术标准来看,网络视听节目和传统院线电影没有本质区别。二者的区别主要有以下两点：一是发行和传播方式不同。院线电影一般由发行公司或者院线公司等发行，在电影院放映；网络视听节目通过网络信息平台发行和传播。二是管理方式不同。从监管主体看，院线电影主要是由县级以上人民政府电影主管部门监管；网络视听节目主要采取“谁办网，谁负责”的原则，由互联网视听节目服务单位“自审自播”，各级广电行政部门主要在互联网视听节目服务单位的资质审核和节目播出方面把关。从监管环节看，目前对院线电影是从创作、摄制、发行、放映的全过程进行监管；网络视听节目的监管主要是把好“播出关”。从摄制主体看，院线电影的摄制主体是法人和其他组织，网络视听节目的摄制主体还包括个人。考虑到以上差异，本条第二款通过对“电影”的定义将网络电影等网络视听节目排除在本法调整范围之外，网络电影等网络视听节目的管理仍应按照目前有关的管理规定进行。这也是符合国际惯例的，世界很多国家立法都将“电影”严格限制在影院电影范围内。如《意大利电影法》规定“本法中，电影是指各种类型（包括数码）、以叙述及纪录片为内容、符合作者权益、经版权所有者允许、以在影院向公众放映为主要目的的节目”。

三、本法与信息网络管理的法律、行政法规的关系

本条第三款主要是在电影的传播方面，对本法与有关信息网络管理的法律、行政法规之间作了衔接性规定。通过互联网、电信网、广播电视网等信息网络传播电影的，除了适用本法有关规定外，还应当遵守互联网、电信网、广播电视网等信息网络管理的法律、行政法规的规定。本法第二十条第二款规定，未取得电影公映许可证的电影，不得发行、放映，不得通过互联网、电信网、广播电视网等信息网络进行传播，不得制作为音像制品；但是，国家另有规定的，从其规定。同时，在法律责任中明确，对于

违反国家有关规定,擅自通过互联网、电信网、广播电视网等信息网络传播未取得电影公映许可证的电影的,依照有关法律、行政法规及国家有关规定予以处罚。本条第三款所指的“信息网络管理的法律、行政法规”主要包括网络安全法、《全国人民代表大会常务委员会关于维护互联网安全的决定》《全国人民代表大会常务委员会关于加强信息网络保护的决定》《电信条例》《广播电视管理条例》《互联网信息服务管理办法》等。

第三条　从事电影活动,应当坚持为人民服务、为社会主义服务,坚持社会效益优先,实现社会效益与经济效益相统一。

【释义】 本条是关于从事电影活动应当遵循的基本原则的规定。

从事电影活动应当遵循的基本原则主要有两个方面内容:

一、坚持为人民服务、为社会主义服务这个根本方向

从事电影活动应当坚持为人民服务、为社会主义服务这个根本方向,这概括了包括电影在内的文艺工作的总任务和根本目的。我国宪法第二十二条第一款规定,国家发展为人民服务、为社会主义服务的文学艺术事业、新闻广播电视事业、出版发行事业、图书馆博物馆文化馆和其他文化事业,开展群众性的文化活动。在2014年10月召开的文艺工作座谈会上,习近平总书记指出,“文艺事业是党和人民的重要事业,文艺战线是党和人民的重要战线”,并强调“社会主义文艺,从本质上讲,就是人民的文艺”。“文艺要反映好人民心声,就要坚持为人民服务、为社会主义服务这个根本方向。这是党对文艺战线的一项基本要求,也是决定我国文艺事业前途命运的关键。”

近年来,我国电影逐渐改变以往追求数量的粗放式增长,走上质量提升、产能优化的发展新阶段。电影创作呈现多品种、多

类型、多样化态势，体现出更强烈的文化自信，丰富和拓宽了人民群众的观影选择，也起到了优化投资比例、完善产业结构的重要作用。但是，我们也要看到电影创作还存在许多问题。例如，电影作品引导和激励的作用不够，贯彻“为人民服务、为社会主义服务”方向的效果需要进一步增强，创作实力仍然亟待提高，精品力作数量不多，个别作品低俗无趣，“唯票房论”倾向有所展露等。这些问题正在阻碍着中国电影的健康发展。只有坚定为人民服务、为社会主义服务的方向，牢固树立为人民服务的观念，积极践行群众路线，以深厚的感情对待人民群众，以高度的自觉服务人民群众，从群众的实践创造和火热生活中汲取文艺创作的灵感和力量，才能创作出优秀的电影作品，把最好的精神食粮奉献给人民群众。

强调从事电影活动，应当坚持为人民服务、为社会主义服务这个根本方向，并不是要限制电影工作者的创造性，而是鼓励电影工作者在为人民服务、为社会主义服务的前提下，遵循电影活动自身的规律和特点，立足于客观现实，深刻反映社会生活内容，展示社会发展规律，敏锐捕捉和准确反映代表历史进步发展方向的新思想，用艺术手段和方法去形象表现时代精神和人民意愿，创作出思想深刻、艺术精湛的优秀作品，塑造出生动感人的艺术形象，达到教育、启迪、鼓舞人的目的，更好地发挥文化引领风尚、教育人民、服务社会、推动发展的作用。

二、坚持社会效益优先、实现社会效益与经济效益相统一

在发展社会主义市场经济条件下，电影作为文化产品，既有教育人民、引导社会的意识形态属性，又有通过市场交换获取经济利益、实现再生产的商品属性、产业属性、经济属性。社会效益是社会主义制度的内在要求，经济效益是市场经济的不二法则。如何正确处理“两个效益”的关系，是电影产业发展必须面

对的问题。

习近平总书记在文艺工作座谈会上强调，一部好的作品，应该是经得起人民评价、专家评价、市场检验的作品，应该是把社会效益放在首位，同时也应该是社会效益和经济效益相统一的作品。在发展社会主义市场经济的条件下，许多文化产品要通过市场实现价值，当然不能完全不考虑经济效益。然而，同社会效益相比，经济效益是第二位的，当两种效益、两种价值发生矛盾时，经济效益要服从社会效益，市场价值要服从社会价值。文艺不能当市场的奴隶，不要沾满了铜臭气。优秀的文艺作品，最好是既能在思想上、艺术上取得成功，又能在市场上受到欢迎。习近平总书记的上述讲话对文艺作品两个效益关系作出了深刻阐释，强调了社会主义文艺的文以载道、以文化人的基本品格，要求电影工作者必须坚守文艺的审美理想、保持文艺的独立价值，认真严肃地把握电影的社会效果。

电影产业要实现健康繁荣发展，必须正确认识和把握电影的意识形态属性和产业属性的关系，牢固树立把社会效益放在首位、实现社会效益和经济效益相统一的发展观。繁荣发展电影产业，既体现在市场价值、经济效益和经济实力的增长上，更体现在社会价值、社会效益和社会影响力的增长上。在市场经济条件下，追求经济效益、提升经济实力，是电影企业市场竞争的重要方面，也是自身发展的重要基础。遵循产业属性、运用市场机制，是电影作品实现价值的重要途径。一般来说，优秀的电影发行放映越多、传播越广，经济效益、社会效益就越好。但是，另一方面，我们也应该看到，电影作为精神文化产品，在市场经济条件下，有时社会效益显著未必产生直接经济效益，经济效益明显也未必产生良好社会效益。因此，我们绝不能只讲电影的产业属性而忽视其意识形态属性，绝不能以产业属性来影响和削弱意识形态属性。不论是具体电影作品的创作生产，还是单个企业和整个行业的发展，都不能“唯经济效益”论。越是深化改革、创新发展，越是要坚持两种属性、两个效益的有机统一。这种统一，首先是统一于服从，始终要把社会效益放在首位，当经济效益与社会效益发生冲突时，经济效益要服从于社会效益；其次是统一于相互促进，就是经济效益和社会效益两者要实现良性互动、相辅相成、共同增长。要把坚持正确导向作为评价一切内容产品的基本前提，把人民满意与否作为评价一切内容产品的最高标准。只有这样，才能真正做强做优做大电影产业。

第四条　国家坚持以人民为中心的创作导向，坚持百花齐放、百家争鸣的方针，尊重和保障电影创作自由，倡导电影创作贴近实际、贴近生活、贴近群众，鼓励创作思想性、艺术性、观赏性相统一的优秀电影。

【释义】　本条是关于电影创作应当坚持的原则的规定。

电影创作应当坚持的原则包括以下四个方面：

一、坚持以人民为中心的创作导向

《中共中央关于深化文化体制改革　推动社会主义文化大发展大繁荣若干重大问题的决定》指出：“正确创作方向是文化创作生产的根本性问题，一切进步的文化创作生产都源于人民、为了人民、属于人民。”习近平总书记在文艺工作座谈会上强调：“社会主义文艺，从本质上讲，就是人民的文艺。”“人民既是历史的创造者、也是历史的见证者，既是历史的‘剧中人’、也是历史的‘剧作者’。”坚持以人民为中心的创作导向，不仅体现了社会主义文艺的根本属性，而且揭示了古往今来那些伟大作品恒久生命力的奥秘。人民是文艺创作的源头活水，人民的创造和实践永远大于个人的想象。一切优秀作品都反映了时代最迫切的前进要求和人民最深刻的心灵呼唤，都闪耀着社会进步的价值观。只有坚持以人民为中心的创作导向，一切从人民的需要出发，一切由人民主导，一切归结于人民的根本利益，为人民服务，向人民负责，植根于现实生活，紧跟时代潮流，电影创作才能充满活力，电影产业才能繁荣发展。

坚持以人民为中心的创作导向，必须坚持正确立场，把握正确方向，认真考虑电影的社会效果，弘扬真善美、贬斥假恶丑。在经济体制深刻变革、社会结构深刻变动、利益格局深刻调整、思想观念深刻变化的新形势下，更要高扬社会主义核心价值体系的精神旗帜，以电影为载体，展示社会主义核心价值体系之魂，体现社会主义的思想体系、价值观念、道德准则和审美要求。

坚持以人民为中心的创作导向，还必须坚持创新，把继承创新和交流借鉴统一起来。《中共中央关于繁荣发展社会主义文艺的意见》（中发〔2015〕27 号）提出，要“把创新精神贯穿创作生产全过程。坚持思想性、艺术性相统一，坚持内容为王、创意制胜，提高文艺原创能力，在探索中突破超越，在融合中出新出彩，着力增强文艺作品的吸引力、感染力”。要积极主动适应人民群众精神文化多层次、多方面、多样化的新特点，适应人民群众审美情趣、欣赏习惯的新需求，适应科学技术日新月异的新变化，深入挖掘和提炼优秀传统文化中的有益思想艺术价值，积极吸收各国优秀文化成果，进一步解放思想，在内容、风格上不断创新，在体裁、题材、形式、手段上不断发展，使电影更具有时代感和吸引力，增强电影的表现力，提高电影的竞争力，推动电影产业发展迈上新的台阶。

二、坚持百花齐放、百家争鸣的方针

百花齐放、百家争鸣，是比喻艺术及科学的不同派别及风格自由发展与争论。毛泽东同志 1956 年在中共中央政治局扩大会议上，正式提出在科学文化工作中，实行“百花齐放、百家争鸣”的方针，即艺术问题上“百花齐放”，学术问题上“百家争鸣”。百花齐放、百家争鸣的方针，是中国共产党领导文学艺术和科学研究工作的基本方针，是我们党在总结我国文化发展历史经验的基础上提出来的，深刻反映了文艺事业的发展规律，是对精神产品生产的基本要求，是文艺事业繁荣的重要保证。

习近平总书记在文艺工作座谈会上强调，要坚持百花齐放、百家争鸣的方针，发扬学术民主、艺术民主，营造积极健康、宽松和谐的氛围，提倡不同观点和学派充分讨论，提倡体裁、题材、形式、手段充分发展，推动观念、内容、风格、流派切磋互鉴。

电影创作贯彻百花齐放、百家争鸣方针，要与弘扬时代精神的主旋律，与提倡文艺题材、内容、风格、流派和形式等的多样化有机地统一起来。任何时代都有体现该时代精神的主旋律。电影作为文化产品，反映时代发展的主流和价值取向，是社会发展进步的客观要求。它与艺术流派、风格和形式的多样化并不矛盾。主旋律本身就要通过一定的形式表现出来，主旋律也可以表现为多种题材、多种艺术形式和艺术风格。

坚持百花齐放、百家争鸣的方针，提倡题材、内容、风格、流派和形式等的多样化，不仅是电影创作与发展自身的需要，也是人民群众的需要。随着经济社会发展，物质生活水平的提高，人民群众对精神文化的需求呈现出多方面、多层次、多样化的特点，对电影的期待，已经不是有没有电影可看，而是能不能看到风格类型各异，更具观赏性、更能振奋人心、更高质量的电影。只有让不同流派、风格、形式的电影创作和实践活动竞相发展，真正做到百花齐放、万紫千红，才能满足人民群众多方面、多层次的精神文化需求。

同时，也应该强调，百花齐放、百家争鸣应当在法律许可的范围内开展和进行。如果把“双百”方针错误地理解为不受任何约束，就必然会使我们的思想陷入混乱，就会危害社会主义新文化的建设。

三、尊重和保障电影创作自由

法律明确规定尊重和保障电影创作自由，为更好地激发电影创作热情营造了制度环境。电影工作者需要创作自由是毫无疑问的。创作自由是电影繁荣必备的条件，只有尊重和保障电影工作者的创作个性，才能充分发挥其想象力、独创性和聪明才智。我们国家尊重和保障文艺创作自由。宪法第四十七条明确规定，中华人民共和国公民有进行科学研究、文学艺术创作和其他文化活动的自由。国家对于从事教育、科学、技术、文学、艺术和其他文化事业的公民的有益于人民的创造性工作，给予鼓励和帮助。

另一方面，与任何自由一样，电影创作自由也不是绝对的自由。因为电影创作不仅仅是个人行为，同时也是社会行为。法国大文豪雨果在《论文学》中曾说过，作家“具有双重职责，个人职责和公众职责，正是因为这个原因，他需要有两个灵魂”。所谓两个灵魂，就是说作家既是个体的又是公众的，既有个人的追求又有社会的责任。电影创作从个人或者创作团队角度讲也许是一种个性体现和文化追求，从社会角度讲就是一种精神产品的生产和文化建设。电影是要公映面向社会的，它在一定程度上能影响观众的价值取向。电影表现什么，宣扬什么，批判什么都将影响到观众对这个世界、对这个社会的认识，如果不能真实的反应，积极的引导，反而充斥低俗的价值观念，则必然影响到整个社会的价值取向，尤其是对人生观、价值观尚未形成的青少年毒害更深。所以，电影工作者从事电影创作，需要自由，但不是不受限制的自由。在享有创作自由的同时，要严格遵守国家法律规定，增强对国家、人民、社会的责任感，严肃认真考虑电影的社会效果，不为市场利益所左右，坚守道德标准的底线，为推动社会主义精神文明建设，进而推进社会进步，作出应有的贡献。

四、电影创作要贴近实际、贴近生活、贴近群众

贴近实际、贴近生活、贴近群众，是电影工作者进行艺术创作的基本态度，是落实电影创作坚持以人民为中心原则的重要途径。毛泽东同志在延安文艺座谈会讲话中就指出，“人民生活中本来存在着文学艺术原料的矿藏……它们是一切文学艺术的取之不尽、用之不竭的唯一的源泉”。对于文艺应该如何为人民，如何创作出能够传播当代中国价值观念、体现中华文化精神、反映中国人的审美追求，思想性艺术性观赏性有机统一的优秀文艺作品，习近平总书记有精辟的论述，他指出，“能不能搞出优秀作品，最根本的决定于是否能为人民抒写、为人民抒情、为人民抒怀”；“文艺创作方法有一百条、一千条，但最根本、最关键、最牢靠的办法是扎根人民、扎根生活”。

当前，我国正处在发展变革的重要时期，改革开放和现代化建设事业波澜壮阔，人民群众生活景象气象万千，充满着感人肺腑的故事，洋溢着激昂跳动的乐章，展现出色彩斑斓的画面，为电影创作提供了宝贵的素材。只有贴近实际、贴近生活、贴近群众，才能挖掘到创作的“真金白银”，才能获得创作的灵感和元气，作品才能有生活的温度和质感。

在喧嚣的市场化背景下，当下不少电影创作还浮于生活的表层，没有真正深入生活中寻找有内涵、有质感的故事。有的沉湎于自我表达、闭门造车；或者机械被动反映社会表象，缺乏对社会问题的严肃思考，缺乏正视矛盾、探索真理的勇气和提炼生活真实的艺术能力；或者不能辩证看待现实生活，片面表现消极

情绪,甚至夸大社会阴暗面。正确处理艺术真实和生活真实的关系,关键是要贯彻落实“三贴近”原则,本质上就是要坚持以人为本,服务人民。仅仅依靠新技术、互联网和大数据等来“找灵感”和“写故事”,这样的创作是不能持久的,也不可能有多大的成就。要走到生活深处,走进人民心中,认真地精读生活这部大书,敏锐地观察和感悟生活,把握生活的本质,并且对生活进行充满理想的艺术创造。只有这样,作品才能源于生活而又高于生活,做到对生活进行深加工,对思想进行再提炼,把丰富的想象与脚踏实地的感悟结合起来,把充沛的才情与鲜活的体验结合起来,与人民群众的精神情感产生共鸣,使电影作品成为人民群众爱国热情、生活理想的表达渠道,成为沟通主流价值观与日常生活的桥梁纽带。

习近平总书记在文艺工作座谈会上讲话指出,“只要有正能量、有感染力,能够温润心灵、启迪心智,传得开、留得下,为人民群众所喜爱,这就是优秀作品”。优秀的电影作品,应该是内容和形式的统一,真善美的统一,不仅内容健康向上、格调和品位比较高,而且艺术水平也应该是精湛的。这样的电影才有生命力,才能受到人民群众的欢迎。广大电影工作者,要在坚持“以人民为中心”“百花齐放、百家争鸣”的前提下,努力激发创作热情,创作生产出更多传播当代中国价值观念、体现中华文化精神、反映中国人审美追求,思想性、艺术性、观赏性相统一的优秀电影,为人民群众奉献美好的精神食粮。

第五条　国务院应当将电影产业发展纳入国民经济和社会发展规划。县级以上地方人民政府根据当地实际情况将电影产业发展纳入本级国民经济和社会发展规划。

国家制定电影及其相关产业政策,引导形成统一开放、公平

竞争的电影市场，促进电影市场繁荣发展。

【释义】 本条是关于将电影产业发展纳入国民经济和社会发展规划、制定电影及其相关产业政策的规定。

一、将电影产业发展纳入国民经济和社会发展规划

本条第一款规定了将电影产业发展纳入国民经济和社会发展规划，其中包括两个层面的含义：一是在国家层面上，国务院应当将电影产业发展纳入国民经济和社会发展规划。二是在地方层面上，县级以上地方人民政府根据当地实际情况将电影产业发展纳入本级国民经济和社会发展规划。这一规定给了县级以上地方人民政府一定的余地，是否将电影产业发展纳入本级国民经济和社会发展规划，需要根据当地实际情况不确定，而不是“一刀切”地规定都要纳入本级国民经济和社会发展规划。

国民经济和社会发展规划是指国家对一定时期内国民经济的主要活动、科学技术、教育事业和社会发展所作的规划和安排，是指导经济和社会发展的纲领性文件。国民经济和社会发展规划，既是国家加强和改善宏观调控的重要手段，也是政府履行经济调节、市场监管、社会管理和公共服务职责的重要依据，对于合理有效地配置公共资源，引导市场发挥资源配置的基础性作用，促进国民经济持续快速协调健康发展和社会全面进步，具有重要意义。将电影产业纳入国民经济和社会发展规划，加大扶持，可以更好地激发产业活力，提升电影产业发展水平，使电影产业成为拉动内需、促进就业、推动国民经济增长的重要产业。2012 年 2 月，中共中央办公厅、国务院办公厅印发了《国家“十二五”时期文化改革发展规划纲要》，这是根据《中共中央关于深化文化体制改革 推动社会主义文化大发展大繁荣若干重大问题的决定》和《中华人民共和国国民经济和社会发展第十二个五年规划纲要》编制的，旨在深入贯彻落实党的十七届六

中全会精神，深化文化体制改革、推动社会主义文化大发展大繁荣，进一步兴起社会主义文化建设新高潮，努力建设社会主义文化强国。规划纲要对发展壮大影视制作产业，提高影视领域技术装备水平，拓展影视企业改革成果，实施农村电影放映等文化惠民工程，构建统一开放竞争有序的现代文化市场体系等作了部署。

“十三五”时期是全面建成小康社会决胜阶段。为了协调推进全面建成小康社会、全面深化改革、全面依法治国、全面从严治党战略布局，推动我国经济社会持续健康发展，“十三五”规划纲要阐明了党和国家战略意图，明确了发展的指导思想、基本原则、目标要求、基本理念、重大举措，描绘未来五年国家发展蓝图。关于文化产业发展部署，“十三五”规划纲要提出，“十三五”期间要实现“公共文化服务体系基本建成，文化产业成为国民经济支柱性产业”的目标，要扶持优秀文化作品创作生产，推动出版发行、影视制作、工艺美术等传统产业转型升级。“十三五”规划将“文化产业成为国民经济支柱性产业”确定为全面建成小康社会的重要目标，表明了国家在“十三五”时期大力推进文化产业发展的决心和信心。而电影产业是其中当之无愧的火车头和排头兵。

实践证明，将包括电影产业在内的文化产业发展纳入国家国民经济和社会发展规划，对于推动电影产业健康繁荣发展是切实有效的。至于县级以上地方人民政府是否应当将电影产业发展纳入本级国民经济和社会发展规划，在电影产业促进法草案提请全国人大常委会审议时，全国人大常委会委员和社会公众对此都有不同意见。考虑到我国不同地区经济社会发展情况差别巨大的现实，一些落后地区不具备发展电影产业的经济基础，统一要求县级以上地方人民政府将电影产业发展纳入本级国民经济和社会发展规划,不符合实际情况。因此,法律从客观实际出发,明确规定“县级以上地方人民政府根据当地实际情况将电影产业发展纳入本级国民经济和社会发展规划”。

二、国家制定电影及其相关产业政策,引导形成统一开放、公平竞争的电影市场

产业政策是国家为了实现一定的经济和社会目标而对产业的形成和发展进行干预的各种政策的总和。政府的这种干预包括规划、引导、促进、调整、保护、扶持、限制等各个方面,主要通过制定国民经济计划、产业结构调整计划、产业扶持计划、财政投融资、货币手段等实现,目的是引导产业发展方向、推动产业结构升级、协调国家产业结构、促进国民经济健康可持续发展。产业政策的功能主要是有效配置资源,弥补市场不足;保护、培育民族产业的成长;抵御和减小经济震荡;发挥后发优势,增强适应能力。

在中国十几年的电影产业化改革中,形成了一系列促进产业发展行之有效的重要经验和做法,既有产业扶持措施,又有规范管理办法。就促进电影产业的扶持措施而言,具有如下特点:一是种类较全,涵盖了财政、税收、金融、土地等各个方面;二是层级多样,既有《国务院办公厅关于促进电影产业繁荣发展的指导意见》等文件,又有各部委联合发布文件和地方政府出台的政策;三是范围较广,既有引导、保障国有电影企业转型的政策,又有激励、便利民营资本进入电影产业的措施。这次在法律层面对这些行之有效的措施进行了提炼集成。除了明确国家将电影产业发展纳入国民经济和社会发展规划外,国家还应制定电影及相关产业政策,进一步明确国家支持创作、摄制各类优秀国产影片,地方政府对电影创作、摄制提供必要的便利和帮助;在财政、税收、土地、金融等方面对电影产业采取优惠措施;积极

扶持电影科技研发、公益放映、人才培养、境外推广等事业发展。当然,法律的规定也需要后续的产业政策、措施予以不断的细化、落实,并推动实施。

公平竞争是市场经济的基础,健康良性的竞争环境需要政府、市场经济主体和其他社会主体各就各位、各司其职。就当前来看,随着经济体制改革不断深化,我国统一市场基本形成,公平竞争环境逐步建立。电影是市场化程度最高、开放程度最高、外部环境竞争力最强的一种文化产业。其繁荣发展离不开统一开放、竞争有序的现代文化市场体系。开放与公平竞争是这些年我国电影产业发展的重要经验。本法明确主张"国家引导形成统一开放、公平竞争的电影市场"。同时规定了覆盖全面、层次分明的法律责任,包括行政处罚、行政强制和从业禁止等措施,为查处制造虚假交易、虚报瞒报销售收入等扰乱电影市场秩序的行为提供了充足法律依据,为我国电影产业健康繁荣发展奠定了制度基础。

第六条　国家鼓励电影科技的研发、应用,制定并完善电影技术标准,构建以企业为主体、市场为导向、产学研相结合的电影技术创新体系。

【释义】　本条是关于电影技术创新的规定。

本条可从以下几个方面理解:

一、国家鼓励电影科技的研发、应用

电影被称为"机械文艺女神",是科技与艺术的结合体。电影史上每一次的重大飞跃都与科技进步相伴相生。电影发展经历了从无声到有声,黑白到彩色,2D 到 3D 的数次电影技术革命。技术的发展促成了电影拍摄方式、人们观影体验以及电影传播方式的重大变革。因此其诞生和成长的历史,也是电影摄制、传播、放映等技术手段不断创新和改进的过程。

随着中国电影产业的快速发展,近年来,我国影片的拍摄、制作水平,系统设施环境,技术服务能力在市场的驱动下有了很大改善,虚拟特效、CG 动画、3D 转制、立体实拍等高科技、工业化生产方式开始得到应用,成为推动国产电影制作质量不断提升的重要力量。随着电影市场规模的不断扩大,观众对国产影片的要求不再停留在简单的故事表现上,他们也希望看到中国故事所呈现的视听奇观。

但是,我国电影工业的技术人才比较缺乏,技术储备比较薄弱,国产影片缺乏技术推动的想象力。目前我国电影产业的亮点在于市场活力,重票房,重明星效应,而不重视技术层面的贡献。很多电影制作中的特效、特技,制作技术方面的工作都是邀请国外公司承包制作。调研中,我们了解到,目前年轻人投身电影行业,比较集中于导演、表演等专业,录音、剪辑等电影技术方面的专业人才非常匮乏。与此同时,我国拥有自主知识产权的高水平电影技术也非常少。

目前的电影专项资金和电影精品资金中,对支持高新技术格式影片的拍摄、支持重点电影基地的建设等作了专门规定。为进一步促进电影产业繁荣发展,引导、鼓励行业和社会力量积极参与,共同推动我国电影技术进步,加快在影片拍摄、制作、发行和放映等环节中应用高新技术,不断提高我国电影行业整体技术实力与应用水平,国家新闻出版广电总局制定了《电影技术应用成果奖评审奖励办法(暂行)》。办法规定,电影技术应用成果奖是面向全国电影技术行业的综合性奖项。其主要奖励在电影科技进步和产业发展中贡献突出、取得显著成效的技术成果和应用项目。其目的是充分体现尊重知识、尊重人才的导向,鼓励技术创新与技术应用,充分调动广大电影技术工作者的积极性和创造性,加快电影技术发展和应用,为繁荣我国电影产业提供有力的技术支持和发展动力。电影技术应用成果奖的奖励范围包括:(1)在电影产业技术升级、技术改造和设备国产化进程中,以实际应用为目的,开发、发明的新产品、新技术、新工艺、新装备等,并对推动电影产业发展与技术进步有重大贡献的技术成果;(2)在应用和推广电影新技术、新工艺过程中,结合实际、因地制宜、有所创新的技术成果,以及对已有技术集成配套,实现产业化、规模化并取得重大经济效益或社会效益的技术项目。电影技术应用成果奖励等级与数量:电影技术应用成果奖每年评审一次,每次设一等奖1名,二等奖2名,三等奖3名。如当年没有符合奖项评审标准的,该奖项空缺。评审委员会将向获奖单位颁发奖励证书和项目补贴经费。电影技术应用成果奖的评审标准:(1)一等奖。在影片拍摄、制作、发行、放映等方面拥有自主创新,具有较高的技术复杂度和难度,解决了电影产业中的技术"瓶颈",形成了产业的主导技术、主流工艺或关键设备,具有很强的示范推动效应,对电影产业的技术进步和产业结构优化升级有重要作用,并取得重大的经济效益或社会效益。(2)二等奖。在影片拍摄、制作、发行、放映等方面拥有自主研发,具有一定的技术复杂度和难度,解决了电影产业中难度较大、较复杂的技术问题,具有明显的示范推动效应,对电影产业的技术进步起到推动作用,并取得明显的经济效益或社会效益。(3)三等奖。在影片拍摄、制作、发行、放映等方面积极采用新技术、新工艺,技术成果转化程度较高,应用效果良好,并取得较好的经济效益或社会效益。同时,评奖还特别提出经济效益和社会效益的要求:凡申报电影技术应用成果奖的技术成果或应用项目,均应经过一年以上实践或至少在一部影片中应用,在电影拍摄、制作、发行、放映等过程中取得了一定的经济效益或社会效益。

二、制定并完善电影技术标准

电影技术是影片摄制技术、影片放映技术与电影器材制造技术的总称，是电影成为影响广泛的独特艺术形式以及活动影像和声音的再现手段的物质基础。目前我国标准方面的相关政策法规依据主要是标准化法、《标准化法实施条例》《行业标准管理办法》《国家标准管理办法》《采用国际标准管理办法》《标准档案管理办法》等。具体到电影行业，目前电影技术标准包括国际标准、国家标准、国内标准。按照中国电影科技网的分类和统计，电影方面的国际标准主要分为 ISO 和 SMPTE 两种类型。ISO 标准是由国际标准化组织制订的标准，目前电影方面的 ISO 标准有 59 项。SMPTE 是衡量声学性能特别是高频损失方面产生影响画面理想的亮度水平通过参照的标准，目前有关电影的 SMPTE 标准有 38 项。电影方面的国家标准有 58 项。国内标准中，目前行业标准有 55 项，其他的技术文件有 11 项。

2015 年 3 月，《国务院关于印发深化标准化改革工作方案的通知》（国发〔2015〕13 号），通知提出的改革措施中明确放开搞活企业标准。企业根据需要自主制定、实施企业标准。鼓励企业制定高于国家标准、行业标准、地方标准，具有竞争力的企业标准。近年来，由中影股份、中国电影科研所及中广华夏影视科技有限公司等共同研发的中国巨幕、中国多维声技术等相继通过国家广电总局验收。这些电影技术不仅拥有自主知识产权，而且还有系统的技术标准，很多技术指标已经达到或者超过国际先进水平。

三、建立以企业为主体、市场为导向、产学研相结合的电影技术创新体系

党的十八大报告提出，实施创新驱动发展战略，深化科技体制改革，推动科技和经济紧密结合，加快建设国家创新体系，着

力构建以企业为主体、市场为导向、产学研相结合的技术创新体系。党的十八届三中全会决定提出，深化科技体制改革，健全技术创新市场导向机制，建立产学研协同创新机制，强化企业在技术创新中的主体地位，建设国家创新体系。《国务院办公厅关于促进电影产业繁荣发展的指导意见》提出，鼓励开展电影产业领域基础性、战略性和前瞻性的新技术研发和应用，努力构建以企业为主体、市场为导向、产学研相结合的电影技术创新体系，鼓励电影技术企业开展电影技术研发和基础设施设备改造。为了推动科技与经济相结合、实施创新驱动发展战略，2015 年 8 月，全国人大常委会通过了关于修改促进科技成果转化法的决定，对鼓励企业科技创新、推动产学研相结合作了相应规定。例如，促进科技成果转化法第二十三条规定，企业依法有权独立或者与境内外企业、事业单位和其他合作者联合实施科技成果转化。企业可以通过公平竞争，独立或者与其他单位联合承担政府组织实施的科技研究开发和科技成果转化项目。第二十五条规定，国家鼓励研究开发机构、高等院校与企业相结合，联合实施科技成果转化。研究开发机构、高等院校可以参与政府有关部门或者企业实施科技成果转化的招标投标活动。

以企业为主体，就是发挥大型电影企业的创新骨干作用，激发中小电影企业的创新活力，由企业引领和推动电影技术创新。以市场为导向，就是要发挥市场对技术研发方向、路线选择、要素价格、各类创新要素配置的导向作用，切合电影市场需求，把握发展趋势，使电影技术创新能投入实实在在的应用，转化为经济效益。产学研相结合，就是生产、教育、科研在功能与资源优势上的协同与集成，是电影技术创新上、中、下游的对接，促进创新资源高效配置和综合集成，把各方面智慧和力量凝聚到电影产业创新发展上来。

第七条　与电影有关的知识产权受法律保护，任何组织和个人不得侵犯。

县级以上人民政府负责知识产权执法的部门应当采取措施，保护与电影有关的知识产权，依法查处侵犯与电影有关的知识产权的行为。

从事电影活动的公民、法人和其他组织应当增强知识产权意识，提高运用、保护和管理知识产权的能力。

国家鼓励公民、法人和其他组织依法开发电影形象产品等衍生产品。

【释义】　本条是关于与电影有关的知识产权保护的规定。

本条各款从不同角度明确了有关主体在保护知识产权方面的权利和义务。为了充分理解该条的内容，首先必须厘清“与电影有关的知识产权”这一基本概念。

一、与电影有关的知识产权

《保护文学和艺术作品伯尔尼公约》第二条将电影纳入保护客体中。全球各主要伯尔尼公约成员国皆将电影作为著作权的保护客体。我国著作权法第三条将“电影作品和以类似摄制电影的方法创作的作品”作为一类著作权法保护的客体。我国最早提出“与电影有关的知识产权”这一概念的规范性文件是2010年1月21日国务院办公厅颁布的《关于促进电影产业繁荣发展的指导意见》（国办发〔2010〕9号），该意见规定“保护与电影有关的知识产权”，但“与电影有关的知识产权”的范围是什么，尚无权威的界定。目前，一般理解包括但不限于著作权、商标权、专利权和商业秘密等。

（一）电影作品的著作权

我国著作权法及其实施条例对电影作品的著作权规定的内容较为详尽，主要内容如下：

1. 电影作品著作权的内容

电影作品的著作权包括下列人身权和财产权：发表权、署名权、修改权、保护作品完整权、复制权、发行权、出租权、表演权、放映权、广播权、信息网络传播权、改编权、翻译权、汇编权。

2. 电影作品著作权的归属

电影作品的著作权由制片者享有，但编剧、导演、摄影、作词、作曲等作者享有署名权，并有权按照与制片者签订的合同获得报酬。电影作品的剧本、音乐等可以单独使用的作品的作者有权单独行使其著作权。电影作品的著作权归属在法律规定上比较明确，但是在具体操作中，一般通过合同约定的方式规定整个电影的著作权归属。

3. 电影作品著作权的保护期

电影作品的署名权、修改权、保护作品完整权的保护期不受限制。电影作品的发表权、复制权、发行权、出租权、表演权、放映权、广播权、信息网络传播权、改编权、翻译权、汇编权的保护期为五十年，截止于作品首次发表后第五十年的 12 月 31 日，但作品自创作完成后五十年内未发表的，不再保护。这里需要明确"首次发表"的日期，一般首次发表是指将作品置于不特定第三人可获知的范围，具体到电影首次发表日，通常理解为公映日期。但是实践中电影作品及相关作品一般会进行著作权登记，登记证书上会载明"首次发表日"。

（二）与电影有关的商标权

商标权，是商标专用权的简称，是指商标主管机关依法授予商标所有人对其注册商标受国家法律保护的专有权。

1. 商标权的内容

商标是用以区别商品和服务不同来源的商业性标志，由文字、图形、字母、数字、三维标志、颜色组合或者上述要素的组合构成。电影的片名、人物形象、特有音频等元素都可能成为商标权的保护客体。商标注册人依法支配其注册商标并禁止他人侵害的权利，包括商标注册人对其注册商标的排他使用权、收益权、处分权、续展权和禁止他人侵害的权利。与著作权不同，商标权利不是一种自然权利，而是需要登记注册，并且有较强的地域性。即若需要电影相关商标权在多个国家和地区受到保护，则需要在多个国家和地区提交注册申请。

2. 商标权的保护期

根据商标法的规定，商标权有效期十年，自核准注册之日起计算，期满前六个月内申请续展，在此期间内未能申请的，可再给予六个月的宽展期。续展可无限重复进行，每次续展期十年。

3. 商标权保护的优势和不足

通过商标权保护电影人物形象，可以有效弥补著作权保护期限短、保护标准低的问题。如开行业先河的《米老鼠》及近年的《功夫熊猫》，都将其动画形象作为商标注册和保护，并通过商标运营及授权的方式获得了超过票房收入的巨大权利许可收益。但是，商标权保护也存在一定的缺陷，如商标权从申请到授权的时间较长，商标授权时电影的院线期可能已经结束；再如商标的侵权标准比较高，需要在相同或近似的类别使用相同或近似的标识，这样就需要在通过商标权保护电影片名或者人物形象时，进行多类别甚至是全类别的注册；此外电影片名本身可能是通用名称或者不具有商标所要求的显著性而无法注册。

（三）与电影有关的专利权和商业秘密

电影是现代科学技术与艺术相结合的产物。1908 年 2 月

11日，美国发明家爱迪生获得了电影放映机发明专利权。从19世纪末电影产生以来，在摄制、胶片、放映等领域的技术突飞猛进，体现在从无声电影到有声电影、从黑白电影到彩色电影的发展。进入21世纪以来，电影技术更是迅猛发展，主要体现之一是在摄制和放映领域由传统的胶片载体向数字载体跨越。2005年，原国家广电总局发布的《数字电影发行放映管理办法（试行）》提出，要充分利用数字技术，促进国产影片的发行放映，加快电影产业化、数字化进程。在电影产业中与电影有关的专利权属于知识产权的范畴，受到法律保护。此外，电影中的人物、场景可能会受到专利权中的外观设计的保护。需要注意的是，与商标权一样，专利权也非自然权利且具有较强的地域性。若需要电影相关专利权在多个国家和地区受到保护，则需要在多个国家和地区提交注册申请。

不符合专利性要求的发明或制造方法可以作为商业秘密进行保护；符合专利性要求的，也可选择保持作为商业秘密进行保护。与专利权保护相比，商业秘密保护可以立即生效，且不受时间限制，但保护水平较弱。

二、与电影有关的知识产权的保护

本条第一款开宗明义，明确与电影有关的知识产权受法律保护，任何组织和个人不得侵犯。知识产权主要通过国家立法使其地位得到确认，并且通过知识产权法律的施行而使其取得现实的法律保护。加入世界贸易组织前后，我国已经建立了比较完整的知识产权法律制度，目前知识产权方面的法律主要有著作权法、商标法、专利法等。

本条第二款规定了执法部门应当采取措施保护与电影有关的知识产权，依法查处侵权行为。对于该款有两个要点需要明确。一是，关于执法部门。用行政手段保护知识产权是中国知识产权执法的一个重要特色，知识产权保护的法律规范大都靠行政机关去执行。目前我国没有统一的知识产权执法机构，本款中的“县级以上人民政府负责知识产权执法的部门”包括了现实中涉及著作权、商标权、专利权等所有与电影有关的知识产权执法部门。二是，关于依法查处侵权行为。执法部门查处侵权行为，必须符合有关具体法律的规定。如对于侵犯著作权、专利权的行为，应当分别依照著作权法和专利法予以查处。对此，本法第五十四条也作了相应衔接规定，对于侵犯与电影有关的知识产权的，依照有关法律、行政法规及国家有关规定予以处罚。

本条第三款规定了有关主体应当增强知识产权意识等。在发达国家，多数企业都十分重视自身知识产权的保护，设有专门从事知识产权法律事务的部门，并制定了一系列在开展业务中避免他人侵犯知识产权的具体措施。我国部分企业知识产权意识薄弱，屡屡出现知识产权被侵犯的情况。电影作品知识产权属性较强，因而需要有关主体树立保护知识产权的观念，运用法律手段，寻求知识产权的生长空间，依法对抗他人侵犯和滥用知识产权的行为。

本条第四款规定了鼓励开发电影衍生产品。由于电影衍生产品的收益往往与知识产权密切相关，故在此作出规范。电影衍生产品也被称为后电影产品，是指由电影而产生并与其密切相关的带来非电影票房收入的所有产品。电影衍生产品的设计和制造的灵感都来源于电影本身，与电影有着千丝万缕的关系。电影衍生产品的开发一般有两种方式：一是，影片本身作为一种特定产品的经营方式，以音像制品为主；二是，与影片相关的其他商品的开发方式，如以利用影片形象促销各种消费品、贴片广告、服装道具拍卖、外景地旅游开发或者建设主题公园等。电影衍生产品是电影产业链的重要组成部分,在美国等电影市场发达地区,电影衍生产品的收入一般能达到该部电影总收入的70%以上。由于我国电影产业化程度不高,著作权保护和使用也存在不足,电影衍生产品的收入占比较低。由于电影衍生产品能够带动整个电影行业的营收,因此需要对依法开发电影衍生产品予以鼓励和支持。

第八条　国务院电影主管部门负责全国的电影工作;县级以上地方人民政府电影主管部门负责本行政区域内的电影工作。

县级以上人民政府其他有关部门在各自职责范围内,负责有关的电影工作。

【释义】　本条是关于电影工作管理体制的规定。

本条分两款。第一款规定了国务院电影主管部门的职责和县级以上地方人民政府电影主管部门的职责;第二款规定了县级以上人民政府其他有关部门对电影工作的职责。本条可从以下几个方面理解:

一、国务院电影主管部门负责全国的电影工作

从目前国务院机构设置及职能来说,“国务院电影主管部门”,指的是根据第十二届全国人民代表大会第一次会议批准的《国务院机构改革和职能转变方案》和《国务院关于机构设置的通知》(国发〔2013〕14号)设立的国家新闻出版广电总局,这是一个正部级国务院直属机构。按照国务院批准的《国家新闻出版广电总局主要职责内设机构和人员编制规定》,国家新闻出版广电总局负责的有关电影的具体事项包括:电影的宣传方针政策的拟订、正确舆论导向和创作导向的把握,电影相关著作权管理的法律法规草案起草,有关规章政策和行业标准的制定

及组织实施和监督检查，电影事业发展政策和规划的制定，电影重大公益工程和公益活动的组织实施，老少边穷地区电影事业建设和发展的扶助，电影产业发展的统筹规划、发展计划和产业政策的制定并组织实施，电影内容和质量的监督管理及相关行政许可，电影市场经营活动的监督管理，重大违法违规行为的组织查处，电影科技融合推广和发展规划、政策和行业技术标准的拟订及组织实施和监督检查，电影的进口、收录管理，电影对外及对港澳台的交流与合作，电影著作权管理和公共服务及重大侵权盗版和涉外案件的组织查处，以及相关国际条约应对事务等。在国家新闻出版广电总局内，专门设有电影局，具体承担电影制片、发行、放映单位和业务的监督管理工作，组织对电影内容进行审查；指导、协调全国性重大电影活动；指导电影档案管理、技术研发和电影专项资金管理；承办对外合作制片、输入和输出影片的国际合作与交流事项。

二、县级以上地方人民政府电影主管部门负责本行政区域内的电影工作

“县级以上地方人民政府电影主管部门”，指的是地方人民政府设立的新闻出版广电局（其中有的地方在机构名称上会有些许差异，如有的地方称为文化广电新闻出版局）。近年来，我国电影产业发展迅速，具备可持续发展的巨大潜力，中国电影已进入繁荣发展的关键时期。在这样的发展态势下，为更好地推动地方电影工作发展，仅依靠国家层面的电影主管部门是远远不够的，必须明确和强化地方人民政府电影主管部门的职责。其中省级地方人民政府电影主管部门的职责主要包括：一般题材电影的剧本梗概备案和属地单位特殊题材电影剧本审查、一般题材电影片审查和部分种类电影片初审、对外商投资电影院提出意见、省内发行业务审批、地方性单一国家对等电影节展审

批、地方性涉外节展和赴境外参展举办、中外合拍许可初审、电影艺术档案管理中的督促和处罚、电影农村公益放映等。近年来，为规范行政审批程序和环节，提高效率和服务水平，一些行政管理权力进行下放，如在电影审查环节，国产影片实行属地审查，将部分影片的审查权限下放省级电影主管部门。对于各省级电影主管部门，对本行政区域内所属的电影制片单位拟制作的影片，除重大革命和重大历史题材影片、重大文献记录影片和中外合作影片外，其他影片在审查后即可直接发放影片审查决定书，并统一由国家新闻出版广电总局出具电影片公映许可证。

三、县级以上人民政府其他有关部门在各自职责范围内，负责有关的电影工作

"县级以上人民政府其他有关部门"，指的是县级以上人民政府涉及电影工作的除主管部门外的其他一些部门。电影工作不仅涉及电影行业内部，也关联其他相关职能部门。为此，本法明确规定了县级以上人民政府其他有关部门在各自职责范围内，负责有关的电影工作。例如，发改委、财政、建设与城乡规划、教育、公安、文物、旅游、民族、宗教等部门，都应当在其职责范围内配合电影主管部门，共同促进和规范电影产业的发展。具体来说，关于电影发展的经济政策支持方面，根据《财政部、国家发展改革委、国土资源部、住房城乡建设部、中国人民银行、国家税务总局、新闻出版广电总局关于支持电影发展若干经济政策的通知》(财教〔2014〕56 号)精神要求，"各级发展改革、财税、金融、国土资源、住房城乡建设部门要认真落实关于支持电影发展的各项经济政策，尽快制定完善各项配套政策措施和办法，建立健全专项资金使用管理制度，加强对资金的宏观调控和评估监管力度"。又如，关于做好农村电影工作，《国务院办公厅转发广电总局等部门关于做好农村电影工作意见的通知》

（国办发〔2007〕38号）要求，建立由地方各级人民政府分管负责同志牵头，广电、发展改革、财政、文化等有关部门共同参与的工作协调机制。电影工作只要涉及这些部门的职能范畴，就由各相关部门在其职责范围内依据职权协调处理。

第九条　电影行业组织依法制定行业自律规范，开展业务交流，加强职业道德教育，维护其成员的合法权益。

演员、导演等电影从业人员应当坚持德艺双馨，遵守法律法规，尊重社会公德，恪守职业道德，加强自律，树立良好社会形象。

【释义】　本条是关于电影行业组织及电影从业人员规范的原则规定。

本条共分两款，第一款明确了电影行业组织的职能、职责；第二款对电影从业人员的道德自律作出规定。本条可从以下几个方面来理解：

一、电影行业组织的职能、职责

电影行业组织是由电影行业的专业人士或爱好者组成的非营利性组织，在政府主管部门和电影从业人员间起到沟通和协调的作用，是繁荣和规范电影行业的重要力量。发展现代电影产业，必须注重发挥电影行业组织的作用。电影行业协会等行业组织要按照现代电影产业发展的规律和要求，不断完善和调整行业组织的职责和运作机制，在反映诉求、提供服务、规范行为等方面积极发挥作用，成为联结政府和电影界的桥梁。目前我国已登记的电影行业组织超30家，涉及电影创作生产各个环节和电影行业各个方面，有电影制片人协会、电影发行放映协会、电影导演协会、电影文学学会、电影表演学会、电影评论学会、儿童少年电影学会等。其中既有成立于新中国成立之初、已具备相当影响力的人民团体,也有适应新兴电影业态而产生的各类行业协会。尤其是近年来随着我国电影行业的蓬勃发展,电影行业组织也在数量和规模上有了很大发展,涉及的领域更为广泛,在国家新闻出版广电总局的指导下,各行业协会为推动中国电影繁荣发展发挥着重要作用,主要表现在:一是,充分发挥专业社会机构的作用和影响,团结凝聚广大电影工作者,围绕党和国家中心大局,开展推动行业发展等工作。例如,中国电影家协会运作“百部农村电影工程”,并推动“制度化、规范化”进程,扶持以农村题材为主的电影剧本的创作和影片拍摄。二是,受政府委托,开展制定行业标准、建立行业规范、推动行业自律、强化电影从业人员的职业道德建设等工作。例如,为了提高电影放映质量、维护消费者权益,促进电影产业整体健康发展,2002 年,电影行政部门开展了电影院星级评定工作。为了充分发挥电影行业协会作用,2008 年起中国电影发行放映协会正式承办全国电影院星级评定工作,积极宣传贯彻星级评定标准并监督检查执行情况,组织全国电影院申报、检测和专家评审工作及复查工作等。该协会还将规范市场作为常规性工作,通过与制片人协会联合向社会通报违规电影院的方式,在遏制违规行为、维护行业利益方面发挥了积极作用。三是,以协会机构的身份,在电影文化对外交流合作中发挥着桥梁纽带的积极作用。四是,推动行业内部的专业理论建设、专业评优评选,以此激励行业内的创新创业。五是,不断整合资源,吸引社会各界力量参与电影发展,扩充电影队伍,壮大电影界实力,维护成员合法权益。

行业自律规范,首先是指其制定的章程。按照民法和《社会团体登记管理条例》等法律法规规定,行业组织制定章程,规范自身活动,是其得以成立登记的必然要求。同时,行业组织也可以在章程范围内，制定有关业务交流规范、从业人员职业道德规范等其他规范。这些章程和规范，是内部从业人员开展业务交流，恪守职业道德并接受监督、制约，维护内部从业人员集体和个人合法权益的制度保障。电影行业组织应当在章程中规定行业自律规范，对会员的行为进行规范，对会员的职业道德进行教育和引导。通过组织学习、深入生活、采风创作、成果展示、开展理论研究、学术评论、人才培训、文艺志愿服务和对外交流等活动，有条件的组织还可以开展专业评奖和电影节展活动，提高本组织会员的业务水平，对会员进行业务指导，开展业务交流。按照法律和其他规定，反映会员的意见、建议和要求，维护会员的合法权益。

为适应现代电影产业发展，规范行业组织运作机制，解决一些行业组织政会不分、管办一体、治理结构不健全和作用发挥不够等问题，2015 年起，国务院实施相关方案，逐步推进行业协会商会与行政机关脱钩，厘清行政机关与行业协会的职能边界，去除行业协会的行政色彩，更好地发挥其作用。

二、电影从业人员的道德自律

习近平总书记在文艺工作座谈会上的重要讲话指出，文艺是给人以价值引导、精神引领、审美启迪的，艺术家自身的思想水平、业务水平、道德水平是根本。电影作为具有独特魅力的艺术形式，对观众具有较强的影响力和感染力，是传播社会主义核心价值观的重要途径，在引导人民群众精神生活方面发挥着重要作用。电影从业人员的道德情操，直接影响着影片的质量和社会效益，尤其是知名演员和导演等，其言行对观众尤其是青少年观众有着较强的示范作用，在很大程度上对社会风气有所影响。在我国，“德艺双馨”是包括电影艺术家在内的艺术工作者共同遵循的优良传统。“德艺双馨”中的“德”，在我国来说就是符合社会主义核心价值观的社会公德、职业道德和家庭美德；“德艺双馨”中的“艺”，就是艺术才华的高低，有行业共识，有群众口碑。本法鼓励电影创作者既要具备良好的品德，也要体现不断精进的艺术才能。知名的电影从业者作为公众人物，更应该严格要求，做好表率。

近些年，电影从业人员特别是一些演员，屡屡曝出黄、赌、毒丑闻，在社会上以及对青少年造成极恶劣的影响；一些拍摄项目邀请的境外、国外演员，具有台独、港独倾向，或具反华辱华劣迹，为舆论挞伐。因此，除依法对违法犯罪行为进行追究外，必须加强电影从业人员的法律意识和道德自律，引导其树立良好的社会形象。各有关部门、电影企业和行业组织，要注重对电影从业人员的职业道德教育和相关培训，提高其道德和专业素养，增强其传播社会主义先进文化、弘扬社会主义核心价值观的历史使命感和道德责任感，自觉维护良好的从业氛围，净化电影市场，构建有利于青少年健康成长的社会环境。电影从业人员作为这种兼有社会公众人物性质的特殊职业从业者，除行业组织加强管理、教育、监督和约束外，应当加强自律，必须遵守相关法律法规，尊重社会公德，恪守职业道德，树立良好社会形象，对公众负责，对社会负责，对自己所从事的职业负责。

第十条　国家支持建立电影评价体系，鼓励开展电影评论。

对优秀电影以及为促进电影产业发展作出突出贡献的组织、个人，按照国家有关规定给予表彰和奖励。

【释义】　本条是关于电影评价体系和奖励制度的规定。

本条分两款。第一款规定了支持建立电影评价体系和开展电影评论；第二款对电影行业的表彰奖励制度作了原则性规定。本条可从以下两个方面来理解：

一、国家支持建立电影评价体系，鼓励开展电影评论

电影评价形成体系，大致需要四个构成要素，即评价主体、评价导向、评价载体和评价环节。评价主体，按照对电影评价的主体对象，大致可分为主管部门、新闻媒体、影评人和普通观众。评价导向，作为评价的主要内容，按其倾向性可分为舆论导向、观影消费导向和专业学术导向。评价载体，按照形式可分为印刷媒体、视听媒体和网络媒体。评价环节，按照电影生产、上映前后的时间档期，可分为预评价、映期评价和后续评价。预评价主要指电影上映前的审查、发行准入和媒体预期评价；映期评价主要包括媒体对电影本身各方面的评价、票房上座率和影评舆论，贯穿整个上映时段；后续评价则主要以学术上深度剖析为主，还包括各种各样的奖项评定；等等。

电影评价体系的构成要素现今在我国都已经齐备，可以说电影评价体系在国家层面已经建立。但是，由于在历史上受到"左"的或"右"的干扰，存在电影评价的客观性不足、倾向性明显等问题，影响电影产业健康发展。改革开放前及初期，电影评价主要是受"左"的影响。改革开放以来，特别是随着市场经济体制改革的深入，电影评价又受到西方文化及逐利因素的影响。近年来，受到迅速崛起的网络媒体影响，网上影评数量剧增，质量却参差不齐，其参与的匿名性、发布的随意性、褒贬的极端性等特征，引发了许多问题，很有可能阻碍电影产业在我国的健康发展。习近平总书记在文艺工作座谈会上的重要讲话指出，要坚守文艺的审美理想、保持文艺的独立价值，合理设置反映市场接受程度的发行量、收视率、点击率、票房收入等量化指标。《中共中央关于繁荣发展社会主义文艺的意见》中也明确提出，建立健全反映文艺作品质量的综合评价体系。电影作为人民群众喜闻乐见的文艺形式，在迅猛发展的同时，也存在一定的问

题。如何看待成绩和问题,推动电影产业更好发展,这就需要建立健全电影评价体系,开展各种形式的电影评论。现实中,电影欣赏是一种较为个人化的审美体验,并不存在一种静态的、统一的标准,而是包括了意识形态、艺术审美、市场运作、媒体导向、受众观感、评奖激励等综合性因素。观众在观看电影前后过程中,会受到有关评价的影响。因此,建立健全电影评价体系,对推动电影产业良性发展、引导社会健康审美、传播社会主义核心价值观和正能量、参与国际竞争,都具有非常重要的作用。

目前,我国大陆对电影的重要奖项有:(1)中国电影金鸡奖,由中国电影家协会和中国文联联合于 1981 年创办,评奖委员会由中国最具权威的导演艺术家、表演艺术家、电影剧作家、摄影家、音乐家、美术家,以及电影理论家、教育家、事业家共同组成,因此又被称为“专家奖”,是我国内地电影界最权威、最专业的电影奖。(2)大众电影百花奖,由中国电影家协会和中国文联联合于 1962 年创办,由观众投票产生各项奖项,代表观众对电影的看法和评价,因此又被称为“观众奖”,体现“百花齐放、百家争鸣”的文艺方针。百花奖是中国内地电影历史最为悠久、最有群众基础的电影大奖。(3)中国电影华表奖,是在原主管电影的文化部 1957 年创办的优秀影片奖基础上发展而来,1994 年正式改为华表奖,2005 年起由每年评选改为两年一届,现由国家新闻出版广电总局主办,是中国电影“政府奖”,体现党和国家对电影事业的鼓励和扶持。

二、电影行业的表彰奖励制度

对优秀电影作品和作出突出成绩的电影从业人员进行表彰和奖励,是世界电影界的通行做法,国际上一些著名的电影奖项在整个电影业界具有很大影响力。我国目前也设置了若干电影奖项,对优秀影片和作出突出贡献的组织、个人进行表彰、奖励。

这些奖项中,有行政部门设立的政府奖项,有电影行业组织设立的专业奖项,也有媒体等设立的群众性奖项。同时,《国家电影事业发展专项资金征收使用管理办法》(财税〔2015〕91 号)、《电影精品专项资金管理办法》(财教〔2007〕16 号)、《宣传文化发展专项资金管理办法》(财教〔2007〕157 号)、《文化产业发展专项资金管理暂行办法》(财文资〔2012〕4 号)等文件都对优秀电影或者促进电影产业发展作出突出贡献的组织、个人作出了表彰和奖励规定。

第十一条 国家鼓励开展平等、互利的电影国际合作与交流,支持参加境外电影节(展)。

【释义】 本条是关于电影国际合作与交流的原则的规定。

电影是文化产品中最具有国际化特点的产品之一,是在世界上传播本国文化理念、提升本国文化软实力的重要载体和先锋力量,是国家的文化名片。以美国为代表的电影大国,历来将电影作为文化输出的重要途径。随着我国对外开放程度的日益提升,对外投资力度的日益扩大,特别是"一带一路"战略构想的贯彻落实,我国对电影国际交流的重视程度也日益提高,电影在文化外交工作中将具有更加重要的地位。《中国电影 2011 - 2020 年发展规划纲要》指出,要加强电影国际交流合作,充分发挥电影在国家重大涉外文化活动中的重要作用,利用电影促进海外文化阵地建设,利用境外资金、人才、技术及管理经验等,积极开展中外合作拍摄电影,生产既能满足国内市场,又能进入国际市场的高质量影片,"借船出海",扩大"走出去"规模。积极与各国政府、国际电影节展组委会、电影机构、社会组织、行业协会等建立广泛友好的合作机制,加强国际电影文化交流和学术交流,有效扩大中国电影的话语权。

本条的要义，一是合作，二是交流，而电影节（展）是合作与交流的一个平台。平等、互利是合作与交流的前提与条件。合作，是指与国外或境外方进行合作拍摄、合作制造生产电影，包括从剧本创作、资本投入到拍摄技术、演职员等全方位或主要方面的合作，或影片生产过程中的部分合作（如个别角色或职员聘用，后期制作、洗印加工等合作）。对符合相关要求合作生产的电影，本法第十四条明确规定视同境内摄制的电影，即给予国产影片同等待遇。本法第四十一条还规定鼓励和保护赴境外合作摄制电影的跨境投资行为。交流，包括电影的剧本创作、影片艺术、演职人员（导演、演员、音乐、摄影、美术、剪辑等）技艺等方面的交流。国际交流是我国电影产业借鉴国际、提高自身、宣传自己、弘扬中华文化的重要的必不可少的途径。而参加境外电影节（展），是这种交流的重要途径。近些年，在最负盛名的三大国际电影节——法国的戛纳国际电影节、德国的柏林国际电影节、意大利的威尼斯国际电影节上，经常有我国生产的影片荣获金棕榈银棕榈、金熊银熊、金狮银狮等奖项。

近年来，我国优秀电影和电影从业人员不断在国际电影交流中崭露头角，获得了一些成绩。同时，中国电影开展国际交流和参评还面临着由于语言文化不通而产生的“文化折扣”过多、类型片过于单一等问题，需要政府的积极扶持和进一步引导。

第二章 电影创作、摄制

本章共十二条，主要是对鼓励电影剧本创作、创新，电影剧本梗概备案和电影剧本审查，中外合作拍摄电影，为电影摄制活动提供便利和帮助，电影摄制活动应遵守的规则，电影审查内容标准，电影审查的程序，电影审查中专家评审程序，电影重新报送审查，电影公映许可证标识，电影放映提示要求，禁止未取得电影公映许可证的电影发行、放映以及传播，参加境内外电影节（展），承接境外电影洗印、加工、后期制作等业务，电影档案接收、收集、整理、保管以及向社会开放等作了规定。

第十二条　国家鼓励电影剧本创作和题材、体裁、形式、手段等创新，鼓励电影学术研讨和业务交流。

县级以上人民政府电影主管部门根据电影创作的需要，为电影创作人员深入基层、深入群众、体验生活等提供必要的便利和帮助。

【释义】　本条是关于鼓励电影剧本创作、创新以及县级以上人民政府电影主管部门为电影创作提供必要的便利和帮助的规定。

一、鼓励电影创作、创新

习近平总书记在文艺工作座谈会上的讲话中指出，推动文艺繁荣发展，最根本的是要创作生产出无愧于我们这个伟大民族、伟大时代的优秀作品。文艺工作者要志存高远，随着时代生活创新，以自己的艺术个性进行创新。要坚持百花齐放、百家争鸣的方针，发扬学术民主、艺术民主，营造积极健康、宽松和谐的氛围，提倡不同观点和学派充分讨论，提倡体裁、题材、形式、手段充分发展，推动观念、内容、风格、流派切磋互鉴。电影剧本创作是一个流动性高、灵活性大的行业，既有职业编剧，也有非专业编剧，参与人员庞大驳杂。目前中国电影文学学会登记会员520多人，可视为专业电影编剧人数，但非专业编剧、以自由职业身份从事电影剧本创作的从业人员日益增长。就电影剧本创作数量来看，目前全国可以统计的电影剧本创作每年约4000部，其中在电影局申请摄制备案的剧本（梗概）约为3500部，完成的电影片600余部，电影剧本转化为电影产品的大体比例为16%。为鼓励电影剧本创作，国家新闻出版广电总局委托电影剧本中心开展“夏衍杯”电影剧本评选活动，每年应征剧本约1000多部，最后评选出5部优秀剧本、10部创意剧本和20部潜力剧本，并分别给予10万元、5万元和2万元的奖金。另外，国家新闻出版广电总局自2008年开始在北京电影学院、北京师范大学等八所高校（研究中心）实行“扶持青年优秀电影剧作计划”，每届应征的学生剧作在250部左右，每所高校可报送10部优秀剧本，每部剧本奖励2万元。

国家鼓励电影剧本题材、体裁、形式、手段等创新。这里所规定的题材是指电影剧本所描绘的社会生活的领域，如革命历史题材、科学教育和科普题材、少年儿童题材、农村题材等；体裁是指剧本的种类和样式，如故事体裁、动画体裁、纪录体裁等；形式是指呈现出来的构造和表现方式；手段是指为实现作品意图而采用的方法和措施，如顺叙、倒叙、插叙等。

国家鼓励电影学术研讨和业务交流。电影的学术研讨是高层次的、理论层面的交流，是对电影作为一门艺术的科学研究和讨论，代表着电影发展的未来方向，对于电影行业的实践具有指导作用，为电影行业的实践提供理论依据和支撑。电影的业务交流是指电影市场主体之间、从业人员之间的工作经验、业务活动的沟通交流，多集中于电影实务工作，分享经验，总结不足，共同提高电影行业的业务水平。

二、县级以上人民政府电影主管部门为电影创作提供必要的便利和帮助

一是，要充分认识电影创作人员深入基层、深入群众、体验生活的重要意义。习近平总书记在文艺工作座谈会上的讲话中指出："人民是文艺创作的源头活水，一旦离开人民，文艺就会变成无根的浮萍、无病的呻吟、无魂的躯壳。（文艺工作者）要虚心向人民学习、向生活学习，从人民的伟大实践和丰富多彩的生活中吸取营养，不断进行生活和艺术的积累，不断进行美的发现和美的创造。文艺工作者要想有成就，就必须自觉与人民同呼吸、共命运、心连心。要深深懂得人民是历史创造者的道理，深入群众、深入生活，诚心诚意做人民的小学生。文艺创作方法有一百条、一千条，但最根本、最关键、最牢靠的办法是扎根人民、扎根生活。"电影创作是电影从创意产生、策划、拍摄到制作完成的过程中艺术创作层面的工作，如导演创作、剧本创作、表演创作、美术创作、音乐创作、后期特效的数字艺术创作等。这些创作活动，如果不深入基层、深入群众，不体验创作对象的实际环境和情况，就可能造成胡编滥造、作品粗糙，甚至影片失真、失实、荒诞迭出等现象。因此，创作人员深入基层、深入群众、体验生活，是电影创作必不可少的一个重要环节。

二是，县级以上人民政府电影主管部门要切实承担法定义务，提供便利条件支持电影创作。由于我国幅员广阔，东西南北民情不同，各行各业千差万别，创作人员深入基层体验生活过程

中,需要得到地方人民政府电影主管部门的协助,向其提供必要的便利和帮助。本条对地方人民政府电影主管部门设定这项义务,就是为使电影创作人员深入基层、深入群众、体验生活无后顾之忧,全身心地创作出源于生活而又高于生活、美好而又真实、观众认可的高质量产品。

第十三条　拟摄制电影的法人、其他组织应当将电影剧本梗概向国务院电影主管部门或者省、自治区、直辖市人民政府电影主管部门备案;其中,涉及重大题材或者国家安全、外交、民族、宗教、军事等方面题材的,应当按照国家有关规定将电影剧本报送审查。

电影剧本梗概或者电影剧本符合本法第十六条规定的,由国务院电影主管部门将拟摄制电影的基本情况予以公告,并由国务院电影主管部门或者省、自治区、直辖市人民政府电影主管部门出具备案证明文件或者颁发批准文件。具体办法由国务院电影主管部门制定。

【释义】　本条是关于电影剧本梗概备案、电影剧本审查的规定。

为了推动简政放权,激发电影市场活力,鼓励法人、其他组织从事电影摄制活动,与2001年制定的《电影管理条例》相比,本条规定在三个方面作了改进:一是取消了摄制电影许可证、摄制电影片许可证(单片);二是简化电影剧本审查制度,取消一般题材电影剧本审查,只需将电影剧本梗概予以备案;三是降低有关电影活动的准入门槛,下放了电影摄制审批、特殊题材电影剧本审批。

一、报送备案、审查的主体

按照本条第一款的规定,报送备案、审查的主体为拟摄制电影的法人、其他组织，也就是说取消了摄制电影许可证，只要是在县级以上工商行政管理部门注册登记的影视文化类企业，或者从事电影行业的相关协会组织、事业单位就可以直接开展电影摄制活动，不需要再申请摄制电影许可证。

对于取消电影企业资质许可，在立法过程中是分两个步骤来实现的。第一步是，国务院提请全国人大常委会审议的电影产业促进法草案取消了单片许可，但仍然维持了电影企业资质审批，规定企业、其他组织具有与所从事的电影摄制活动相适应的人员、资金等条件的，经省、自治区、直辖市人民政府电影主管部门批准，取得电影摄制许可证，才可以从事电影摄制活动。第二步是，在全国人大常委会审议阶段，取消了电影摄制许可证。在电影产业促进法草案初审和公开征求意见过程中，有些全国人大常委会委员和部分地方提出，随着行政审批制度改革的推进，目前电影摄制已实现“零门槛”，只要是经工商行政管理部门注册登记的影视文化类企业都可以申请拍摄电影，多年来未再审批这类企业资质。对于拍摄管理，可通过电影剧本（梗概）备案或者审查把住“入口关”，建议取消摄制电影资质许可方面的规定。全国人大法律委员会经研究认为，取消摄制电影的资质许可，简化、优化行政许可程序，加强电影立项阶段的审查，既符合党中央简政放权的要求，又能有效维护文化安全。

二、接受备案、审查的主体

按照本条第一款的规定，接受备案的主体是国务院电影主管部门或者省、自治区、直辖市人民政府电影主管部门。这其中涉及国家层面与省级层面电影主管部门工作上的分工问题。一般题材电影实行电影剧本梗概备案公示属地管理制度。在各省（自治区、直辖市）以下工商行政管理部门、省级以下相关主管部门注册登记的法人、其他组织，可向该注册登记部门所在地的省级广电部门备案；在国家工商行政管理总局、国务院相关主管部门注册登记的法人、其他组织，中央和国家机关（军队）所属的电影制片单位拟摄制电影的，直接向国家新闻出版广电总局备案。接受电影剧本报送审查的主体也是按照上述做法进行分工的。

三、备案、审查的区别和报送程序

拟摄制电影的法人、其他组织在电影开始拍摄前，须履行电影剧本梗概报送备案或者电影剧本报送审查的程序，包括两种情况：一是，将电影剧本梗概向国务院电影主管部门或者省、自治区、直辖市人民政府电影主管部门备案；二是，涉及重大题材或者国家安全、外交、民族、宗教、军事等方面题材的，应当按照国家有关规定将电影剧本报送审查。

（一）电影剧本梗概的备案

需要进行电影剧本梗概备案的限于一般题材剧本。按照现行相关规定，电影制片单位（包括经工商注册登记成立的各类影视文化企业、行业协会组织、有关事业单位）摄制电影，应在拍摄前由第一出品单位将电影剧本梗概送注册登记所在地的省级广电部门备案，办理电影剧本梗概备案手续。各省级广电部门应将同意电影剧本梗概备案的情况及时报国家新闻出版广电总局，内容包括：影片名称、备案单位（联系人、电话）、编剧姓名（实名）、故事摘要（300 字左右）、备案意见等。在国家工商行政管理总局、国务院相关主管部门注册登记的法人、其他组织，中央和国家机关（军队）所属的电影制片单位摄制电影，直接向国家新闻出版广电总局备案。

（二）电影剧本的审查

需要进行电影剧本审查的是涉及重大题材或者国家安全、外交、民族、宗教、军事等方面题材的剧本。本条所称的“重大题材”，主要是指重大革命和重大历史题材影片、重大文献纪录影片，需要按照国家新闻出版广电总局关于重大革命和重大历史题材电影剧本立项及完成片的管理规定、关于重大文献纪录影片的管理规定等相关规定进行立项审批。国家新闻出版广电总局成立重大革命和重大历史题材影视创作领导小组，负责我国重大革命和重大历史题材影视剧创作的组织指导、剧本立项把关和完成片审查。凡以反映我党我国我军历史上重大事件，描写担任党和国家重要职务的党政军领导人及其亲属生平业绩，以历史正剧形式表现中国历史发展进程中重要历史事件、历史人物为主要内容的电影、电视剧，均属于重大革命和重大历史题材影视剧。

凡剧情主要内容和主要人物涉及国家安全、外交、民族、宗教、军事等方面题材的，应当按照国家有关规定将电影剧本向国家新闻出版广电总局或者省级广电部门报送审查，同时需要征求省级或中央、国家相关主管部门的意见。

四、备案、审查的批准程序

按照本条规定，电影剧本梗概或者电影剧本符合本法第十六条规定的，需要两个步骤完成备案、审查批准程序：第一个步骤是，由国务院电影主管部门将拟摄制电影的基本情况予以公告；第二个步骤是，由国务院电影主管部门或者省、自治区、直辖市人民政府电影主管部门出具备案证明文件或者颁发批准文件。

（一）进行公告

经过省级广电部门或者国家新闻出版广电总局审核，认为符合本法第十六条规定的，由国家新闻出版广电总局定期在其政府网站公布，对于备案编号、电影片名、申报备案单位、编剧、备案结果、备案地以及梗概等基本信息，予以公示。

（二）出具备案证明文件或者颁发批准文件

待国家新闻出版广电总局公告立项结果后，对于报送电影剧本梗概备案的，由国家新闻出版广电总局或者省级广电部门向报送单位出具备案证明文件［目前的做法是发放电影剧本（梗概）备案回执单］；对于报送电影剧本审查的，由国家新闻出版广电总局或者省级广电部门向报送单位颁发批准文件。

此外，为了规范电影剧本梗概备案、电影剧本审查的具体程序，使备案、审查流程更加顺畅便捷，为拟摄制电影的法人、其他组织提供便捷清晰的指南，需要国务院电影主管部门制定具体办法，本法对此专门作出了规定。这既是行政管理的需要，又是国务院电影主管部门的法定义务。国务院电影主管部门须按照立法法要求的时限，及时制定这一配套规定。

第十四条　法人、其他组织经国务院电影主管部门批准，可以与境外组织合作摄制电影；但是，不得与从事损害我国国家尊严、荣誉和利益，危害社会稳定，伤害民族感情等活动的境外组织合作，也不得聘用有上述行为的个人参加电影摄制。

合作摄制电影符合创作、出资、收益分配等方面比例要求的，该电影视同境内法人、其他组织摄制的电影。

境外组织不得在境内独立从事电影摄制活动；境外个人不得在境内从事电影摄制活动。

【释义】　本条是关于中外合作拍摄电影的规定。

中外合作摄制电影片，是指境内电影制片者与境外电影制片者在中国境内外联合摄制、协作摄制、委托摄制电影片，包括中外电影制片者在中国境内外合作摄制的故事片、美术片、科教片、纪录片、专题片等电影片（含胶片电影、数字电影、电视电影等）。中外合作摄制电影片包括三种形式：一是联合摄制，即由中外双方共同投资(含资金、劳务或实物)、共同摄制、共同分享利益及共同承担风险的摄制形式;二是协作摄制,即外方出资,在中国境内拍摄,中方有偿提供设备、器材、场地、劳务等予以协助的摄制形式;三是委托摄制,即外方委托中方在中国境内代为摄制的摄制形式。中外合作摄制电影片应当符合中国宪法、法律、法规及有关规定;尊重中国各民族的风俗、宗教、信仰和生活习惯;有利于弘扬中华民族的优秀文化传统;有利于中国的经济建设、文化建设、思想道德建设和社会安定;有利于中外电影交流;不得损害第三国的利益。

本条共分为三款,分别从四个方面对中外合作拍摄电影作出规定:第一,对中外合作拍摄电影设定了行政许可;第二,对中外合作拍摄电影的合作组织、聘用个人作了必要的限制性规定;第三,对合作摄制电影视同国产电影的条件作了规定;第四,对境外组织和境外个人在我国境内从事电影摄制活动作了限制性规定。

一、关于中外合作拍摄电影的行政许可

国家对中外合作摄制电影片实行行政许可制度。境内任何法人、其他组织未取得中外合作摄制电影片许可证或批准文件,不得与境外组织合作摄制电影片。具有中外合作拍摄电影片行政许可管理权限的是国务院电影主管部门,即国家新闻出版广电总局。只有经过其批准,境内法人、其他组织才可以与境外组织合作摄制电影。

二、对于中外合作拍摄电影必要的限制性规定

第一款主要从合作、聘用对象两个方面作了限制性规定:一是,对与境外组织合作的限制,规定不得与从事损害我国国家尊严、荣誉和利益,危害社会稳定,伤害民族感情等活动的境外组织合作。二是,对聘用个人的限制,规定不得聘用有损害我国国

家尊严、荣誉和利益，危害社会稳定，伤害民族感情等行为的个人参加电影摄制。“损害我国国家尊严、荣誉和利益，危害社会稳定，伤害民族感情等活动”，所指包括但不限于发表和参与过反华辱华、支持分裂势力等，造成恶劣影响的言论和行为。境内法人、其他组织在选择境外合作方时，应对上述情形进行认真考虑，仔细筛选合作方。

三、合作摄制的电影视同国产电影

合作摄制的电影，业内简称为合拍片，在我国境内的市场待遇、票房分成等方面视同于国产片，享受高于进口片的分账待遇，在海外发行等方面亦享有不同程度的优势，所以一直是中国电影制片的重要组成部分，在中外电影文化交流、产业合作、市场开拓等方面发挥着十分重要的作用。伴随着中国电影市场的日益扩大，合拍电影越来越受到境外电影制片机构的关注，与中国电影界合作开展合拍电影业务越来越多。鼓励合拍并给予国产影片待遇是提升我国电影产业水平的重要制度，同时也是世界上很多国家的通行做法。如《俄罗斯联邦国家电影业扶持法》第四条明确规定：“在遵守俄罗斯联邦签署的国际条约和协议的情况下，与外国电影组织联合摄制的电影也视为国产电影。”目前，我国已经与英国、加拿大、西班牙、韩国等十四个国家签署了政府间电影合拍协议，都对双方合作摄制的电影视为国产影片、享受所在国给予国产影片的所有优惠作了约定。

合作摄制电影需要符合国家有关规定，在创作、出资、收益分配等方面满足一定比例要求，才可以视为国产影片。如《电影管理条例》规定，联合摄制中需聘用境外主创人员的，外方主要演员比例不得超过主要演员总数的三分之二。

视同国产电影所带来的优惠，包括享受所有扶持、鼓励、补贴等优惠政策，免除本该适用于该片的进口、发行或者放映等方面的配额限制，以及享受与实行配额限制的第三国达成的进口方面的特殊安排，等等。

四、对境外组织和境外个人在我国境内从事电影摄制活动的限制

其主要有以下两个方面的限制性规定：一是，境外组织不得在境内独立从事电影摄制活动，也就是说，境外组织只能采取合作的方式，才能在我国境内从事电影摄制活动。二是，境外个人不得在境内从事电影摄制活动，也就是说，境外个人无论是单独还是通过合作方式，都不可以在我国境内从事电影摄制活动。当然，这不排除境外个人被聘用，作为演职人员等参加电影摄制活动。

第十五条 县级以上人民政府电影主管部门应当协调公安、文物保护、风景名胜区管理等部门，为法人、其他组织依照本法从事电影摄制活动提供必要的便利和帮助。

从事电影摄制活动的，应当遵守有关环境保护、文物保护、风景名胜区管理和安全生产等方面的法律、法规，并在摄制过程中采取必要的保护、防护措施。

【释义】 本条是关于为电影摄制活动提供便利和帮助以及从事电影摄制活动所应遵守的规则的规定。

一、县级以上人民政府电影主管部门为电影摄制活动提供便利和帮助的义务

本条第一款规定的义务主体是县级以上人民政府电影主管部门。为法人、其他组织依照本法从事电影摄制活动提供必要的便利和帮助，这是国家对电影产业的扶持、保障措施之一，体现了服务行政的理念。对于摄制电影的法人、其他组织来说，开展摄制活动需要协调方方面面，可能涉及公安、文物保护、风景

名胜区管理等部门,需要投入相当大的人力、物力,有时一个环节没有协调好,就会导致整个拍摄活动受阻。为了保障电影摄制进度,使剧组能够集中精力专注于提高电影制作质量,需要电影主管部门在其法定职权范围内帮助市场主体做好协调工作,提供必要的便利条件,给予必要的帮助。

县级以上人民政府电影主管部门提供便利和帮助,不是无限的义务和责任,不是事无大小都要予以帮助,是有一定界限的,即“必要的便利和帮助”。对于法人、其他组织提出的超越必要界限的请求,县级以上人民政府电影主管部门可以拒绝。

二、从事电影摄制活动所应遵守的规则

法人、其他组织等电影摄制主体从事电影摄制活动时,应当遵守相应的规则,这也是法定的义务。其主要有:

一是,要遵守有关环境保护、文物保护、风景名胜区管理和安全生产等方面的法律、法规。电影摄制活动可能有外景地,可能利用文物保护单位,有时要在风景名胜区、自然保护区等保护区域进行拍摄,摄制过程中可能使用枪支、炸药、烟火等道具,涉及安全生产的问题,等等。在实践中,摄制电影导致周围环境受到破坏、保护文物受到损坏,违反安全生产规定导致人身和财产损害事故,这样的案例不胜枚举。本条第二款对电影摄制主体的义务作出规定,有利于严格要求电影摄制主体依法开展电影摄制活动,避免发生事故。第二款所指的法律、行政法规,主要包括军事设施保护法、消防法、枪支管理法、环境保护法、环境影响评价法、环境噪声污染防治法、野生动物保护法、安全生产法、文物保护法、《文物保护法实施条例》《水下文物保护管理条例》《长城保护条例》《历史文化名城名镇名村保护条例》《自然保护区条例》《风景名胜区条例》《民用爆炸物品安全管理条例》《城市市容和环境卫生管理条例》《城市道路管理条例》等有关环境保护、设施保护、安全生产等方面的法律、行政法规。

二是，在摄制过程中采取必要的保护、防护措施。除了依法开展摄制活动之外，采取必要的保护、防护措施也是重要的法定义务，是避免出现破坏环境、损坏文物、造成安全生产事故的重要防范保障。有关法人、其他组织必须予以遵守，县级以上人民政府电影主管部门应当严格监督管理，确保采取必要的保护、防护措施。

第十六条　电影不得含有下列内容：

（一）违反宪法确定的基本原则，煽动抗拒或者破坏宪法、法律、行政法规实施；

（二）危害国家统一、主权和领土完整，泄露国家秘密，危害国家安全，损害国家尊严、荣誉和利益，宣扬恐怖主义、极端主义；

（三）诋毁民族优秀文化传统，煽动民族仇恨、民族歧视，侵害民族风俗习惯，歪曲民族历史或者民族历史人物，伤害民族感情，破坏民族团结；

（四）煽动破坏国家宗教政策，宣扬邪教、迷信；

（五）危害社会公德，扰乱社会秩序，破坏社会稳定，宣扬淫秽、赌博、吸毒，渲染暴力、恐怖，教唆犯罪或者传授犯罪方法；

（六）侵害未成年人合法权益或者损害未成年人身心健康；

（七）侮辱、诽谤他人或者散布他人隐私，侵害他人合法权益；

（八）法律、行政法规禁止的其他内容。

【释义】　本条是关于电影审查内容标准的规定。

按照《电影管理条例》以及 2006 年原国家广播电影电视总局发布的《电影剧本（梗概）备案、电影片管理规定》的规定，我国实行电影审查制度。电影产业促进法以法律的形式肯定了电影审查制度。电影审查制度是保证电影片质量,保护电影生产者、经营者和消费者的合法权益和国家利益的一项重要措施,是坚持把电影的社会效益放在首位,扫除凶杀暴力和黄、赌、毒等精神垃圾,净化银幕,把健康优秀的精神食粮以良好的视听效果奉献给广大观众的需要。统一明确的电影审查标准,有利于引导电影创作沿着正确的方向健康发展。此外,通过电影审查的途径还可以去粗取精,选优汰劣,引进世界优秀影片来丰富银幕、奉献观众。

电影内容审查的标准是统一、明确的,规定了禁止载有的内容和应删剪修改的内容。禁止载有的内容是从禁载角度对影片内容的最低要求,影片如果在主旨、主题和主要内容上违反相关规定(如危害国家统一、主权和领土完整),则整部影片要被禁止。应删剪修改的内容,是指虽然电影片在整体上没有违反禁载规定,但个别情节、画面、台词、背景音乐、音响效果等违反相关法律、法规精神,影响青少年健康成长的,或会产生负面的社会效果的,则应予删剪修改。本条主要对电影禁止载有的内容作出规定。

电影审查的内容标准主要有八项:

一、禁止含有违反宪法确定的基本原则,煽动抗拒或者破坏宪法、法律、行政法规实施的内容

首先,不得有违反宪法确定的基本原则的内容。中华人民共和国宪法是我国的根本法,是治国安邦的总章程,是保障国家统一、民族团结、经济发展、社会进步和长治久安的法律基础,是中国共产党执政兴国、团结带领全国各族人民建设中国特色社会主义的根本法制保证。宪法以法律的形式确认了我国各族人民奋斗的成果,规定了国家的根本制度、根本任务和国家生活中

最重要的原则，具有最大的权威性和最高的法律效力。全国各族人民、一切国家机关和武装力量、各政党和各社会团体、各企业事业组织，都必须以宪法为根本的活动准则，并负有维护宪法尊严、保证宪法实施的职责。宪法以最高法的形式确定了"坚持社会主义道路，坚持人民民主专政，坚持中国共产党领导，坚持马克思列宁主义、毛泽东思想"四项基本原则，是我们必须长期坚持、全面贯彻、不断发展的。因此，禁止电影载有含有违反宪法确定的基本原则的内容，是首要的要求。

其次，不得含有煽动抗拒或者破坏宪法、法律、行政法规实施的内容。法律是制度的载体，它以法的形式反映和规范国家经济、政治、文化和社会的各项制度。改革开放三十多年来，我国通过制定法律，确立了国家经济建设、政治建设、文化建设、社会建设以及生态文明建设的各个方面重要的基本法律制度，把国家各项工作纳入法治化轨道，从制度上、法律上解决的是国家发展中带有根本性、全局性、稳定性和长期性的问题，是国家法治的基础；行政法规是中国特色社会主义法律体系的重要组成部分，对于确保宪法、法律全面正确实施，规范行政权力运行，维护经济社会稳定，保障和促进改革开放和社会主义现代化建设的健康有序发展，都具有重要意义。煽动抗拒或者破坏宪法、法律、行政法规实施，将危害国家和社会稳定，破坏现有的中国特色社会主义法治秩序，这种内容应依法予以禁止。

二、禁止含有危害国家统一、主权和领土完整，泄露国家秘密，危害国家安全，损害国家尊严、荣誉和利益，宣扬恐怖主义、极端主义的内容

首先，禁止含有危害国家统一、主权和领土完整，泄露国家秘密，危害国家安全的内容。国家安全关系着整个国家和民族的生死存亡。没有国家安全，公民个人的安全就无法得到保障。

我国宪法规定，中华人民共和国公民有维护祖国的安全、荣誉和利益的义务，不得有危害祖国的安全、荣誉和利益的行为。按照国家安全法的规定，国家安全是指国家政权、主权、统一和领土完整、人民福祉、经济社会可持续发展和国家其他重大利益相对处于没有危险和不受内外威胁的状态，以及保障持续安全状态的能力。正如2011年9月我国政府发布的《中国的和平发展》白皮书中指出的，国家安全是我国的核心利益之一，必须坚决维护。泄露国家秘密，也是危害国家安全和利益的不法行为。按照保守国家秘密法的规定，国家秘密是关系国家安全和利益，依照法定程序确定，在一定时间内只限一定范围的人员知悉的事项。国家秘密受法律保护。一切国家机关、武装力量、政党、社会团体、企业事业单位和公民都有保守国家秘密的义务。任何危害国家秘密安全的行为，都必须受到法律追究。

其次，禁止含有损害国家尊严、荣誉和利益的内容。国家尊严是指国家享有的可受尊敬的身份或者地位，通常包括党和政府的尊严，民族与人民的尊严，领域、领空、领海的尊严等在内。国家荣誉是指国家光荣的名誉。国家利益是指满足或能够满足国家以生存发展为基础的各方面需要并且对国家在整体上具有好处的事物。维护国家尊严、荣誉和利益，是每一位公民应尽的义务，不容许损害诋毁。

最后，禁止含有宣扬恐怖主义、极端主义的内容。恐怖主义是指通过暴力、破坏、恐吓等手段，制造社会恐慌、危害公共安全、侵犯人身财产，或者胁迫国家机关、国际组织，以实现其政治、意识形态等目的的主张和行为；极端主义是指歪曲宗教教义和宣扬宗教极端，以及其他崇尚暴力、仇视社会、反对人类等极端的思想、言论和行为。国家安全法规定，国家反对一切形式的恐怖主义和极端主义；反恐怖主义法对于防范、打击、处置宣扬恐怖主义、极端主义的行为作了规定；刑法也对宣扬恐怖主义、极端主义的一些行为设定了刑事处罚。

三、禁止含有诋毁民族优秀文化传统，煽动民族仇恨、民族歧视，侵害民族风俗习惯，歪曲民族历史或者民族历史人物，伤害民族感情，破坏民族团结的内容

本项规定主要是针对上述破坏我国民族政策的内容。我国宪法序言中指出，中华人民共和国是全国各族人民共同缔造的统一的多民族国家。平等、团结、互助的社会主义民族关系已经确立，并将继续加强。宪法规定，中华人民共和国各民族一律平等。国家保障各少数民族的合法的权利和利益，维护和发展各民族的平等、团结、互助关系。禁止对任何民族的歧视和压迫，禁止破坏民族团结和制造民族分裂的行为。国家根据各少数民族的特点和需要，帮助各少数民族地区加速经济和文化的发展。各少数民族聚居的地方实行区域自治，设立自治机关，行使自治权。各民族自治地方都是中华人民共和国不可分离的部分。各民族都有使用和发展自己的语言文字的自由，都有保持或者改革自己的风俗习惯的自由。宪法将维护国家统一和全国各民族团结作为公民的基本义务作了规定。本项列举的“诋毁民族优秀文化传统，煽动民族仇恨、民族歧视，侵害民族风俗习惯，歪曲民族历史或者民族历史人物，伤害民族感情，破坏民族团结”都是违反宪法和有关法律的，应禁止通过各种方式宣扬。

四、禁止含有煽动破坏国家宗教政策，宣扬邪教、迷信的内容

我国公民的宗教信仰自由权利受到宪法和法律的保护。宪法第三十六条规定，中华人民共和国公民有宗教信仰自由。任何国家机关、社会团体和个人不得强制公民信仰宗教或者不信仰宗教，不得歧视信仰宗教的公民和不信仰宗教的公民。国家保护正常的宗教活动。同时也规定，任何人不得利用宗教进行

破坏社会秩序、损害公民身体健康、妨碍国家教育制度的活动。宗教团体和宗教事务不受外国势力的支配。民族区域自治法、选举法、教育法、义务教育法、劳动法等多部法律还规定，公民不分宗教信仰都享有选举权和被选举权；教育与宗教相分离，公民不分宗教信仰依法享有平等的受教育机会；各民族人民都要互相尊重语言文字、风俗习惯和宗教信仰；公民在就业上不因宗教信仰不同而受歧视，等等。上述规定为我国宗教政策提供了宪法和法律基础。煽动破坏我国宗教政策，既会对我国宗教事业发展造成严重后果，同时也是违法行为。

所谓“邪教”，是指冒用宗教的名义或者教旨而建立的、不受国家法律承认和保护的所谓的宗教组织。不同于正规的宗教组织，邪教组织没有固定组织名称、活动场所、经典和信仰，其发展教徒、筹集活动经费、传教方式是反社会的、反道德的、邪恶的。20 世纪 80 年代以来，我国部分地区出现了一些邪教组织，打着宗教旗号进行违法犯罪活动。邪教组织的为首分子或歪曲宗教教义，制造邪说，蒙骗群众，抗拒国家法律、法令的实施，煽动推翻政府；或利用迷信，装神弄鬼，致人死伤；或聚众淫乱，诈骗钱财，严重危害人民正常的生活和生产秩序。1999 年全国人大常委会通过的《关于取缔邪教组织、防范和惩治邪教活动的决定》规定，坚决依法取缔邪教组织，严厉惩治邪教组织的各种犯罪活动。邪教组织冒用宗教、气功或者其他名义，采用各种手段扰乱社会秩序，危害人民群众生命财产安全和经济发展，必须依法取缔，坚决惩治。对组织和利用邪教组织破坏国家法律、行政法规实施，聚众闹事，扰乱社会秩序，以迷信邪说蒙骗他人，致人死亡，或者奸淫妇女、诈骗财物等犯罪活动，依法予以严惩。同时还提出，依法取缔邪教组织，惩治邪教活动，有利于保护正常的宗教活动和公民的宗教信仰自由。要使广大人民群众充分认识邪教组织严重危害人类、危害社会的实质，自觉反对和抵制邪教组织的影响，进一步增强法制观念，遵守国家法律。所谓“迷信”，是作为科学的对立物出现的一种信奉鬼神的唯心主义的宿命论，其信仰、崇拜和活动形式上带有浓厚的封建色彩。宣扬邪教、迷信都是应予禁止的内容。

五、禁止含有危害社会公德，扰乱社会秩序，破坏社会稳定，宣扬淫秽、赌博、吸毒，渲染暴力、恐怖，教唆犯罪或者传授犯罪方法的内容

首先，禁止含有危害社会公德，扰乱社会秩序，破坏社会稳定的内容。社会公德是指人们在社会公共生活中形成的共同的生活基本准则，如禁止遗弃、虐待老人和未成年人，禁止有伤风化、有悖伦理的行为，团结和睦、相互尊重等，危害社会公德就是背离社会公认的生活基本准则，违反社会主义核心价值观。扰乱社会秩序，破坏社会稳定，导致正常的工作、生产、营业、教学等活动无法正常进行，对社会稳定造成危害。这些内容都是不可提倡、宣扬的。

其次，禁止含有宣扬淫秽、赌博、吸毒，渲染暴力、恐怖的内容。淫秽、赌博、吸毒等都是丑恶的社会现象，是各种音像制品、宣传品都不提倡宣扬的内容。还有一些电影作品为了追求经济效益，为了“叫座”，满足一些观众的猎奇心理，通过特写等方式大肆突出暴力镜头，有的拍摄恐怖影片，对观众造成心理或生理上的不良影响。对于上述内容本条明确予以禁止载有。

最后，禁止含有教唆犯罪或者传授犯罪方法的内容。教唆犯罪，一般是指给本来没有犯罪意图的人灌输犯罪思想，致使其产生犯罪意图实施犯罪；传授犯罪方法，一般是用语言、文字、动作、图像或者其他方法，故意向他人传授实施犯罪的具体经验和技能的行为。这两种方式都是法律禁止的，电影不得载有。

六、禁止含有侵害未成年人合法权益或者损害未成年人身心健康的内容

未成年人保护法规定，未成年人享有生存权、发展权、受保护权、参与权等权利；国家根据未成年人身心发展特点给予特殊、优先保护，保障未成年人的合法权益不受侵犯。侵害未成年人合法权益或者损害未成年人身心健康，都不利于未成年人的健康成长，是属于禁止电影宣扬的内容。

七、禁止含有侮辱、诽谤他人或者散布他人隐私，侵害他人合法权益的内容

侮辱主要是通过语言或行动公然损害他人人格、毁坏他人名誉的行为，如用肮脏的语言辱骂、嘲讽他人、使他人的心灵蒙受耻辱等；诽谤主要是捏造并散布某些虚假的事实，破坏他人名誉的行为，如捕风捉影地捏造他人负面新闻，损坏他人名誉。侮辱、诽谤他人，侵犯的是他人的人格尊严、名誉权。隐私就是不愿意告诉别人的或者不愿公开的个人的事，每个人都享有其私人生活安宁与私人信息秘密依法受到保护，不被他人非法侵扰、知悉、收集、公开和利用的权利。散布他人隐私，就是对这种人格权利的侵犯。按照侵权责任法的规定，隐私权属于民事权益范畴，是侵权责任法所保护的权益之一。以上这些行为，归根结底都造成对他人合法权益的侵害，本条明确规定禁止电影载有这样的内容。

八、不得含有法律、行政法规禁止的其他内容

这一项规定是兜底条款，主要是为了与其他法律、行政法规相衔接。除了本条规定的上述七种情形外，如有其他需要禁止载有的内容，可由其他法律、行政法规根据实际情况作出规定。

此外，《电影剧本（梗概）备案、电影片管理规定》规定了电影片应删剪修改的内容，主要包括：（1）曲解中华文明和中国历

史,严重违背历史史实;曲解他国历史,不尊重他国文明和风俗习惯;贬损革命领袖、英雄人物、重要历史人物形象;篡改中外名著及名著中重要人物形象的;(2)恶意贬损人民军队、武装警察、公安和司法形象的;(3)夹杂淫秽色情和庸俗低级内容,展现淫乱、强奸、卖淫、嫖娼、性行为、性变态等情节及男女性器官等其他隐秘部位;夹杂肮脏低俗的台词、歌曲、背景音乐及声音效果等;(4)夹杂凶杀、暴力、恐怖内容,颠倒真假、善恶、美丑的价值取向,混淆正义与非正义的基本性质;刻意表现违法犯罪嚣张气焰,具体展示犯罪行为细节,暴露特殊侦查手段;有强烈刺激性的凶杀、血腥、暴力、吸毒、赌博等情节;有虐待俘虏、刑讯逼供罪犯或犯罪嫌疑人等情节;有过度惊吓恐怖的画面、台词、背景音乐及声音效果;(5)宣扬消极、颓废的人生观、世界观和价值观,刻意渲染、夸大民族愚昧落后或社会阴暗面的;(6)鼓吹宗教极端主义,挑起各宗教、教派之间,信教与不信教群众之间的矛盾和冲突,伤害群众感情的;(7)宣扬破坏生态环境,虐待动物,捕杀、食用国家保护类动物的;(8)过分表现酗酒、吸烟及其他陋习的;(9)违背相关法律、法规精神的。

第十七条　法人、其他组织应当将其摄制完成的电影送国务院电影主管部门或者省、自治区、直辖市人民政府电影主管部门审查。

国务院电影主管部门或者省、自治区、直辖市人民政府电影主管部门应当自受理申请之日起三十日内作出审查决定。对符合本法规定的,准予公映,颁发电影公映许可证,并予以公布;对不符合本法规定的,不准予公映,书面通知申请人并说明理由。

国务院电影主管部门应当根据本法制定完善电影审查的具体标准和程序,并向社会公布。制定完善电影审查的具体标准

应当向社会公开征求意见,并组织专家进行论证。

【释义】 本条是关于电影审查程序的规定。

一直以来,我国实行电影审查制度。未经电影审查机构审查通过的电影片,不得发行、放映、进口、出口。这是一项行政许可事项,需要按照法定程序来进行。本条共分为三款,分别对电影报送审查、电影主管部门的行政许可、电影审查的具体标准和程序的制定完善作了规定。其主要可从以下三个方面理解:

一、关于电影报送审查

电影报送审查的主体是已摄制完成电影的法人、其他组织。法人、其他组织将电影剧本梗概报送备案或者将电影剧本报送审查后,取得备案证明文件或者批准文件获准立项,即可以开始电影摄制。电影摄制完成后,从事摄制活动的法人、其他组织应提出电影公映许可申请,经过电影审查程序,获得电影公映许可证,电影始得公映。

接受电影公映许可申请、进行电影审查的主体是国务院电影主管部门或者省、自治区、直辖市人民政府电影主管部门。国务院电影主管部门与省级电影主管部门之间存在职责分工:重大革命和重大历史题材影片、重大文献纪录影片、特殊题材影片、中外合作摄制影片,由省级广电部门初审,形成初审意见后由省级广电部门报国家新闻出版广电总局电影审查机构进行终审;中央和国家机关(军队)所属的电影制片单位、在国家工商行政管理总局注册登记的电影企业摄制完成电影,直接报国家新闻出版广电总局电影审查机构审查。其他影片按照属地管理的原则,法人、其他组织将其摄制完成的电影送省级电影主管部门审查。

二、电影主管部门的行政许可程序

一是,时限要求。国务院电影主管部门或者省、自治区、直辖市人民政府电影主管部门应当自受理申请之日起三十日内作出审查决定。这里所称“受理申请之日”，是指受理机构实际收到申请材料的日期。这里所指的“三十日”，按照行政许可法规定的原则，应理解为按工作日计算，不含法定节假日。

二是，许可的结果。其有两种：第一是获得行政许可，对符合本法规定的电影片，准予公映，并颁发给电影公映许可证，电影主管部门将许可结果予以公布；第二是不予许可，对不符合本法规定的电影片，不准予公映，但是电影主管部门需要书面通知申请人，并说明不准予公映的理由。

三、电影审查的具体标准和程序的制定完善

虽然本法对电影的内容审查标准作了规定，但还是较为原则，对于电影内容和技术两方面的标准和程序还需要进一步具体化、透明化，将本法的原则性规定落到实处，使行政相对人、电影从业人员有更加明确的导向和标准。因此，本法规定了国务院电影主管部门制定并向社会公布配套规定的义务。国务院电影主管部门要按照立法法的要求，及时制定这一配套规定，落实本条规定的义务，保证电影审查法律制度有效实施。

本法还对制定完善电影审查具体标准的程序作出了明确要求：一是，坚持民主立法的原则，制定该标准要广泛听取各方面意见，应当向社会公开征求意见；二是，坚持科学立法的原则，突出电影审查的专业性，组织专家进行科学论证。在制定配套规定中，要坚持科学立法、民主立法相统一，使该标准既汇聚民智又遵循规律。

第十八条　进行电影审查应当组织不少于五名专家进行评审，由专家提出评审意见。法人、其他组织对专家评审意见有异

议的，国务院电影主管部门或者省、自治区、直辖市人民政府电影主管部门可以另行组织专家再次评审。专家的评审意见应当作为作出审查决定的重要依据。

前款规定的评审专家包括专家库中的专家和根据电影题材特别聘请的专家。专家遴选和评审的具体办法由国务院电影主管部门制定。

【释义】 本条是关于电影审查中的专家评审程序的规定。

由于电影创作题材所涉及的领域极为广阔，其中一些领域具有专业性、专门性、保密性以及特殊的重要性，只有该领域的专家才能作出准确的判断，所以需要根据不同的电影题材特别聘请相应的专家来把关。例如，少数民族题材影片中对民族风俗、语言、习惯、传统的不当描写，可能引发民族矛盾，这就需要少数民族方面的专家加以甄别，及时予以纠正；又如，公安题材影片中对于某些犯罪手段的描写可能构成教唆犯罪，对于某些侦查手段的描写可能造成泄密，这就需要这方面的专家予以把关，等等。因此，本条对电影审查中的专家评审程序作了规定。

一、电影专家评审的程序

一是，关于专家评审的人数要求。专家评审属于电影审查的内部程序，是为了提高审查质量、增强审查的透明度而设置的。本法规定，聘请承担电影审查的专家不少于五名，由专家独立提出评审意见。

二是，关于评审的异议程序。专家评审意见提供给电影审查机构后，电影审查机构应告知提出申请的法人、其他组织，以保证他们提出异议的权利。如果提出申请的法人、其他组织对专家评审意见有异议，进行电影审查的电影主管部门可以另行组织专家再次评审。

三是，关于评审意见的地位和作用。专家的评审意见不是审查决定本身，不能直接发生法律效力，而是作为电影审查机构作出审查决定时参考的重要依据。

二、电影审查专家库的组成

本条规定的评审专家包括专家库中的专家和根据电影题材特别聘请的专家。为保证审查结果的客观、准确、公正，国家新闻出版广电总局和省级广电部门都建立了电影审查专家库，由来自电影、文化、教育、民族、宗教等十几个领域和部门的专家组成，包括演员、编剧、导演和学者等。由于电影内容可能涉及社会生活的方方面面，除了专家库的专家之外，还可能需要根据电影不同的题材特别聘请相关领域的专家，例如，拍摄涉及法庭、律师方面的影片，需要聘请相关领域的专家把关；拍摄涉及文物保护方面的影片，需要聘请研究文物的专家参加审查。如何遴选专家，以及专家进行评审的程序等具体办法，本法规定由国务院电影主管部门制定。

第十九条　取得电影公映许可证的电影需要变更内容的，应当依照本法规定重新报送审查。

【释义】　本条是关于取得电影公映许可证的电影变更内容时需要重新报送审查的规定。

已经取得电影公映许可证的电影，仍有可能出现其中有的镜头、内容存在艺术或技术缺陷，要做进一步加工来完善影片，提高影片艺术性、观赏性，这就需要对影片内容作出一些变更、修改。而取得电影公映许可证，意味着其内容已经经过审查得到认可，影片内容就此固定下来，未经发放公映许可证的机关许可不得随意变更。如果对内容进行修改，就须再次报送审查，由电影主管部门按照本法第十六条、第十七条、第十八条的规定，重新进行审查并作出是否许可的决定。

取得电影公映许可证的电影，如果变更内容没有重新报送审查并重新取得公映许可，则视为未取得电影公映许可证。这种情况下擅自发行、放映、送展，应依据本法第四十九条规定的法律责任予以处罚，即由原发证机关吊销许可证；县级以上人民政府电影主管部门没收电影片和违法所得；违法所得五万元以上的，并处违法所得十倍以上二十倍以下的罚款；没有违法所得或者违法所得不足五万元的，可以并处五十万元以下的罚款。

第二十条　摄制电影的法人、其他组织应当将取得的电影公映许可证标识置于电影的片头处；电影放映可能引起未成年人等观众身体或者心理不适的，应当予以提示。

未取得电影公映许可证的电影，不得发行、放映，不得通过互联网、电信网、广播电视网等信息网络进行传播，不得制作为音像制品；但是，国家另有规定的，从其规定。

【释义】　本条是关于电影公映许可证标识使用和放映提示的要求，以及对未取得电影公映许可证的电影的禁止性规定。

一、电影公映许可证标识的使用

电影公映许可证标识即俗称的“龙标”，是电影片头的绿底龙形标识，主要由时长 5 秒的动态龙形标识、电影公映许可证号以及国家新闻出版广电总局电影局中英文名称三部分组成。电影公映许可证标识是电影通过相关内容审查和技术审查允许公映的标识。获得审查通过公映许可的影片领取龙标后，应当将龙标置于影片片头，明示其公映的合法性。

二、可能引起观众身体或者心理不适电影的提示

本条规定的“电影放映可能引起未成年人等观众身体或者心理不适的，应当予以提示”，主要是指电影院在放映可能引起未成年人等观众身体或者心理不适的电影时，应当通过文字在

影片宣传材料、影院海报、电子屏、售票柜台、电商售票端口显著位置等对此项内容进行提示。本条所指提示的对象既包括未成年人,也包括一般观众,但突出对未成年人的提示和保护。

(一)关于对未成年人的提示

电影除了能给予观众视听享受和娱乐,也作用于观众的心灵,潜移默化地影响人们的思想观念、道德情操和价值取向等。青少年观众处于世界观、人生观、价值观形成过程中,生理和心理发育尚不成熟,更容易接受电影的影响。因此,未成年人保护法第三十四条规定:“禁止任何组织、个人制作或者向未成年人出售、出租或者以其他方式传播淫秽、暴力、凶杀、恐怖、赌博等毒害未成年人的图书、报刊、音像制品、电子出版物以及网络信息等。”预防未成年人犯罪法第三十二条规定,广播、电影、电视、戏剧节目,不得有渲染暴力、色情、赌博、恐怖活动等危害未成年人身心健康的内容。

近年来,随着我国电影产业的高速发展和电影市场逐步开放,电影的题材和内容更加多样化,既有老少咸宜的影片,也有大量以娱乐为主的商业片、探索人性的艺术片、反映社会问题的现实主义题材影片,有些影片存在暴力、性等不适宜未成年人观看的内容。虽然我国实施的电影审查制度通过对电影作品进行审查,能够有效杜绝过度暴力、血腥、裸露等不适宜未成年人观看的内容,但同时也要看到,如果在电影审查过程中以未成年人的理解能力和分辨能力为标准无差别地对待所有电影作品,一律不准含有暴力和裸露等内容,将严重束缚电影的创作空间和艺术表现力,不利于电影艺术的发展和电影市场的繁荣。因此,在电影中含有一定程度的暴力、性等不适宜未成年人观看的内容是难以避免的。

对于这一问题,许多国家采取了电影分级制度。该制度主要有如下几方面的特点：一是可以细致划定题材内容的边界；二是可以根据观众群的需求开展创作和摄制；三是可以保护未成年观众的合法权益；四是可以扩大市场规模与效益。但是，目前我国实行电影分级制度的时机尚不成熟。因此，本法规定了对未成年人等观众予以提示的做法，是既履行保护未成年人的义务又保护电影艺术和产业健康发展的积极举措。

（二）关于对一般观众的提示

电影作为现代科技与艺术的综合体，其题材和表现形式多种多样，有的电影如恐怖片、灾难片、动作片、伦理片等会给观众的视觉、听觉等感官造成较强的冲击，会引起一些成年观众的身体或者心理不适，甚至可能会给一些患有高血压、心脏病等疾病的观众带来一定的风险。另外，随着电影数字技术的发展，一些新的电影技术如 3D 电影、4D 电影、VR 电影等，在放映时会给观众造成更加强烈的感官刺激，也会引起一些观众身体或者心理不适。因此，电影院在放映此类电影时，也应当通过文字在影片宣传资料、影院海报、电子屏、售票柜台、电商售票端口显著位置等进行提示。

三、对未取得电影公映许可证的电影的禁止性规定

本法规定了对电影实行审查许可制度，即要求所有电影必须取得电影公映许可证，才能够发行、放映，在互联网、电信网、广播电视网等信息网络上传播以及制作为音像制品。对于未取得电影公映许可证的电影片，不得发行、放映，不得在互联网、电信网、广播电视网等信息网络上传播，不得制作为音像制品。

（一）不得发行、放映

电影发行是电影产品走向市场的重要环节，随着我国电影产业化程度的不断提高，电影发行已经不仅是电影拷贝的流通手段，更成为包含了市场策划、宣传推介、票房监管和统计等环

节的电影产品营销手段。电影放映是电影产品走向市场的主要终端环节。没有电影发行、放映等手段,电影产品就难以走向市场,获得收益和影响力。我国对电影产品实行审查制度,但这一制度不是孤立的,它需要下游环节的配合才能真正产生作用。如果未取得电影公映许可证的电影,也能够进入发行、放映环节,参与电影的各方也能够获得相应的收益和影响力,那么是否取得电影公映许可证就没有任何意义。阻断未取得电影公映许可证的电影进入发行、放映环节,是电影审查制度发挥作用的关键所在。因此,本条明确规定,未取得电影公映许可证的电影,不得发行、放映。该规定不仅是对电影出品方的要求,也是对电影发行方和放映方的要求。

(二)不得通过互联网、电信网、广播电视网等信息网络进行传播以及制作为音像制品

随着数字技术的发展,电影逐步实现了数字化,电影的传播渠道由过去主要通过发行、放映,逐步扩展到 DVD、蓝光光盘等音像制品,尤其是近年来互联网、移动互联网的兴起和视频点播技术的快速发展,互联网、电信网、广播电视网等信息网络成为观众观看电影的重要渠道,并且观影群体和电影数量还在迅速增大。由于技术条件的制约和管理制度的限制,目前在互联网、电信网、广播电视网有大量未取得电影公映许可证的电影在传播,尤其是以各类外国电影居多,这既侵犯了有关电影版权方的合法权益,也破坏了我国的电影审查制度,可能会对未成年人的身心健康产生不良影响,甚至对国家的文化安全带来潜在威胁。在此背景下,本条强调电影通过各种载体、介质、媒体传播的前提是获得电影公映许可证,明确规定未取得电影公映许可证的电影不得通过互联网、电信网、广播电视网等信息网络进行传播,不得制作为音像制品。

（三）但书规定

由于目前我国互联网、电信网、广播电视网以及音像制品的管理与电影产业的管理分别归属不同的部门和机构，都有自己的管理体制和机制。因此，本条作出了但书规定，明确在通过互联网、电信网、广播电视网传播电影以及将电影制作为音像制品方面，国家另有规定的从其规定。

目前，在互联网方面的主要相关行政法规、部门规章有：《互联网信息服务管理办法》（国务院令第292号）、《互联网视听节目服务管理规定》（广电总局、信息产业部令第56号）、《关于加强互联网传播影视剧管理的通知》（广发〔2007〕122号）、《关于进一步落实网上境外影视剧管理有关规定的通知》（新广电发〔2014〕204号）等。这些规定都明确，互联网传播的电影应当符合国家有关电影的管理规定，取得电影公映许可证。但是，由于目前网络视听节目的行政管理实行自审自播、监听监看的方式，存在一定逃避监管的空间，同时有的网民自发上传电影作品，因此，现在仍有大量未取得电影公映许可证的电影在互联网上传播。

在电信网方面的主要相关行政法规是《电信条例》。虽然该条例规定了任何组织或者个人不得利用电信网络制作、复制、发布、传播含非法信息的内容，但未对通过电信网传播电影作出专门规定。目前不少地方电信网点播中还存在没有获得电影公映许可证的电影。

在广播电视网方面的主要相关行政法规、部门规章有《广播电视管理条例》《广播电视视频点播业务管理办法》（国家广电总局令第35号）等。《广播电视管理条例》仅规定播放的境外电影必须经国务院广播电视行政部门审查批准，未明确要求通过广播电视网播放的电影需取得电影公映许可证。《广播电视视频点播业务管理办法》明确规定了用于视频点播的电影作品应当取得电影公映许可证。虽然广播电视网的行政管理也是实行自审自播、监听监看的方式，但由于广播电视网属于公共事业，且同属国家新闻出版广电总局管理，因此通过广播电视网传播的未取得电影公映许可证的电影相对较少。

在制作音像制品方面的主要相关行政法规是《音像制品管理条例》（国务院令第341号）。该条例未对将电影制作为音像制品作出规定。

第二十一条　摄制完成的电影取得电影公映许可证，方可参加电影节（展）。拟参加境外电影节（展）的，送展法人、其他组织应当在该境外电影节（展）举办前，将相关材料报国务院电影主管部门或者省、自治区、直辖市人民政府电影主管部门备案。

【释义】　本条是关于取得电影公映许可证的电影参加境内外电影节（展）的规定。

本条主要作了两方面的规定：一是影片参加电影节（展），无论是境内电影节（展）还是境外电影节（展），都必须取得电影公映许可证；二是参加境外电影节（展）的，除了要取得电影公映许可证外，还需要报国务院电影主管部门或者省、自治区、直辖市人民政府电影主管部门备案。

一、参加电影节（展）的作用

电影节（展）通过电影展映、开展交流活动、奖励优秀影片等方式，既促进了电影工作者之间的交流和合作，推动了电影艺术和电影技术的进步，也为电影贸易提供方便和平台。特别是作为世界各国电影艺术和技术成就展览盛会的国际电影节，是文化交流的重要桥梁和中介，也是国家进行文化输出和扩大国际影响力的有效途径。

在国际电影节(展)方面,据不完全统计,世界上共有各类国际电影节 700 个左右。其中,由国际电影制片人协会(FIAPF)认定的,国际 A 类电影节有 15 个,包括法国戛纳国际电影节、德国柏林国际电影节、意大利威尼斯国际电影节三个影响力最大的欧洲三大电影节,以及西班牙圣塞巴斯蒂安国际电影节、日本东京国际电影节、俄罗斯莫斯科国际电影节等其他 12 个国际电影节。除了这些综合性电影节外,还有国际科学普及电影节、法国创办的昂西国际动画片电影节、西班牙的希洪国际儿童片电影节、法国巴黎的国际军事电影节等专业性电影节、古巴的拉丁美洲新电影国际电影节、法国的南特三大洲电影节、东盟国家电影节、巴尔干国际电影节等地区性电影节。

在境内电影节(展)方面,目前我国电影节的数量有 20 个左右。其中包括:A 类国际电影节——上海国际电影节,创办于 2011 年的北京国际电影节,由中国文联和中国电影家协会联合主办的一年一届的金鸡百花电影节,由国家新闻出版广电总局与吉林省人民政府、长春市人民政府共同主办的两年一届的长春电影节,北京大学生电影节,等等。同时,随着我国电影产业的发展,也不断涌现出新的电影节,如 2014 年创办的丝绸之路电影节,就是依托“丝绸之路经济带”和“21 世纪海上丝绸之路”的战略构想,以电影节为纽带搭建的文化交流、交易国际平台。

我国积极推动国产电影参加境内外电影节(展)。2010 年 11 月国务院办公厅印发的《关于促进电影产业繁荣发展的指导意见》(国办发〔2010〕9 号)明确提出,“通过在境外举办公益性的中国电影展、参加国际电影节和组织商业性的海外推广营销活动,不断提高国产影片的国际影响力、竞争力和市场占有率,不断增强国家文化软实力”;“支持电影企业、电影作品参加重要的国际电影节展和交易市场”。近年来,随着我国电影产业持续快速发展,社会各界对于举办电影节的热情越来越高,国内各主要电影节的影响也越来越大,国产电影参加国际电影节(展)的热情也越来越高。

二、参加电影节(展)的条件

由于本法规定对电影实行审查许可制度,因此,本条关于参加电影节(展)的规定,与电影的发行、放映、传播以及制作音像制品的规定相一致,即只有在获得电影公映许可证的前提下,才能参加电影节(展)。这里所说的电影节(展),既包括境内电影节(展),也包括境外电影节(展)。

2004 年 9 月国家广电总局印发的《广播影视节(展)及节目交流活动管理规定》(国家广电总局令第 38 号)第三条明确规定:“国家鼓励国产电影片参加境内外广播影视节(展)、节目交流活动。在境内外广播影视节(展)参赛及展播展映的国产电影片,须取得《电影片公映许可证》。”

三、拟参加境外电影节(展)的送展法人、其他组织

本条规定的拟参加境外电影节(展)的电影的送展法人、其他组织,是指拍摄该电影的法人、其他组织。《广播影视节(展)及节目交流活动管理规定》第十四条明确规定,赴境外参展的国产电影片由出品单位报广电总局备案,合拍电影片由各方出品单位共同报送备案。

此外,除拍摄该电影的法人、其他组织外,其他选送影片参加境外电影节(展)的,也应当依照相关规定办理手续。如《广播影视节(展)及节目交流活动管理规定》第八条规定“驻外使、领馆如代表中国选送影片参加在所在国举办的电影节,应商广电总局同意”。

四、关于参加境外电影节(展)的备案制度

2004年之前,按照《电影管理条例》的规定,参加境外电影节(展)实行审批制。《电影管理条例》第三十五条规定,“提供电影片参加境外电影展、电影节等,应当报国务院广播电影电视行政部门批准”,“参加境外电影展、电影节的电影片经批准后,参展者应当持国务院广播电影电视行政部门的批准文件到海关办理电影片临时出口手续”。在当时的背景下,对赴境外影片实行审批制,基本阻止了未取得公映许可证的影片赴境外参赛参展,但是也一定程度上抑制了国产影片赴境外交流的积极性。2004年《广播影视节(展)及节目交流活动管理规定》将参加境外电影节(展)由审批制改为备案制。备案制极大促进了国产影片参与国际交流的主动性和积极性,据统计,2004年有153部次影片参加境外的58个电影节,而2005年有263部次影片参加了101个电影节。根据2013年7月《国务院关于取消和下放50项行政审批项目等事项的决定》(国发〔2013〕27号)附件二“国务院决定部分取消和下放管理层级的行政审批项目目录”第七项和《国务院办公厅关于印发国家新闻出版广电总局主要职责内设机构和人员编制规定的通知》(国办发〔2013〕76号)第一部分(二)中第三条,“将地方对等交流互办单一国家电影展映活动审批职责下放省级新闻出版广电行政部门”。本条规定在继续沿用2004年备案制的基础上,根据行政许可制度改革的进展,将备案从“国家广电总局”延展至“国务院电影主管部门或者省、自治区、直辖市人民政府电影主管部门”。

五、参加境外电影节(展)备案的要求

按照《广播影视节(展)及节目交流活动管理规定》,参加境外电影节(展)的应在节(展)举办二十天前报送备案材料。需要报送的备案材料主要有:(1)电影片公映许可证复印件;(2)拟参加电影节(展)的名称、时间、地点;(3)该电影节(展)主办单位的邀请函及中文译文;(4)电影片出品单位联系人、联系电话、传真、电子邮件及通信地址;(5)如需广电总局向海关出具电影片拷贝临时出入关函,须在申请中提出并注明出入海关的名称及时间。

第二十二条 公民、法人和其他组织可以承接境外电影的洗印、加工、后期制作等业务,并报省、自治区、直辖市人民政府电影主管部门备案,但是不得承接含有损害我国国家尊严、荣誉和利益,危害社会稳定,伤害民族感情等内容的境外电影的相关业务。

【释义】 本条是关于承接境外电影洗印、加工、后期制作的规定。

随着数字技术在电影中的广泛运用,电影的洗印、加工、后期制作,特别是数字后期制作,成为电影产业模式中不可或缺的一环。电影的洗印、加工、后期制作等业务的发展进步,对于中国整个电影产业的优化升级具有重要意义,但在市场化的条件下,电影的洗印、加工、后期制作日益全球化,而中国电影的后期制作等技术的发展程度与好莱坞还有不小的差距,在国际竞争中还处于劣势。迫切需要顺应世界电影产业发展潮流,积极承接境外电影的洗印、加工、后期制作等业务,参与相关产业的国际竞争,在竞争中不断提高自身技术水平。

一、关于电影的洗印、加工、后期制作

电影洗印、加工是指电影胶片的冲洗(化学加工)、组接和印片复制工作。电影从冲洗到最后复制出大量发行放映的拷贝,要经过近50个处理步骤,归纳起来可概括为七个主要工序:

工艺查验与质量控制；洗片加工；半成品与成品鉴定；印片与配光；剪接合成；翻正片、翻底片制作；制作大量发行拷贝。近年来，随着数字技术的发展，无论是传感器面积，还是分辨率、动态范围等技术越来越接近甚至达到了胶片的水平，曾在电影领域长期使用的电影胶片，正在逐渐退出历史的舞台，电影胶片的洗印、加工也在逐渐消失。据报道，成立于 1957 年的上海电影技术厂，隶属上影集团，是国内最早建成的专业化电影洗印基地，也曾是中国年产量较高的影片技术加工基地。其中负责胶片生产的洗印部门，是这个厂的核心生产部门。由于使用胶片拍摄的电影已经越来越少，近年来只有《箭士柳白猿》《长江图》等寥寥无几的胶片作品，2016 年 10 月底上海电影技术厂关闭了最后一条胶片生产线。

电影后期制作是指利用在拍摄中得到的素材，运用现代的科学技术，主要通过计算机技术将已经拍摄好的影视资料进行特效加工和剪辑处理，并为影视作品加上声音，最终形成一部完整的影片的技术方式。电影后期制作主要包括三个方面：对画面进行特效的制作、对影视画面镜头的剪辑、对镜头画面中声音的剪辑。（一）特效合成。在后期制作中，特效制作是非常重要的一个部分。特效的发展有着悠久的历史，已经发展成为更为丰富和高端的技术制作。传统的特效合成技术仅仅是镜头的转换等，近几年随着数字技术的提升，特效合成技术也随之提高，特效制作的效果更加优质，进一步丰富了电影镜头的画面，提高了观众的观看体验，为电影产业的发展提供了新的动力。（二）镜头剪辑。在后期制作中，镜头剪辑是最基础的部分。电影作品拍摄完成后，一般都是一段一段的镜头，没有连贯性，需要通过对拍摄的镜头画面进行有计划的剪辑和重组，使之成为一个有条理、有顺序性、逻辑性的故事镜头。因此，镜头剪辑水平对电影作品的水平有着直接影响。(三)声音剪辑。在后期制作中,针对声音的剪辑也是非常重要的一部分。由于拍摄镜头均是片段式的,所以在最终形成电影作品后需要针对镜头画面中录取到的画面音和画外音进行处理,最终达到使声音服务于镜头画面的效果。剪辑声音尤其要注意的是声音的前后连接是否流畅以及声音与电影场景是否匹配等。其中,有的镜头可能需要加入声音特效,以使电影情节更加完善。

二、承接境外电影的洗印、加工、后期制作等业务的备案

2013 年 7 月之前,国家对承接境外电影的洗印、加工、后期制作等业务实行审查许可。《电影管理条例》第二十二条、第二十三条,《中外合作摄制电影片管理规定》第十八条对电影的洗印加工、后期制作作了规定。明确要求,电影洗印单位接受委托洗印加工境外的电影底片、样片和电影拷贝的,应当事先经国务院广播电影电视行政部门批准,并持批准文件依法向海关办理有关进口手续。洗印加工的电影底片、样片和电影片拷贝必须全部运输出境。2004 年 6 月,原国家广播电影电视总局印发《电影片进出境洗印、后期制作审批管理办法》,对洗印加工境外电影片活动进行了规范。

2013 年 7 月,国务院印发《关于取消和下放 50 项行政审批项目等事项的决定》(国发〔2013〕27 号),在电影方面取消了三项行政许可(其中两项为子项),将一项行政许可下放管理层级。其中,包括取消了"电影洗印单位接受委托洗印加工境外电影底片、样片和电影拷贝审批"。《国务院办公厅关于印发国家新闻出版广电总局主要职责内设机构和人员编制规定的通知》第一部分第十三条规定"取消电影洗印单位接受委托洗印加工境外电影底片、样片和电影拷贝审批,同时强化政策导向和管理措施"。

在本法制定过程中，根据行政许可制度改革工作的要求，取消了承接境外电影洗印、加工、后期制作等业务的行政许可。在减少审批项目、降低准入门槛的同时，本法坚持放管结合，加强事中事后监管力度，强化政策导向和管理措施。一是规定了承接境外电影的洗印、加工、后期制作等业务应当报省、自治区、直辖市人民政府电影主管部门备案，完善了监管措施；二是明确规定在承接境外电影的洗印、加工、后期制作等业务时，不得承接含有损害我国国家尊严、荣誉和利益，危害社会稳定，伤害民族感情等内容的境外电影的相关业务，明确了相关政策导向和要求。

第二十三条　国家设立的电影档案机构依法接收、收集、整理、保管并向社会开放电影档案。

国家设立的电影档案机构应当配置必要的设备，采用先进技术，提高电影档案管理现代化水平。

摄制电影的法人、其他组织依照《中华人民共和国档案法》的规定，做好电影档案保管工作，并向国家设立的电影档案机构移交、捐赠、寄存电影档案。

【释义】　本条是关于电影档案接收、收集、整理、保管以及向社会开放等方面的规定。

一、关于电影档案和电影档案机构

中国的电影从诞生距今已有上百年，在这百年文化积淀中，保留下来的许多弥足珍贵的影像资料，记录了历史的变迁、人民的智慧和艺术的结晶，具有很高的历史文化和教育价值。

（一）电影档案

本法所说的电影档案主要是指电影艺术档案，即在电影创作、生产、发行、放映过程中形成的文字、图片、标准拷贝、数字母版、影片素材等具有保存价值的资料。

电影艺术档案由影片类和文字、图片类组成。影片类档案包括：国产影片、与我国香港特别行政区、澳门特别行政区、台湾地区及外国合作摄制的影片的全新原底标准拷贝或者数字母版，画原底、画翻正、画翻底，片头、片尾、唱词等各类字幕原底，片头、片尾、衬景原底，十格小底片，光号卡，国际乐效，混录声底、混录光学声底等。文字、图片类档案包括：(1)文学剧本、分镜头剧本、译制片台本；(2)完成台本(含字幕表)；(3)对国外发行的国产影片各语种和国内民族语言的翻译本；(4)导演阐述；(5)影片审查决定书；(6)有关部门对影片的审查意见和决定；(7)影片海报、宣传画、工作照、剧照、说明书、特刊；(8)国产影片在国内外获奖的证件复印件及有关照片；(9)剧本内容的有关依据和历史考证材料，以及取材或者改编前的原作；(10)主创人员的创作设想和音乐总谱、歌词；(11)场景气氛图，服装、化妆、道具设计图，演员定妆照；(12)有关摄制决定；(13)分场分景表；(14)摄制工作日志；(15)摄制工作总结；(16)主创人员艺术创作总结；(17)其他在电影创作、生产、发行、放映过程中形成的具有保存价值的资料。以上电影艺术档案的构成内容为故事影片艺术档案构成，其他片种可视工艺和工作程序不同参照执行。

(二)电影档案机构

为了有效地保护和利用电影艺术档案，更好地为电影创作、生产、教学、研究和普及服务，国家设立了中国电影资料馆等机构，积极开展电影档案收集工作。

中国电影资料馆成立于1958年，对外拥有“中国电影资料馆”和“中国电影艺术研究中心”两个名称。中国电影资料馆隶属于国家新闻出版广电总局，是中国唯一的国家电影档案收藏和电影研究机构，也是联合国教科文组织指导下的国际电影资料馆联合会(国资联)的会员。中国电影资料馆机构分为馆本部、北京片库和西安片库。馆本部位于北京市海淀区小西天文慧园路3号。主体设施为办公楼,总面积为11000平方米,设有1100平方米的艺术影院和3个小型放映室,5层全层为文字图片艺术档案库房,12层是录像带库及观摩、制作室。资料馆的馆藏影片分别收藏在北京片库和西安片库。北京片库位于东郊百子湾,占地总面积31700平方米,库房12000平方米,收藏影片拷贝并提供对外服务。西安片库位于西安市临潼区秦陵南路,占地总面积42700平方米,库房7000平方米,专门收藏影片素材。截至2015年7月,北京电影资料库存有国产影片拷贝16600余部,数字母版5500余部,外国影片拷贝13800余部。同时,北京电影资料库还藏有电影文字艺术档案31900余卷,图片艺术档案14500余卷,图书期刊50000余册。西安电影资料库存有国产影片素材13900部,外国影片素材约5100部,共计21万余本。

此外,各地的电影资料馆、博物馆等相关机构,也可以根据自身条件,开展电影档案接收、收集、整理、保管以及利用等活动。

二、电影档案的接收、收集、整理、保管

本条规定的电影档案机构,要承担依法接收、收集、整理、保管电影档案的职责。为促进电影档案机构履行好接受、收集、整理、保管电影档案的职责,本条第二款特别对电影档案机构的技术条件作出了明确规定。

(一)电影档案的接收和收集

国家设立的电影档案机构应当依照档案法、《电影艺术档案管理规定》等法律、法规,搜集电影创作、生产、发行、放映过程中形成的具有保存价值的电影档案,接收有关组织或者个人通过移交、捐赠等方式提供的电影档案，积极收集散失的国产影片档案。电影档案机构应当依法履行电影档案管理义务，为移交人提供服务；对于依法移交电影艺术档案的，电影档案机构可以对有关单位给予适度补贴。国家鼓励通过捐赠等方式设立电影档案保护社会基金，专门用于电影档案保护。

（二）电影档案的整理和保管

目前我国电影档案主要以胶片形式存储，而胶片材料的保存十分不易。年代久远加上保存条件不足等因素会导致很多珍贵影片都难以避免地出现了霉斑、污染、褪色、断裂甚至丢帧等损伤。因此，本条为加强对电影档案的保管和修复，对电影档案机构的技术条件等作出明确规定，要求电影档案机构应当配置必要的设备，采用先进技术，提高电影档案管理现代化水平。

电影档案机构应当具有适宜长久保存、合理利用电影档案的场所、设备、条件和专业人员，并建立科学的管理制度，逐步实现保存与管理的科学化、标准化。用于保存电影艺术档案的库房温度、湿度等应当符合国家规定的标准，并应当加强防火、防盗、防虫、防霉、防光、防尘、防水（潮）、防有害气体等安全保卫工作。

电影档案机构在电影档案保管过程中，应当定期检查档案保存状况，对破损或者变质的电影艺术档案应当及时修补、复制或者进行其他技术处理。由于传统的人工进行的物理或化学手段只能对小的脏点、划痕等损伤进行简单修复，修复的效果非常有限，而且人工手动修复过程中极易对胶片产生二次伤害，数字修复技术日益显示出其无可比拟的优势。因此，电影档案机构逐步将电影档案转换成数字化形式，加强档案的数字化修护和保护工作。自 2007 年起，中国电影资料馆启动“电影档案影片数字化修护工程”，在中国内地率先开始了发现、收集、拯救、保存中国胶片电影的工作。修复资金主要来自政府财政拨款，平均每年3500万元人民币。大约每年精致修复影片150部，普通修复300部左右。目前已经完成了近7000部电影的数字化修复和300多部精致修复，包括中国现存最早的故事片《劳工之爱情》，以及《梁山伯与祝英台》《一江春水向东流》《小兵张嘎》《鸡毛信》等名作。2014年12月，电影资料馆还启动"中国老电影修复基金"，通过社会资本捐资加快老电影修复进程。除此之外，中央新影集团、各电影制片厂等机构也已开展类似的修复工作。

三、电影档案向社会开放

国家鼓励任何组织、个人积极开展对电影档案的利用。电影档案机构对保存的电影艺术档案，应当定期向社会公布目录，简化利用手续、减少利用限制，为电影艺术档案的公益性利用创造条件，提供便利。各地电影资料馆、博物馆应当积极利用电影档案开展电影知识普及工作。例如，中国电影博物馆开展全国范围的青少年电影配音比赛及夏令营等活动，为少年儿童提供了电影才艺展示的舞台和电影知识学习的平台。上海电影博物馆拥有近30万件藏品，分为文献、服装、影像等九大类，通过"互动式传播"等形式开展社会教育。

需要注意的是，电影档案机构在档案利用工作中，应当依据国家有关法律、法规的规定，维护电影艺术档案有关著作权人的合法权益。利用电影档案机构的电影档案，应当按照有关规定办理手续，缴纳费用。对涉及国防、外交、国家安全等国家重大利益，以及可能对未成年人身心健康造成不良影响的电影艺术档案的利用，应当遵守国家有关法律、法规的规定。未经有关部门批准，任何组织、个人不得擅自利用上述电影艺术档案。

四、摄制电影的法人、其他组织移交、捐赠、寄存电影档案的要求

按照本法和档案法、《电影艺术档案管理规定》等规定，摄制电影的法人、其他组织应当依法履行电影档案移交义务，不得拒绝归档。摄制电影的法人、其他组织注销或者合并时，应当将其保存的电影档案移交中国电影资料馆或者新组建的从事电影摄制活动的法人、其他组织妥善保管。电影摄制组应当负责电影档案的形成、积累，指定专人负责电影艺术资料的收集工作，并在影片摄制完成后将属于电影档案归档范围的资料及时移交电影摄制单位档案部门归档。

摄制电影的法人、其他组织应当在影片取得电影公映许可证后三个月内向中国电影资料馆移交下列电影艺术档案，并永久保存，国务院广播影视行政部门另有规定的除外：(1)影片类档案中的标准拷贝或者数字母版；(2)文字、图片类档案中的文学剧本、分镜头剧本、译制片台本，完成台本(含字幕表)，对国外发行的国产影片各语种和国内民族语言的翻译本，导演阐述，影片审查决定书，有关部门对影片的审查意见和决定等。摄制电影的法人、其他组织应当在影片取得电影公映许可证后一年内向中国电影资料馆移交其他影片类档案；经依法审查未取得电影公映许可证的影片，摄制电影的法人、其他组织如不再重新报请审查，应当在接到审查决定后一年内向中国电影资料馆移交电影档案。故事影片以外的其他片种可以参照以上规定向中国电影资料馆移交相关电影档案。

国家鼓励任何组织、个人向电影档案机构捐赠、寄存其拥有的电影档案。电影档案机构可以按照电影档案的保存价值，作出是否接受捐赠、寄存的决定。电影档案机构应当依据捐赠协议、寄存协议，对捐赠、寄存的电影档案，予以妥善保管，并依法

维护捐赠人、寄存人的合法权益。对于寄存电影档案的，电影档案机构可以向寄存人适当收取费用。电影档案机构应当与电影档案的捐赠人、寄存人，就档案利用事宜在捐赠、寄存协议中进行约定。向电影档案机构捐赠、寄存电影档案的组织、个人，对其档案有优先使用权。

第三章　电影发行、放映

本章共十二条，主要是对电影发行、放映活动的行政许可，电影发行、放映活动的审批程序，电影流动放映活动的备案管理，农村电影放映活动的扶持、保障，接受义务教育的学生和未成年人、老年人、残疾人、城镇低收入居民以及进城务工人员等观看电影的保障措施，国产电影的保护措施，电影放映质量的保障，电影放映设施、设备的技术标准，安装计算机售票系统，禁止对电影进行录音录像，电影院放映广告，电影院等放映场所公共秩序、环境卫生以及公共安全，电影发行企业、电影院等如实统计电影销售收入，在境内举办涉外电影节（展）等作了规定。

第二十四条　企业具有与所从事的电影发行活动相适应的人员、资金条件的，经国务院电影主管部门或者所在地省、自治区、直辖市人民政府电影主管部门批准，可以从事电影发行活动。

企业、个体工商户具有与所从事的电影放映活动相适应的人员、场所、技术和设备等条件的，经所在地县级人民政府电影主管部门批准，可以从事电影院等固定放映场所电影放映活动。

【释义】　本条是关于电影发行、放映活动行政许可的规定。

我国对电影发行活动和电影放映活动的管理实行行政许可制度，企业从事电影发行活动和企业、个体工商户从事电影院等固定场所放映活动,除了要具备相应的条件外,还需要获得相应的行政许可。

一、关于电影发行

电影发行是指电影著作权或者发行权拥有者向社会提供一定数量电影拷贝用于放映的行为和过程。电影的发行是电影作品有效进入市场的流通环节,一般通过电影票房分账或者出售、出租电影拷贝等方式收取一定费用。随着我国电影产业化程度不断提高,电影发行已经成为电影产品营销的重要环节,除拷贝分发以外,电影发行还包含了市场策划、宣传推介、票房监管和统计等工作。

目前,我国电影发行活动已经多元化。实践中,有几种形式:一是,成立专营国产影片的发行公司;二是,组建兼具发行和放映功能的电影院线公司;三是,拍摄电影的法人、其他组织发行自己拍摄的电影。

从电影发行公司来看,目前国内一线发行公司大都是制片公司下设的发行公司,如华谊兄弟、博纳影业、光线传媒等均在发行业务上占据较大市场份额。制片公司涉足发行领域既是为了获得发行环节的利润,也是为了让制片方掌控更多的渠道话语权,以此推高旗下电影的票房。

二、从事电影发行活动的主体

本条规定,从事电影发行活动的主体只有企业。企业以外的其他法人组织、个体工商户以及个人不得申请从事电影发行活动。

本条所说的企业一般是指以盈利为目的,运用各种生产要素,向市场提供商品或服务,实行自主经营、自负盈亏、独立核算的法人或者其他社会经济组织。目前,企业在法律上没有明确定义,既包括公司法所规定的有限责任公司和股份有限责任公司，也包括合伙制企业、个人独资企业等非公司企业。因此，企业未必都是公司，企业所指的范畴更广。

需要注意的是，虽然本法未对从事电影发行活动的企业作出明确限制，但《电影企业经营资格准入暂行规定》（国家广播电影电视总局、商务部令第43号）规定申请设立专营国产影片发行公司、投资现有院线公司或单独组建院线公司的主体为“境内公司、企业和其他经济组织（不包括外商投资企业）”。

三、从事电影发行活动的条件

由于从事电影发行活动的主体有多种形式，不同类型电影发行形式的准入条件都有所不同，而且随着电影市场的发展和改革的不断深入，各种电影发行形式的准入条件也在不断发生变化，为使立法适应改革的要求，本条对从事电影发行活动的条件只规定企业具有与所从事的电影发行活动相适应的人员、资金条件，但未对准入条件作出具体要求。因此，目前从事电影发行活动的准入条件仍是主要依据相关行政法规、部门规章。

（一）设立专营国产影片的发行公司的条件

《电影管理条例》规定，设立电影发行单位应当有电影发行单位、电影放映单位的名称、章程；有确定的业务范围；有适应业务范围需要的组织机构和专业人员；有适应业务范围需要的资金、场所和设备；法律、行政法规规定的其他条件。《电影企业经营资格准入暂行规定》对设立电影发行公司的条件作了进一步明确。其规定，国家鼓励境内公司、企业和其他经济组织（不包括外商投资企业）设立专营国产影片发行公司。申请设立专营国产电影发行公司的条件有：（1）注册资本不少于50万元人民币；（2）受电影出品单位委托代理发行过两部电影片或受电视剧出品单位委托发行过两部电视剧；（3）提交申请书、工商行政管理部门颁发的营业执照复印件、公司名称预核准通知书、已代理发行影视片的委托证明等材料。

近年来,随着行政审批制度改革的逐步深入,对设立专营国产电影的发行公司的条件进一步放宽。2014 年《国务院关于取消和调整一批行政审批项目等事项的决定》(国发〔2014〕27 号)将电影发行单位设立、变更业务范围或者兼并、合并、分立审批由前置审批改为后置审批,也就是由“先证后照”改为“先照后证”。

(二)设立电影院线公司的条件

电影院线公司是由一个发行主体和若干影院组成,实行统一品牌、统一供片、统一经营、统一管理。虽然电影院线公司同时具有电影放映和发行功能,但在我国电影院线公司是作为电影发行公司进行审批和管理,电影院线公司的电影院独立申请电影放映许可证。2001 年开始我国开始院线制改革,目的是减少发行层次,改变按行政区域计划供片模式,变单一的多层级发行为以院线为主的一级发行,发行公司和制片单位直接向院线公司供片。

按照《关于改革电影发行放映机制的实施细则(试行)》(广发办字〔2001〕1519 号)的规定,组建院线必须符合以下条件和要求:10 家以上以资本或供片为纽带的专业影剧院,其中实行计算机售票的影院不少于 8 家或者年度票房不低于 800 万元且电影专项资金如实上缴,可以发起组建一条省内院线;15 家以上以资本或供片为纽带且影剧院分布在不同省级区域的专业影剧院,其中计算机售票不少于 10 家或者年度票房不低于 1000 万元且电影专项资金如实上缴,可以发起组建一条跨省院线。一个省的院线组建最多不超过三条,一个影院只能加入一家院线。《电影企业经营资格准入暂行规定》明确,国家鼓励境内公司、企业和其他经济组织(不包括外商投资企业)投资现有院线公司或单独组建院线公司。以参股形式投资现有院线公司的，参股单位须在三年内投资不少于3000万元人民币，用于本院线中电影院的新建、改造；以控股形式投资现有院线公司的，控股单位须在三年内投资不少于4000万元人民币，用于本院线中电影院的新建、改造；单独组建省内或全国电影院线公司的，组建单位须在三年内投资不少于5000万元人民币用于本院线中电影院的新建、改造。

在深化改革的大背景下，院线制改革仍将持续进行，过去有关组建电影院线的一些条件已经不符合时代的要求，但如何确定新的准入条件，目前尚不明朗，因此本条未对电影院线的准入条件作出细化规定。

（三）拍摄电影的法人、其他组织从事电影发行活动的条件

除了上述发行方式外，根据《电影管理条例》第十三条的规定，电影制片单位按照国家有关规定在全国范围内发行本单位摄制并被许可公映的电影片及其复制品，也就是说，拍摄电影的法人、其他组织可以按照国家有关规定在全国范围内发行自己拍摄的电影。

四、从事电影发行活动审批的实施机关

由于从事电影发行活动的形式多样，对各种电影发行形式进行审批的实施机关也不同。因此，本条只规定了从事电影发行活动的由国务院电影主管部门或者所在地省、自治区、直辖市人民政府电影主管部门负责审批，电影发行公司、电影院线公司等各种不同的电影发行形式还需要依据相关行政法规、部门规章报请不同的行政机关审批。

（一）设立电影发行公司审批的实施机关

《电影管理条例》规定，申请设立电影发行单位的，由所在地省、自治区、直辖市人民政府电影主管部门审批；申请设立跨

省、自治区、直辖市的电影发行单位的，由国务院电影主管部门审批。《电影企业经营资格准入暂行规定》规定，向广电总局申请设立专营国产影片发行公司的，由广电总局颁发全国专营国产影片的电影发行经营许可证；向当地省级电影行政管理部门申请设立专营国产影片发行公司的，由当地省级电影行政管理部门颁发本省（区、市）专营国产影片的电影发行经营许可证。

由于全国统一的电影发行市场逐渐形成，实践中，无论是全国的电影发行公司，还是省（区、市）的电影发行公司，有的已经在全国范围内开展电影发行业务。电影发行公司是否需要由国务院电影主管部门或者所在地省、自治区、直辖市人民政府电影主管部门分别进行审批，需要随着改革的不断深入作进一步的研究调整。因此，本条第一款同时规定国务院电影主管部门和省、自治区、直辖市人民政府电影主管部门作为实施机关。这一规定，为下一步电影发行审批制度改革留出了适当空间，可以根据行政审批制度改革的进程，通过行政法规、部门规章来确定设立电影发行公司审批的实施机关。

（二）设立电影院线审批的实施机关

《电影企业经营资格准入暂行规定》规定，组建省（区、市）内院线公司的，由所在地省、自治区、直辖市人民政府电影行政管理部门审批，并报广电总局备案；组建跨省院线公司的，由广电总局审批。《电影企业经营资格准入暂行规定》还规定，凡在省（区、市）内与20家以上中小学校、少年宫、儿童活动中心、影剧院、礼堂等签订电影供片协议，申请设立省（区、市）内少年儿童电影发行放映院线的，由当地省级电影行政管理部门审批；在不同省（区、市）与30家以上中小学校、少年宫、儿童活动中心、影剧院、礼堂等签订电影供片协议，申请设立跨省（区、市）的少年儿童电影发行放映院线的，由广电总局审批。《数字电影发行放映管理办法(试行)》规定,申请成立省(自治区、直辖市)内数字电影院线公司的,由所在地的省、自治区、直辖市电影行政管理部门审批,并报广电总局备案;组建跨省数字电影院线公司的,由广电总局审批。

目前电影发行已经逐渐形成统一市场,单独在某一行政区域内成立院线公司实属极端个例,而且仅存的8家省内院线公司也基本不再活跃。因此,省内院线公司的审批已经没有实际意义。考虑到,目前院线制改革仍将继续进行,对于下一步如何在更符合简政放权趋势和市场化需求情况下深入推进改革,尚需研究探索,继续保留国家广电总局对跨省院线公司的审批、省级广电部门对省内院线公司的审批,较为适宜。因此,本条第一款规定国务院电影主管部门和省、自治区、直辖市人民政府电影主管部门同时作为实施机关。

五、关于电影放映

电影放映是指电影作品制作完成后,由发行商向电影放映单位提供复制拷贝,电影放映单位通过放映设备将电影画面和声音还原在电影银幕上供观众观看。电影放映是电影作品进入社会的终端环节。我国对电影放映实行行政许可制度,企业、个体工商户除了要具备相应的条件外,还需要获得相应的行政许可。目前影院投资以国有、民营资本为主,兼有少量外资。

为了促进电影放映终端更新换代,发展壮大我国电影市场,广电总局出台《国家电影专项资金资助城市影院改造办法》等文件,积极推动现代化多厅影院的改造与新建。

六、从事电影放映活动的主体

本条规定,从事电影放映活动的主体是企业和个体工商户。也就是说,除了企业外,具备条件的个体工商户也可以申请从事电影放映活动。

自然人经依法登记，从事工商业经营的，为个体工商户。个体工商户可以起字号。《个体工商户条例》第二条第一款规定："有经营能力的公民，依照本条例规定经工商行政管理部门登记，从事工商业经营的，为个体工商户。"在依法核准登记的范围内，个体工商户享有从事个体工商业经营的民事权利能力和民事行为能力。但是与法人不同，以个人名义申请登记的个体工商户，个人经营的，以个人财产承担债务；家庭经营的，以家庭财产承担债务；无法区分的，以家庭财产承担债务。

需要注意的是，与从事电影发行活动的主体有所不同。根据《电影管理条例》《电影企业经营资格准入暂行规定》《外商投资电影院暂行规定》等规定，除国有资本、民营资本等境内资本外，香港、澳门服务提供者也可以设立独资电影院。外国公司、企业和其他经济组织或个人可以设立中外合资、合作企业，新建、改造电影院，从事电影放映业务，外商不得设立独资电影院。而且，外方在中外合资企业注册资本中的投资比例不得高于49%，北京、上海、广州、成都、西安、武汉、南京市等试点城市中的中外合资企业注册资本中外方的投资比例最高不得超过75%。

七、从事电影放映活动的条件

本条规定，申请从事电影放映活动的企业、个体工商户应当具有与所从事的电影放映活动相适应的人员、场所、技术和设备等条件。《电影管理条例》规定，设立电影放映单位应当具备的条件为：(1)有电影放映单位的名称、章程；(2)有确定的业务范围；(3)有适应业务范围需要的组织机构和专业人员；(4)有适应业务范围需要的资金、场所和设备；(5)法律、行政法规规定的其他条件。与《电影管理条例》的规定相比，本条的规定取消了从事电影放映活动的资金方面的要求。

本条所说的人员条件是指有适应电影放映需要的专业人员和非专业人员。专业人员主要是指符合电影放映员国家职业技能标准的电影放映人员；非专业人员主要是指售票员、清洁员、保安员等人员以及相关管理人员。

本条所说的场所条件是指电影固定放映场所符合卫生、消防条件，并应当具有经营场所房屋产权证明或者租赁意向书。

本条所说的技术和设备条件是指符合相关国家标准和行业标准的电影放映设备、电影售票系统以及电影院座椅等其他相关设备。

八、电影院等固定放映场所电影放映活动

本条第二款所说的从事电影放映活动是指在电影院等固定放映场所从事的电影放映活动，而不是所有的电影放映活动。也就是说，只有在电影院等固定放映场所从事电影放映活动才需要获得行政许可，从事流动放映活动或者其他放映活动则不需要获得行政许可。

本条所说的电影院等固定放映场所，既包括专门从事电影放映活动的电影院，也包括从事电影放映活动的少年宫、文化宫、儿童活动中心、影剧院、礼堂等场所。

九、从事电影放映活动审批的实施机关

本条规定，从事电影放映活动的由所在地县级人民政府电影主管部门批准。《电影管理条例》也规定，申请设立电影放映单位的，由所在地县或者设区的市人民政府电影行政部门批准。

第二十五条　依照本法规定负责电影发行、放映活动审批的电影主管部门，应当自受理申请之日起三十日内，作出批准或者不批准的决定。对符合条件的，予以批准，颁发电影发行经营许可证或者电影放映经营许可证，并予以公布；对不符合条件

的，不予批准，书面通知申请人并说明理由。

【释义】 本条是关于电影发行、放映活动行政许可程序的规定。

电影发行、放映活动为行政许可事项，本法按照行政许可法的要求，明确规定电影发行、放映许可的实施机关、条件、程序、期限。

一、负责电影发行、放映活动审批的实施机关

本条规定的“依照本法规定负责电影发行、放映活动审批的电影主管部门”，并未明确具体的电影主管部门，必须结合本法第二十四条的规定，才能明确相应的实施机关。

（一）负责电影发行活动审批的实施机关

按照本法第二十四条第一款的规定，负责电影发行活动审批的电影主管部门是国务院电影主管部门或者所在地省、自治区、直辖市人民政府电影主管部门。具体地说：

关于设立电影发行公司审批的实施机关。按照《电影管理条例》的规定，申请设立电影发行单位的，由所在地省、自治区、直辖市人民政府电影主管部门审批；申请设立跨省、自治区、直辖市的电影发行单位的，由国务院电影主管部门审批。

关于设立电影院线审批的实施机关。按照《电影企业经营资格准入暂行规定》的规定，组建省（区、市）内院线公司的，由所在地省、自治区、直辖市人民政府电影行政管理部门审批，并报广电总局备案；组建跨省院线公司的，由广电总局审批。申请设立省（区、市）内少年儿童电影发行放映院线的，由当地省级电影行政管理部门审批；申请设立跨省（区、市）的少年儿童电影发行放映院线的，由广电总局审批。《数字电影发行放映管理办法（试行）》规定，申请成立省（自治区、直辖市）内数字电影院线公司的，由所在地的省、自治区、直辖市电影行政管理部门

审批，并报广电总局备案；组建跨省数字电影院线公司的，由广电总局审批。

（二）负责电影放映活动审批的实施机关

按照本法第二十四条第二款的规定，负责电影放映活动审批的电影主管部门是所在地县级人民政府电影主管部门。《电影管理条例》也规定，申请设立电影放映单位的，由所在地县或者设区的市人民政府电影主管部门审批。

二、电影发行、放映活动的审批条件

本条所说的符合条件，是指符合电影发行、放映活动的审批条件，也就是本法第二十四条规定的审批条件。

从事电影发行活动，应当具有与所从事的电影发行活动相适应的人员、资金条件。从事电影放映活动，应当具有与所从事的电影放映活动相适应的人员、场所、技术和设备等条件。具体的准入条件，还应当根据相关行政法规、部门规章来确定。

三、关于电影发行、放映的审批期限

行政许可法第四十二条规定，除可以当场作出行政许可决定的外，行政机关应当自受理行政许可申请之日起二十日内作出行政许可决定。二十日内不能作出决定的，经本行政机关负责人批准，可以延长十日，并应当将延长期限的理由告知申请人。但是，法律、法规另有规定的，依照其规定。本条规定有关电影主管部门应当自受理申请之日起三十日内，作出批准或者不批准的决定，符合行政许可法第四十二条中但书的规定。

四、对电影发行、放映活动的审批决定

本条对电影发行、放映活动审批决定的规定，主要是依据行政许可法的相关规定。

行政许可法第三十八条规定，申请人的申请符合法定条件、标准的，行政机关应当依法作出准予行政许可的书面决定。行政机关依法作出不予行政许可的书面决定的,应当说明理由,并告知申请人享有依法申请行政复议或者提起行政诉讼的权利。第三十九条规定:“行政机关作出准予行政许可的决定,需要颁发行政许可证件的,应当向申请人颁发加盖本行政机关印章的下列行政许可证件:(一)许可证、执照或者其他许可证书……”本条按照行政许可法的要求作出规定,对符合条件的,应当予以批准,颁发电影发行经营许可证或者电影放映经营许可证;对不符合条件的,不予批准,书面通知申请人并说明理由。

行政许可法第四十条规定:“行政机关作出的准予行政许可决定,应当予以公开,公众有权查阅。”本条也按照行政许可法的要求作出规定,对符合条件的,予以批准,颁发电影发行经营许可证或者电影放映经营许可证,并予以公布。

第二十六条　企业、个人从事电影流动放映活动,应当将企业名称或者经营者姓名、地址、联系方式、放映设备等向经营区域所在地县级人民政府电影主管部门备案。

【释义】 本条是关于电影流动放映活动实行备案管理的规定。

一、关于电影流动放映活动

电影流动放映是基于我国国情设立的一种电影放映方式,主要目的是解决农村、社区以及边远分散地区看电影难的问题。

(一)农村流动放映

在我国农村,流动放映一直是电影放映的主要方式。在文化娱乐匮乏的年代,流动电影是亿万中国农民享受文化生活的主要方式之一。改革开放后,随着电视的逐渐普及,以及大批青壮年农民进城务工的影响,农村电影放映急剧下滑,曾经庞大的流动放映队伍快速萎缩。直到 1998 年,国家提出了“2131”工程，在政府的大力扶持下，农村电影放映渐渐回暖。“2131”工程后来发展为农村电影惠民工程，并通过数字化转型、组建农村数字院线、建立数字节目中心等手段，进一步改革农村电影放映机制体制，提高了农村管理水平和服务水平，使农村电影放映工程持续健康发展。

（二）广场放映

广场放映是从流动放映向影厅放映转变的一种过渡方式。广场放映通常选择人气比较集中的广场作为相对固定的放映地点，在条件允许的情况下，按时进行放映。虽然免不了每放一场都得搬运和安装设备，但比起农村流动放映来说，广场放映条件已经是相对改善了。由于广场电影的观众群体主要是附近居民和务工农民，符合农村电影惠民工程以及公共文化服务精神内涵，因此各地的广场电影一般也都纳入“2131”工程和农村电影惠民工程的资助和管理范围，其运行机制、服务水平、管理体制与农村流动放映完全是同步的。

二、从事电影流动放映活动的主体

《国务院办公厅转发广电总局等部门关于做好农村电影工作意见的通知》（国办发〔2007〕38 号）要求，支持各类社会资本参与农村电影工作，通过引进市场竞争机制，培育发展国有、民营、个体等各类农村电影发行放映新主体、农村电影院线公司和多种形式放映队伍，大力推动国有农村电影发行放映单位的股份制、院线制改革和机制创新。

因此，本条规定，从事电影流动放映活动的主体，除了企业外，还包括个人。也就是说，个人不需要到工商行政管理部门办理登记手续，就可以自己的名义从事电影流动放映活动。根据本条规定，从事电影流动放映活动的主体不同于从事电影院等固定场所电影放映活动的主体。根据本法第二十四条的规定，从事电影院等固定场所电影放映活动的主体是企业、个体工商户。本条规定也不同于《电影管理条例》的规定。《电影管理条例》规定，申请从事农村16毫米电影片放映业务的单位或者个人，可以直接到所在地工商行政管理部门办理登记手续，并向所在地县级人民政府电影行政部门备案后，可以从事16毫米电影片放映业务。也就是说，从事农村16毫米电影放映业务的个人，也需要到工商行政管理部门登记。

此外，国家还鼓励各地成立农村电影院线公司，由农村电影院线公司以招标等方式选定农村电影放映队。《农村数字电影发行放映实施细则》规定，各地要组建以市（地）为龙头，各县（市）参股，并可吸纳社会资本参股，以乡、村放映点为基础的农村数字电影院线公司；由农村数字电影院线公司以公开招标方式或委托招标选定农村电影放映队，符合条件的国有、集体、民营、个体放映队，均可以参加竞标。

三、从事电影流动放映的备案

从事电影流动放映活动与在电影院等固定放映场所电影放映活动不同，不是行政许可事项，不需要获得行政许可，只需要向相关行政管理机关备案，就可以从事电影流动放映活动。从事电影流动放映活动进行备案不仅是为了便于管理，也是为了从事电影流动放映活动的企业、个人依法享受公益版权节目和有关政府补贴。

（一）备案的行政机关

本条规定，从事电影流动放映活动备案的行政机关为经营区域所在地县级人民政府电影主管部门。由于从事流动电影放映活动没有固定的放映场所，其所在地并不固定，因此只能由其经营区域所在地县级人民政府电影主管部门履行备案手续。本条规定可以从以下两个角度来理解：

一方面，经所在地县级人民政府电影主管部门备案的电影流动放映的经营区域，应当小于该县级人民政府的管辖范围，而不能大于该县级人民政府的管辖范围。也就是说，所在地县级人民政府电影主管部门只能给在本县管辖区域内从事流动放映活动的企业、个人进行备案。

另一方面，从事电影流动放映的企业、个人只能在所备案的县级人民政府的管辖范围内从事流动电影放映活动，如果其离开所备案的县级人民政府管辖范围，到其他县从事电影流动放映活动，就超出了其经营区域，需要到新的经营区域所在地县人民政府电影主管部门另行备案。

（二）备案的内容

本条规定，备案的内容为企业名称或者经营者姓名、地址、联系方式、放映设备等。

本条所说的企业名称是指从事电影流动放映活动的企业的名称；经营者姓名是指从事电影流动放映活动的个人的姓名，而不是企业经营者的姓名。

本条所说的地址、联系方式是指从事电影流动放映活动的企业的注册地址和企业联系方式；从事电影流动放映活动的个人的家庭或者工作住址和个人联系方式。

本条所说的放映设备是指数字电影流动放映设备以及发电机、农村电影流动放映车等辅助设备。过去从事农村流动放映主要使用16毫米放映机，随着数字技术的发展，农村流动放映设备逐步转变为数字电影流动放映设备。数字电影流动放映设备应当根据国家广电总局有关数字电影技术标准、规范，研发、生产，由国家广电总局电影技术质量检测所进行技术检测，报科技司审核后发放设备认定证书。政府资助的设备由国家广电总局或省级电影主管部门统一采购、统一配送；中央财政资助的设备，由中国电影器材公司负责集成、组织培训、协调售后服务等工作；地方购买的设备，由地方电影主管部门负责组织集成、培训和售后服务等工作，也可委托中国电影器材公司代理以上业务。政府资助的电影放映设备，属于国有资产，各级电影主管部门对其具有监督、管理的职能。

第二十七条　国家加大对农村电影放映的扶持力度，由政府出资建立完善农村电影公益放映服务网络，积极引导社会资金投资农村电影放映，不断改善农村地区观看电影条件，统筹保障农村地区群众观看电影需求。

县级以上人民政府应当将农村电影公益放映纳入农村公共文化服务体系建设，按照国家有关规定对农村电影公益放映活动给予补贴。

从事农村电影公益放映活动的，不得以虚报、冒领等手段骗取农村电影公益放映补贴资金。

【释义】　本条是关于扶持、保障农村电影放映活动的规定。

本条共三款。第一款从保障农村电影公益放映和引导社会资金投资农村电影放映两个方面加大对农村电影放映的扶持力度；第二款规定县级以上人民政府在农村电影公益放映方面的职责；第三款对农村电影公益放映补贴资金的使用提出了要求。

一、加大对农村电影放映的扶持力度

本条第一款规定了加大农村电影放映扶持力度的两个举措：一是，由政府出资建立完善农村电影公益放映服务网络；二是，引导社会资金投资农村电影放映。

（一）由政府出资建立完善农村电影公益放映服务网络

按照 2007 年印发的《农村数字电影发行放映实施细则》规

定，农村电影放映所需经费按中央和地方分担的原则核定。原则上东部地区由本省（区、市）各级财政自筹解决，中西部地区由中央和地方按不同比例分担，地方分担部分由本省各级财政解决。确保一村一月看一场电影的公益放映到位。

目前我国主要通过政府出资、市场运营的方式开展农村电影放映。具体来说，就是中影新农村数字电影发行有限公司负责全国公益性农村数字电影的发行，公司受广电总局委托代国家统一采购农村电影公益版权，使用总局电影数字节目管理中心的服务平台发布影片信息、接受订购、统一结算、统计数据等。同时，中影新农村数字电影发行有限公司也代理或自行购买非公益数字电影版权，通过总局数字电影节目管理中心在线订购网站向全国各农村数字电影院线公司发行经营。

广电总局每年选定不低于 60 部的专供农村放映的故事片和不低于 30 部的科教片，由政府出资，委托中影新农村数字电影发行有限公司购买农村公益版权后，向全国各农村数字电影院线公司发行。农村公益版权的数字影片只允许在县城非专业放映点和县城以下的广大农村放映。各影片著作权或发行权拥有者均可向各农村数字电影院线公司发行拥有电影片公映许可证的非公益数字影片。农村数字电影院线公司所购买的非公益数字影片，不得在县城以上城市专业电影院（厅）使用。

（二）积极引导社会资金投资农村电影放映

目前，引导社会资金投资农村电影放映主要有以下几种方式：

一是，搭建广告平台和媒体平台。广电总局鼓励各地利用数据回传系统和建立 GPS/GPRS 技术放映监管平台，在实现监控放映服务质量的同时，使农村放映能够成为可靠的广告平台和媒体平台。目前，全国有江西等 21 个省市区的近 30000 套设备通过自筹资金、社会合作的方式建立了 GPS/GPRS 技术监管平台，甘肃、湖北等地已经开始利用放映服务、监管服务进行广告招标，中国移动、中国联通、枝江大曲等企业已先后进行广告投放，使农村放映不再单一依赖政府补贴，更加贴近市场需求。

二是，组建农村数字院线公司。各地组建以市（地）为龙头，各县（市）参股，积极吸纳社会资本参股，以乡、村放映点为基础的农村数字电影院线公司，推动院线制、股份制改革，实行企业化、现代化经营管理，统一品牌、统一供片、统一经营、统一管理，并按相关规定享受公益版权节目和政府场次补贴。在确保公益放映场次的前提下，鼓励农村数字院线公司面向市场跨地区经营，可以采取售票放映、包场放映、影企联姻、广告经营等多种方式，实行优惠价格、有偿服务。

三是，鼓励社会资本建设镇级影院。例如，《浙江省新闻出版广播影视业发展"十三五"规划》提出，深入推进农村电影改革，重点实施农村电影室内固定放映点建设、中心镇数字影院建设、农村电影院线整合三项工程，从根本上改善农村群众观影的质量和条件。在立法调研中，我们了解到，随着经济发展水平的提高，浙江省大中城市的溢出资本逐步开拓农村市场，浙江省镇级影院每年新增 30 余家，年票房最高的已超过 4000 万元，政府积极引导影院从中心城市向乡镇覆盖。在东阳市，横店集团积极开发社区、农村电影市场，替代政府完成了相当一部分农村电影公益放映任务。

四是，调动个人参与农村电影放映的积极性。允许个人购买经广电总局电影技术质量检测所检测通过并报科技司审核认定的数字电影放映设备用于农村电影放映，但须加入经批准成立的农村数字电影院线公司，与院线内其他放映队享受同等待遇。

社会资金、民营资本从事农村数字电影放映，要按照《数字电影发行放映管理办法（试行）》及其补充规定、《农村数字电影放映工作指南》的有关规定执行。

（三）不断改善农村地区观看电影条件，统筹保障农村地区群众观看电影需求

改善农村地区观看电影条件，一直以来都是各方呼吁的问题。目前来看，主要应从以下两个方面着手解决：

一是，从室外放映到室内放映转变。露天流动电影放映是春、夏、秋季农村群众最喜闻乐见的休闲文化形式之一。但在北方、西部、高海拔地区，高寒大风天气持续时间长，每年适宜室外放映的时间很短，而东中部经济比较发达的地方，群众对观影的条件要求自然提高，也不能满足于简陋的室外放映。为了改善群众的观影条件，各地针对实际情况，积极整合资源，尝试露天流动电影放映向室内固定放映转变。北京、上海已基本实现室内固定放映；四川乐山、湖北武穴等地利用乡村党员学习室、乡镇文化广场等场所开展室内放映。

二是，解决片源问题。需要进一步增加影片数量、提高影片质量。2011 年起，广电总局探索实行新的农村放映市场运作机制，通过提高片方在农村市场的收益，鼓励制片方把最新最好的影片送到农村发行、放映：(1)改变过去对公益影片收购价“一刀切”的方式，根据影片在城市市场上的票房，给予不同的收购价，城市票房越高收购价也越高；(2)由过去的固定价格收购，改为固定保底价格收购加分账收入，每订购一场，片方还能获得 7 元的分账收入，影片订购越多、越受农民欢迎，片方的分账收入也越高；(3)改变过去政府推荐片目录下放之后才开始联系片方的被动局面，随时关注国内电影市场的动态，推荐市场关注适合农村的影片，提前洽谈农村版权。

二、县级以上人民政府在农村电影公益放映方面的职责

本条第二款规定了县级以上人民政府在农村电影公益放映方面的职责：一是，应当将农村电影公益放映纳入农村公共文化服务体系建设；二是，按照国家有关规定对农村电影公益放映活动给予补贴。

（一）将农村电影公益放映纳入农村公共文化服务体系建设

2006 年 12 月，《中共中央、国务院关于积极发展现代农业扎实推进社会主义新农村建设的若干意见》首次提出“加强农村公共文化服务体系建设”。2015 年 12 月，《中共中央、国务院关于落实发展新理念加快农业现代化实现全面小康目标的若干意见》提出“全面加强农村公共文化服务体系建设”，同时提出，“在农村建设基层综合性文化服务中心，整合基层宣传文化、党员教育、科学普及、体育建设等设施，整合文化信息资源共享、农村电影放映、农家书屋等项目，发挥基层文化公共设施整体效应”。2015 年 1 月，中共中央办公厅、国务院办公厅印发了《关于加快构建现代公共文化服务体系的意见》，以及一同发布的《国家基本公共文化服务指导标准（2015 －2020 年）》，对“观赏电影”明确提出了两项具体指标，其中一项就是为农村群众提供数字化电影放映服务，每年国产新片（院线上映不超过两年）比例不得低于三分之一。由此可见，农村电影公益放映是农村公共文化服务体系建设的重要内容。

（二）按照国家有关规定对农村电影公益放映活动给予补贴

这里的“有关规定”主要是指广电总局印发的《农村数字电影发行放映实施细则》。根据该规定，为确保农村电影的公益服务，政府对面向农村的公益放映场次实行部分财政补贴。政

府公益服务场次补贴，本着对国有、集体、民营、个体放映队一视同仁的原则，确保场次补贴公平合理、及时到位。公益放映场次按每村每月放映一场电影确定，由电影行政主管部门按年度计划逐级下达场次任务指标。场次统计标准为：放映一部故事片或一部长纪录片或一部长科教片，各为一场；短科教片累计放映五部次为一场。场次补贴作为国家财政投入，不是按人拨款，而是按事拨款，养事不养人，用于直接补助农村电影的放映活动，确保70%的费用用于放映员的劳务。各地尝试通过给放映员建立银行账户，通过考核确定放映场次后，直接将补贴打入放映员银行卡的方式，以保证放映员的利益不受损害。

三、农村电影公益放映补贴资金的使用要求

本条第三款对农村电影公益放映补贴资金的使用提出了要求。农村电影放映工程是一项民心工程、廉政工程，直接关系着广大农民群众文化权益的实现。各级政府部门和经营单位，均要保证政府财政补贴专款专用，保证公益场次补贴及时足额发放到位。如有挪用、克扣等违纪行为，可以依法直接追究相关单位和责任人的法律责任。本法第五十五条也规定了贪污、挪用、截留、克扣农村电影公益放映补贴资金的法律责任。

为了防止以虚报、冒领等手段骗取农村电影公益放映补贴资金，加大对农村电影公益放映补贴资金的监督管理，广电总局建立了补贴考核制度和放映公示制度。各地电影行政主管部门制定场次补贴考核制度，制定统一的农村公益电影放映场次回执单。放映队每放映一场公益影片，填写一份放映情况回执单，回执单要经村民委员会负责人签字并加盖公章，由所在地的县（市、区）电影行政主管部门负责审核、发放。政府场次补贴资金，应按照各省制定的场次补贴办法，由各院线公司向本地电影主管部门申报领取后，保证足额兑现并按时下发到放映队。各院线公司、放映单位建立放映公示制度，通过各种形式定期将各个放映点的电影放映时间、放映影片的片名、场次、电影放映员姓名、监督电话向当地农民群众公布，接受农民群众监督。广电总局电影局定期公布放映场次等相关数据。

第二十八条　国务院教育、电影主管部门可以共同推荐有利于未成年人健康成长的电影，并采取措施支持接受义务教育的学生免费观看，由所在学校组织安排。

国家鼓励电影院以及从事电影流动放映活动的企业、个人采取票价优惠、建设不同条件的放映厅、设立社区放映点等多种措施，为未成年人、老年人、残疾人、城镇低收入居民以及进城务工人员等观看电影提供便利；电影院以及从事电影流动放映活动的企业、个人所在地人民政府可以对其发放奖励性补贴。

【释义】　本条是关于接受义务教育的学生和未成年人、老年人、残疾人、城镇低收入居民以及进城务工人员等观看电影的保障措施的规定。

一、接受义务教育的学生观看电影

组织中小学生观看优秀影视作品，是加强爱国主义教育和革命传统教育的客观要求，是培养和造就中小学生健康人格的时代需要，是生动形象引导中小学生健康成长的有效途径，是进一步丰富学校教育的重要措施。本条第一款从保障片源供应、推动经费落实、明确学校组织责任三个方面，对做好中小学影视教育工作进行了规定：

（一）片源供应

国务院教育、电影主管部门可以共同推荐有利于未成年人健康成长的电影。由这两个部门共同推荐，能够确保推荐电影的权威性和质量水平。1996 年，国家教委、广电部、文化部联合下发《关于做好中小学生教育影视片推荐和发行放映工作的通知》,成立了由三部委共同组成的全国中小学生影视教育协调工作委员会,负责全国中小学生影视教育工作,定期向全国中小学生推荐优秀影片。截至2017年2月,已经向全国中小学生推荐了36批、约500部影片。同时,各地教育、文化、广电等部门也创造条件加强当地中小学与影片发行放映机构的联系,为中小学提供充足片源。为了做好农村中小学影视教育,国家鼓励各地将农村中小学影视教育纳入农村电影放映工程中统一规划实施,扩充农村中小学影视教育的片源供应渠道。

(二)经费落实

广电总局等部门一直在积极推动采取措施支持接受义务教育的学生免费观看电影。广电总局联合教育部、发展改革委、财政部、文化部于2008年6月发布了《关于进一步开展中小学影视教育的通知》(教基〔2008〕15号),将影视教育纳入中小学教学计划,保障每个中小学生至少每学期观看两次优秀影片。进入农村义务教育阶段学校为学生放映的爱国主义电影所需经费从公用经费中开支。城市义务教育阶段学生的影视教育经费纳入公用经费开支范围。

(三)明确由学校组织中小学生观看电影

学校是组织中小学生观看电影的主体。中小学校要充分利用学校现有场地放映数字电影或胶片电影,农村地区的中小学要充分利用国家在农村中小学现代远程教育工程中为学校配备的影视资源和播放设备,放映优秀影片。2010年,国务院办公厅印发《关于促进电影产业繁荣发展的指导意见》,明确"确保每个学期为中小学生放映两场爱国主义教育影片","将观看爱国主义教育影片纳入中小学、中等职业学校教育教学计划"。2015年1月发布的《国家基本公共文化服务指导标准(2015－

2020年)》,将“为中小学生每学期提供两部爱国主义教育影片”列为“观赏电影”的两项具体指标之一。

二、为未成年人、老年人、残疾人、城镇低收入居民以及进城务工人员等观看电影提供便利

为了向未成年人、老年人、残疾人、城镇低收入居民以及进城务工人员等观看电影提供便利,本条第二款规定了两个措施:一是,鼓励有关方面采取多种措施提供观影便利;二是,政府可以发放奖励性补贴。

(一)鼓励有关方面采取多种措施提供观影便利

本条第二款规定国家鼓励电影院以及从事电影流动放映活动的企业、个人采取的措施主要有:一是,票价优惠。通过采取票价优惠,降低观影成本。例如,2015年5月,山东奥斯卡新世界电影院线启动“惠民观影”活动,共印制“惠民电影观影券”5万余张,通过院线旗下各影城向全省老年人、残疾人、进城务工人员等特殊人群发放。电影院对持惠民电影优惠券的观众给予会员票价,并在此基础上再享受10元优惠。

二是,建设不同条件的放映厅。建设不同条件的放映厅,创造有利于特殊人群观影的条件。例如,为了给中小学生观看电影增加便利,使更多更好的电影进入校园,各地纷纷组建校园院线。2014年年底,教育部与广电总局签署备忘录,启动建设全国校园电影院线,在未来三至五年内,全国高校校园内将建设6000块电影银幕,主要覆盖大学校园,并辐射中小学。校园院线将面对全国制片方设立开放性选择平台,选择适合学生观看的影片,包括主流电影、纪录片、先锋作品及有益教学的资料片等。

三是,设立社区放映点。设立社区放映点,便于特殊人群就近观看电影。目前很多地区已经将农村电影公益放映延伸到了

城市社区,许多地方在城市社区建立了社区放映点,定期播放电影,满足包括未成年人、老年人、残疾人、城镇低收入居民以及进城务工人员在内的群众的观影需求。

(二)政府可以发放奖励性补贴

电影院以及从事电影流动放映活动的企业、个人采取措施,为未成年人、老年人、残疾人、城镇低收入居民以及进城务工人员等观看电影提供便利完全是一种自愿行为,而且,为了实现这一目的,电影院以及从事电影流动放映活动的企业、个人往往要牺牲一定的经济利益。因此,为了鼓励和引导电影院以及从事电影流动放映活动的企业、个人采取措施,为未成年人、老年人、残疾人、城镇低收入居民以及进城务工人员等观看电影提供便利,保护电影院以及从事电影流动放映活动的企业、个人的积极性,电影院以及从事电影流动放映活动的企业、个人所在地人民政府可以对其发放奖励性补贴。

第二十九条　电影院应当合理安排由境内法人、其他组织所摄制电影的放映场次和时段,并且放映的时长不得低于年放映电影时长总和的三分之二。

电影院以及从事电影流动放映活动的企业、个人应当保障电影放映质量。

【释义】　本条是关于国产电影放映场次、时段、年放映时长以及电影放映质量的规定。

一、国产电影的放映安排

本条第一款对电影院放映境内法人、其他组织所摄制电影的安排作了规定,是本法保护和促进我国电影产业发展的重要举措之一。对境内法人、其他组织所摄制电影的放映安排体现在三个方面:一是,合理的放映场次;二是,合理的放映时段;三是,年放映时长最低比例。

（一）合理的放映场次

这里的放映场次要从场次数量和影厅安排两个方面理解：一方面,要保证境内法人、其他组织摄制的电影能够获得数量合理的放映场次,以保证电影有充足的放映次数;另一方面,在影厅安排上,要保证境内法人、其他组织摄制的电影能够获得较多的大厅放映机会,增加实际的观影人数。在实践中,有的影片放映场次的数量上去了,但多是集中在电影院的小厅放映,实际的观影人数没有显著增多。这一规定也是具有针对性的。

（二）合理的放映时段

这里的放映时段是指电影院要保证境内法人、其他组织摄制的电影能够获得更多的有效时段。所谓有效时段,就是观众比较多、上座率较高的时段,例如,中午 12 点至晚上 10 点,尤其是晚上 6 点至 9 点,属于“黄金时段”。要求电影院安排合理的放映时段放映境内法人、其他组织摄制的电影,主要是为避免电影院在有效时段只放映或者主要放映进口大片,大量挤压境内法人、其他组织摄制的电影的排片问题。

（三）年放映时长最低比例

合理的放映场次和放映时段主要是从单一影片放映的角度作出规定,为了全面保障境内法人、其他组织摄制的电影的整体放映时长,本条第一款还规定电影院放映境内法人、其他组织摄制的电影的时长不得低于年放映电影时长总和的三分之二。规定三分之二的比例,主要有两个方面的原因：

一是,这一规定符合 WTO 规则。1947 年《关税与贸易总协定》（GATT1947）第四条对电影作了特殊规定,允许缔约方对国产电影的年放映时间的最低时间比例作出规定。很多国家依据《关税与贸易总协定》第四条,对本国电影的放映时间规定了最低比例要求。

二是,现阶段来看,三分之二的规定既是要求,也是目标。在立法调研中,有的院线主要负责人和影院经理提出,目前电影院年放映境内法人、其他组织摄制的电影的时长比例大约为55% ~65%,从保护国产电影健康发展的角度出发,按照目前国产电影的发展势头,规定三分之二的放映要求是必要而且合理的。

需要说明的是,电影产业促进法草案在提请全国人大常委会审议时,对放映安排的规定集中于年放映时长的比例,草案规定"电影院年放映境内企业、其他组织摄制的电影的时间,不得低于年放映电影时间总和的三分之二"。在全国人大常委会审议过程中,有些常委委员提出,应当进一步明确电影院放映国产影片的时段要求,鼓励安排更多黄金时段放映国产影片。同时,我们也了解到,有些国家对放映场次和时段作了规定。例如,法国规定一部影片在任何一个影院的排厅量不能超过三分之一,也不能超过该电影院总场次的三分之一。全国人大法律委员会经研究,建议增加规定:电影院应当合理安排境内法人、其他组织摄制的电影的放映场次和时段。电影产业促进法出台后,社会舆论对本条的关注和解读主要集中在三分之二的比例限制上,往往忽视了本条对合理的放映场次和时段的要求。应当认识到,合理的放映场次、合理的放映时段和年放映时长的比例三者是缺一不可的,是本法对电影院放映境内法人、其他组织所摄制电影的统一要求。

此外,为了支持和鼓励国产影片的发行放映,广电总局电影局还印发了《国产电影发行放映考核奖励办法》,对每年度发行放映国产影片情况进行考核并对成绩突出的单位给予表彰奖励。

二、保障电影放映质量

本条第二款对保障电影放映质量作出了规定。本款规定可以从两个方面理解：一是，电影院应当保障电影放映质量；二是，从事电影流动放映活动的企业、个人应当保障电影放映质量。

（一）保障影院放映质量

近年来，一些影院对放映性能指标不熟悉、不重视，忽略标准管理、缺乏责任意识，导致放映质量不高的问题较为突出。目前影院电影放映质量存在问题的主要表现为银幕亮度和声压级达不到应有技术标准，放映设备保养和放映环境维护不足等。广大观众和电影制片方、发行方对改善数字电影放映质量的呼声很高。影院放映质量一直以来都是电影行政主管部门的监管重点。国家新闻出版广电总局电影局连续多年组织进行检查，先后印发了《关于进一步提高放映质量的通知》《关于加强影院放映技术管理、提高电影放映质量的通知》，对提高影院电影放映质量提出了具体要求。

现阶段保障影院电影放映质量，主要应做好以下几个方面工作：一是，加强电影院放映技术标准的学习、宣传与贯彻，严格执行现有的各项技术标准。二是，电影院要加强对放映员的管理，严格操作规程和岗位职责。三是，电影院要加强放映机房管理，保持机房环境与放映设备处于清洁状态，避免因温度、湿度、静电、尘土等因素造成放映设备故障。

（二）保障流动放映质量

由于流动放映多在室外进行，受制于场地、天气等因素影响，流动放映质量往往更难控制。做好数字电影流动放映工作，一是，要严格执行有关规定和技术标准。放映过程中要严格执行《农村数字电影发行放映实施细则》，在场地选择、设备架设、映前检查、放映设备维护与保养等方面严格按照规定操作。同时，流动放映设备、设施要符合《数字电影流动放映系统技术要求》（GD/J 013－2007）等规定。二是，放映人员要认真参加培训。目前广电总局已对从事数字流动放映的人员建立了培训制度。从事数字电影流动放映的管理人员和放映人员必须参加培训，了解熟悉数字电影基本知识、运行流程，掌握放映技术和管理规则。

此外，为了保障电影放映质量，有关方面还从制定电影放映技术标准、明确放映员职业技能要求、制定放映规范、建立举报投诉平台四个方面作出了规定：

一是，制定电影放映技术标准。完善的电影放映技术标准是保障电影放映质量的前提，关于电影放映技术标准本法第三十条专门作了规定。

二是，明确放映员职业技能要求。广电总局办公厅、人社部办公厅联合下发了《电影放映员国家职业技能标准》（人社厅〔2011〕15 号），分别对影院放映和流动放映的电影放映员职业技能标准作了规定。

三是，制定放映规范。广电总局电影技术质量检测所、中国电影科学技术研究所及中国电影发行放映协会技术分会编印了《电影放映质量手册》《电影院放映岗位职责和操作规程》《电影放映相关技术标准摘编》等，为电影行业管理机构、电影行业协会、院线和影院管理者、放映员、影院建设和改造的施工单位、设备生产厂家提供参考。

四是，建立举报投诉平台。中国电影发行放映协会已在协会网站上设立了电影放映质量举报投诉电话，接受社会监督。

第三十条　电影院的设施、设备以及用于流动放映的设备应当符合电影放映技术的国家标准。

电影院应当按照国家有关规定安装计算机售票系统。

【释义】 本条是关于电影放映设施、设备的技术标准和安装计算机售票系统的规定。

一、电影放映技术标准

明确电影放映技术标准,加强电影放映技术管理,是提高电影放映质量的必然要求。本法第二十九条第二款对保障电影放映质量作出了规定,本条第一款对电影放映技术标准作出了规定。本条第一款包括两个方面的内容:一是,影院设施、设备应当符合相应的放映技术标准;二是,用于流动放映的设备应当符合相应的放映技术标准。

(一)影院放映的技术标准

针对影院放映的技术要求,有关方面制定了一系列技术标准。按照标准层级,可以分为国家标准和行业标准两类。其中,国家标准有《电影院星级的划分与评定》(GB/T 21048－2007)、《电影院视听环境技术要求》(GB/T 3557－1994)等。行业标准有《数字立体声电影院的技术标准》(GY/T 183－2002)、《电影院和鉴定放映室放映幕干扰光的测量方法和技术要求》(GY/T 189－2003)等。此外,还制定了相关技术文件,如《数字影院暂行技术要求》(GD/J 017－2007)、《数字电影巨幕影院技术规范和测量方法》(GD/J 040－2012)等。

按照标准内容,影院放映技术标准可以分为放映光学特性指标和影院声学特性指标两种类型。具体来说,放映光学特性指标可以分为数字影院、数字立体影院、数字巨幕影院(包括立体巨幕放映)、胶片影院四种类型。影院声学特性指标可以分为声音制式、响度、频率特性、混响时间、背景噪声与声缺陷五种类型。每种类型均有相应的技术标准。

（二）流动放映的技术标准

目前，我国针对流动放映的标准主要是行业标准，主要有《数字电影流动放映系统技术要求和测量方法》（GY/T 251 －2011）、《数字电影流动放映系统用投影机技术要求和测量方法》（GY/T 250 －2011）、《数字电影中档和流动放映系统用声频功率放大器技术要求和测量方法》（GY/T 248 －2011）等。此外，还制定了相应的技术文件，主要有《数字电影流动放映监管信息GPS/GPRS 接口技术要求和测试方法（暂行）》（GD/J 029 －2010）、《数字电影流动放映系统技术要求》（GD/J 013 －2007）等。

此外，从电影放映的载体区分，电影放映技术标准还可以分为胶片电影放映技术标准和数字电影放映技术标准两种类型。胶片电影放映技术目前发展已经十分成熟。随着电影数字化的高速推进，数字电影放映技术标准的重要性愈发突出。依据国情，国内数字电影按照专业数字电影（2K/4K）、中档数字电影（1.3K）和流动数字电影（0.8K）三个层次发展，并遵守相应的技术标准和要求。其中，专业数字电影与国际保持接轨，遵守国际相关技术标准，中档数字电影和流动数字电影依据我国国情，遵守自主技术标准。根据上述分类，广电总局分别编制了相应的行业技术标准。

二、计算机售票系统

本条第二款规定电影院应当按照国家有关规定安装计算机售票系统。本款中的“国家有关规定”主要是指广电总局印发的《关于加强电影市场管理规范电影票务系统使用的通知》（新广电发〔2014〕12 号）和《电影院票务管理系统技术要求和测量方法》（GY/T 276 －2013）。其中，《关于加强电影市场管理规范电影票务系统使用的通知》对安装计算机售票系统进行了较为全面的规定,《电影院票务管理系统技术要求和测量方法》规定了安装计算机售票系统的行业标准。

按照上述规定,电影院安装计算机售票系统主要有以下要求:

一是,明确管理机构,严格市场准入。广电总局委托国家电影专项资金管理委员会办公室(简称“电影资金办”),建立全国电影票务综合信息系统,负责影院票务软件产品的备案管理,并对合格的软件产品予以公示。2014 年 5 月 1 日起,影院不得新安装不符合新标准的影院票务软件。

二是,加强票务软件产品市场应用管理。影院同一时期只能安装和使用一套符合国家颁布标准、通过备案准入的影院票务软件产品。影院在日常经营中须按规定使用影院票务系统出售电影票,并按规定的时间要求向国家电影票务综合信息系统报送票房数据。影院不得对安装的影院票务系统软件及相关数据进行改动,若发生任何信息改动行为,则视为严重违规经营行为。

三是,规范影院经营行为。第一,影院售出的电影票必须是通过经备案许可的计算机售票系统打印的电脑票,符合技术规范的要求,标明影院名称、影片片名、放映时间、票价、影厅名称、座位号及售票软件生成的影票信息二维码等必要信息。第二,严禁向观众出售非正规电影票,包括手工票及经手工涂改的或票面必要信息打印不完整的电脑票。第三,影院对观众所持本影院认可的各种电影卡、券、二维码及网络售票凭证等观影凭据,必须通过经备案许可的计算机售票系统兑换为电脑票。第四,电脑票上打印的票价必须与观众实际支付的票款一致。第五,电脑票上打印的影片片名必须与观众实际观看的影片一致。

四是,明确惩戒措施。对于违反上述有关规定、一般性的违规行为，可以采取以下惩戒措施：第一，中国电影发行放映协会向违法违规单位提出警告，在行业内部进行通报并在行业协会网站、《中国电影报》《中国电影市场》等媒体曝光。第二，中国电影发行放映协会、中国电影制片人协会联合电影制片方、发行方，在规定时间内向违法违规单位暂停所有供片。第三，国家电影资金办会同省级专资办，取消其当年电影专项资金先征后返资格、各项资金资助、奖励资格。

对下列严重违反国家相关法律、法规的行为，由电影放映经营许可证的核发机构作出暂停或吊销该证的处理决定：第一，使用未经备案的票务软件产品，或使用两套（含）以上票务设备或票务软件，篡改票务数据，上报票务数据严重弄虚作假，造成偷漏瞒报票房和偷税漏税的；第二，在影院盗录、盗放影片，严重损害著作权人合法权益的；第三，放映未取得电影片公映许可证的影片，或以蓝光、DVD、网络下载等非影院放映介质放映的。

第三十一条　未经权利人许可，任何人不得对正在放映的电影进行录音录像。发现进行录音录像的，电影院工作人员有权予以制止，并要求其删除；对拒不听从的，有权要求其离场。

【释义】　本条是关于对电影进行录音录像的禁止性规定及对非法录音录像的处理措施的规定。

电影盗录盗播是近年来侵犯电影有关知识产权的主要问题之一。保证电影的版权安全是电影产业发展的命脉。近年来，频频出现正在热映的影片在影院被盗录后通过网络非法广泛传播的严重侵权违法事件。任其蔓延，将伤及行业根本。本条可从以下几个方面来理解：

一、影片著作权受法律保护

未经权利人许可，对正在放映的电影进行录音录像违反了著作权法的规定。著作权法第四十条规定,录音录像制作者使用他人作品制作录音录像制品,应当取得著作权人许可,并支付报酬。同时,著作权法规定了未经权利人许可,对电影进行录音录像的应当承担相应的法律责任。著作权法第五十三条规定,复制品的出版者、制作者不能证明其出版、制作有合法授权的,复制品的发行者或者电影作品或者以类似摄制电影的方法创作的作品、计算机软件、录音录像制品的复制品的出租者不能证明其发行、出租的复制品有合法来源的,应当承担法律责任。

盗录盗播造成严重经济损失的,可以依据刑法给予严厉制裁。刑法第二百一十七条规定,以营利为目的,有下列侵犯著作权情形之一,违法所得数额较大或者有其他严重情节的,处三年以下有期徒刑或者拘役,并处或者单处罚金;违法所得数额巨大或者有其他特别严重情节的,处三年以上七年以下有期徒刑,并处罚金:未经著作权人许可,复制发行其文字作品、音乐、电影、电视、录像作品、计算机软件及其他作品的……为了维护国家法律尊严,保证电影产业健康发展,保护电影行业的整体利益,需要对盗录盗播行为进行明确制止和严厉打击。

二、发现进行录音录像的处理措施

在电影放映过程中非法录音录像主要依靠手机、微型摄像机等设备,这些设备属于个人财产,一般而言,其他人不得侵犯。但是,电影知识产权受到法律保护,未经权利人许可,任何人都不得非法录音录像。在电影放映过程中,电影院作为电影的放映主体,有义务保护电影的知识产权不受侵犯。因此,对于非法录音录像的行为,有必要明确电影院的处理权限。本条规定了两种处理措施:一是,电影院工作人员有权予以制止,并要求其删除;二是,对拒不听从的,有权要求其离场。

电影产业促进法草案提请全国人大常委会审议时,规定

"发现进行录音录像的,电影院工作人员有权予以制止",没有规定其他处理措施。在立法调研中,电影院线方面的从业人员反映,仅规定电影院工作人员有权予以制止,影院应对盗录问题的手段还比较单一,不足以有效处理此类问题。实践中,影院对盗录电影已经形成约定俗成的处理方式:首先制止盗录行为,其次删除设备中存储的内容,最后视情节轻重决定是否提请公安机关解决。在全国人大常委会审议过程中,有的常委委员提出,仅规定电影院工作人员有权制止录音录像行为,不能有效应对非法录音录像行为,对于已经录音录像的,应当予以删除;对于拒不听从的,电影院工作人员有权要求其离场。法律委员会经研究,建议将本条修改为"发现进行录音录像的,电影院工作人员有权予以制止,并要求其删除;对拒不听从的,有权要求其离场"。

需要说明的是,本条规定主要针对观影人员在放映过程中非法录音录像的问题。实践中,还存在影院工作人员监守自盗的问题。对此,一方面,需要院线公司和电影院进一步提高版权保护意识,加强规范管理和对员工的职业教育培训,提高员工的法律意识。另一方面,广电总局也在不断加强和完善电影技术检测手段,利用数字电影水印技术追踪盗录影院及盗录时间。对于查证有盗录行为的影院将由电影放映经营许可证的核发机构根据情节轻重作出暂停或吊销该证的处理。

第三十二条　国家鼓励电影院在向观众明示的电影开始放映时间之前放映公益广告。

电影院在向观众明示的电影开始放映时间之后至电影放映结束前,不得放映广告。

【释义】　本条是关于电影院放映广告的规定。

一、公益广告的放映

根据广告法和《公益广告促进和管理暂行办法》(2016年1月15日国家工商行政管理总局、国家互联网信息办公室、工业和信息化部、住房城乡建设部、交通运输部、国家新闻出版广电总局发布)的规定,公益广告是指传播社会主义核心价值观,倡导良好道德风尚,促进公民文明素质和社会文明程度提高,维护国家和社会公共利益的非营利性广告。政务信息、服务信息等各类公共信息以及专题宣传片等不属于公益广告的范围。广告法规定,大众传播媒介有义务发布公益广告。《公益广告促进和管理暂行办法》规定,各类广告发布媒介均有义务刊播公益广告。机场、车站、码头、影剧院等公共场所的广告设施或者其他适当位置,均有义务刊播公益广告通稿作品或者经主管部门审定的其他公益广告。

虽然电影院放映公益广告的行为应当受到支持和鼓励,但为保障观众的观影权利和观影体验,维护影院正常的放映秩序,应当对放映公益广告的时间进行必要的限制。电影院向观众明示的电影开始放映时间是电影的放映时间,这段时间必须完整地用来放映电影,不能插播广告。也就是说,电影院播放公益广告,必须在电影票面上标注的电影放映时间之前播放,不得在银幕出现电影片公映许可证之后播放,不得占用电影放映时间及在电影放映中播放。

二、放映广告的限制性要求

近年来,电影广告市场在发展中出现了一些问题。其中,广告时间过长、广告占用放映时间的问题尤其突出,引起了广大观众的强烈反感。为促进广告市场健康有序发展,维护消费者的合法权益,有必要对影院播放广告的时间作出必要限制。为此,广电总局先后出台了《关于加强影片贴片广告管理的通知》(广发影字〔2004〕700 号)、《关于进一步规范电影贴片广告和映前广告管理的通知》(〔2009〕影字 79 号)。2011 年,中国电影发行放映协会、中国电影制片人协会出台了《电影贴片广告、映前广告自律规则》,对放映贴片广告、映前广告和电影预告片作了自律规定。

(一)对“广告”的理解和认识

本条第二款所称广告,既包含本条第一款的公益广告,也包含商业广告。具体而言,就是电影院通常放映的映前广告、贴片广告、电影预告片,但不包含电影本身的植入广告。电影放映涉及的广告形式主要有以下三种:

一是,映前广告,是指由放映方在电影拷贝放映前播放的广告。

二是,贴片广告(也称随片广告),是指制片方、发行方与影片一同拷贝,在电影放映前播放的广告。

映前广告与贴片广告不同,二者有明显的区别:第一,运作方式不同,贴片广告由制片方或者发行方运营,映前广告由院线公司或者电影院运营。第二,传播方式不同,贴片广告是与影片一同拷贝,一同播放,影片播放到哪里,广告就播放到哪里;映前广告是由院线公司或者电影院在放映终端发布,不论什么影片,都播放同样的广告。第三,播放时间不同。由于贴片广告与影片一同拷贝,所以映前广告一般在贴片广告之前播放。

三是,电影预告片,是将电影的精华片段,经过刻意安排剪辑,以制造出令人难忘的印象,而达到吸引观众效果的短片。电影预告片符合广告法对广告的定义,是电影营销的一部分,实际上也是一种广告。

(二)放映广告的限制性要求

电影产业促进法出台前后,有舆论将本款内容理解为电影放映期间不得“插播”广告。这样理解是不全面的。

首先,本条第二款规定的“电影院在向观众明示的电影开始放映时间之后至电影放映结束前,不得放映广告”是对电影放映广告的最低要求。“向观众明示的电影开始放映时间”一般是指电影票上标注的电影开始放映的时间。按照这个时间,电影一旦开始放映,在影片的电影片公映许可证出现之后,一律不得播放映前广告、贴片广告、电影预告片,也不得放映公益广告。

其次,即便是在“向观众明示的电影开始放映时间”之前播放广告,也要遵循相关规定。根据《电影片广告、映前广告自律规则》,播放电影广告时间不得超过10分钟。其中,片方、发行方的贴片广告不超过5分钟,院线和影院的映前广告不超过5分钟。播放这两种广告时,影院都需保持照明灯。电影院应按照电影票面上标注的电影放映时间准点放映。场灯关闭后,影片版权方或经影片版权方授权同意的合作方可在银幕出现电影公映许可证之前,播放不超过5分钟的电影预告片。

此外,需要注意,虽然植入广告不属于本款规定的广告,但是如果电影中的植入广告,如画面植入、对白植入、情节植入等数量过多,质量低下,同样会降低观众的观影体验。因此,制片方也要注意控制植入广告的数量,提高植入广告的质量。

第三十三条　电影院应当遵守治安、消防、公共场所卫生等法律、行政法规,维护放映场所的公共秩序和环境卫生,保障观众的安全与健康。

任何人不得携带爆炸性、易燃性、放射性、毒害性、腐蚀性物品进入电影院等放映场所,不得非法携带枪支、弹药、管制器具进入电影院等放映场所;发现非法携带上述物品的,有关工作人

员应当拒绝其进入,并向有关部门报告。

【释义】 本条是关于电影院等放映场所公共秩序、环境卫生以及公共安全方面的规定。

一、放映场所的公共秩序和环境卫生

本条第一款规定了电影院遵守有关法律法规、维护放映场所的公共秩序和环境卫生的义务。第一款中“治安、消防、公共场所卫生等法律、行政法规”主要包括治安管理处罚法、消防法等法律及其配套规定,以及《公共场所卫生管理条例》《公共场所卫生管理条例实施细则》等相关规定。

电影院属于人员密集场所,人群聚集数量多、时间长,维护公共秩序和环境卫生的责任重。电影院在运营管理中,应当高度重视公共秩序和环境卫生问题,遵守治安管理处罚法、消防法等法律、法规的规定,按照有关技术标准和规范,明确责任人、管理人,建立健全管理制度,定期开展检查,组织人员培训,制定符合影院实际的应急预案,定期开展演练,为观众提供良好的安全和卫生环境。

二、禁止带入放映场所的物品

本条第二款规定了禁止带入放映场所的两类物品:一是爆炸性、易燃性、放射性、毒害性、腐蚀性物品;二是非法携带的枪支、弹药、管制器具。同时,规定了影院的处理措施。

爆炸性物品,是指多种具有爆炸性能的物品,如各种炸药、雷管、非电导爆系统、起爆药和爆破剂以及黑火药、烟火剂、信号弹和烟花爆竹等。易燃性物品,是指汽油、煤油、酒精、丙酮、橡胶水以及各种很容易燃烧的化学物品和液剂。放射性物品,是指铀、镭以及其他各种具有放射性能,并对人体或牲畜能够造成严重损害的物品。毒害性物品,是指如氰化钾等其他各种对人体或牲畜能够造成严重毒害的物品。腐蚀性物品,是指硫酸、盐酸等能够严重毁坏其他物品以及人身的物品。这些物品本身具有很大的危险性，必须严格按照有关法律、法规等严格管理，不能携带进入放映场所。

所谓枪支、弹药，是指足以致人伤亡或使人丧失知觉的各种枪支及其子弹，包括军用手枪、步枪、冲锋枪和机枪，射击运动用的各种枪支，狩猎用的有膛线枪、散弹枪、火药枪，麻醉动物用的注射枪和能发射金属弹丸的气枪、特种防暴枪以及这些枪支所使用的子弹，催泪弹等。所谓管制刀具，根据1983年3月12日《公安部对部分刀具实行管制的暂行规定》第二条的规定，包括匕首、三棱刀、带有自锁装置的弹簧刀（跑刀）以及其他类似的单刀、双刃刀、三棱尖刀等。所谓非法携带，是指违反有关法律规定而携带，即依法不能携带上述物品进入放映场所而仍决意携带。如果属于合法携带，如配备公务用枪的警察执行公务带枪进入放映场所，则不违反本条规定。

电影放映场所是指具有放映机器设备、经常为一定的观众对象放映电影的固定场所，包括电影院、影剧院、开放礼堂、俱乐部等。

刑法规定了非法携带枪支、弹药、管制刀具、危险物品危及公共安全罪。刑法第一百三十条规定，非法携带枪支、弹药、管制刀具或者爆炸性、易燃性、放射性、毒害性、腐蚀性物品，进入公共场所或者公共交通工具，危及公共安全，情节严重的，处三年以下有期徒刑、拘役或者管制。同时，治安管理处罚法也对非法携带枪支、弹药、管制刀具、危险物品的行为规定了处罚措施。由于非法携带爆炸性、易燃性、放射性、毒害性、腐蚀性物品和枪支、弹药、管制器具违反了刑法、治安管理处罚法等法律规定，严重影响放映场所的公共秩序和人员安全，放映场所的工作人员一旦发现此类行为，应当拒绝其进入。同时，为了确保公共安全,消除安全隐患,有关工作人员也应当及时向有关部门报告。

第三十四条 电影发行企业、电影院等应当如实统计电影销售收入,提供真实准确的统计数据,不得采取制造虚假交易、虚报瞒报销售收入等不正当手段,欺骗、误导观众,扰乱电影市场秩序。

【释义】 本条是关于电影发行企业、电影院等如实统计电影销售收入义务的规定。

广义的电影销售收入包括广告收入、票房收入、版权收入、衍生品收入等。本条所称的电影销售收入主要是指票房收入。目前,票房收入在我国电影销售收入中的占比在90%左右。票房收入不仅是衡量电影在商业上成功与否的标准,也是反映整个电影市场是否繁荣的重要标志。伴随我国电影产业的快速发展,票房造假问题日益凸显,严重扰乱了电影市场秩序,应当予以规范。本条可以从电影销售收入的责任主体和行为规范两个方面理解:

一、责任主体

本条规定如实统计和提供电影销售收入的责任主体是电影发行企业、电影院等。实践中,票房造假根据情况不同,涉及的主体也有所不同。例如,偷票房的行为,主要是以电影院为主,有的电影发行企业和电影制片企业也参与其中。买票房的行为更加复杂,制片方、发行方、放映方一般均有不同程度的参与。由于票房成绩对投资方在股票市场上的收益往往带来直接或间接的影响,一些投资方也会参与买票房。同时,随着近年来票房补贴的兴起,有的电商在买票房的过程中也扮演了一定角色。由于票房造假的情况较为复杂,涉及的主体较多,因此,本条规定没有一一列举,而是采用了“电影发行企业、电影院等”概括性的表述方式。

二、行为规范

电影发行企业、电影院等在电影销售方面应当遵循以下行为规范:一是,如实统计电影销售收入;二是,提供真实准确的统计数据;三是,不得采取制造虚假交易、虚报瞒报销售收入等不正当手段。

所谓如实统计电影销售收入,是指电影发行企业、电影院等应当按照实际情况统计销售收入,不得制造虚假销售收入。例如,恶意退票问题,即观众买票进入影厅后,在影片放映前,影院在后台系统上进行大量退票,使实际票房不计入系统。

所谓提供真实准确的统计数据,是指电影发行企业、电影院等所提供的统计数据应当与实际销售收入一致。例如,有的影院违规安装两套计算机售票系统,一个系统记账,一个系统报账。记账系统统计的销售收入是真实准确的,但是报账系统提供的销售收入则是经过修改的。

所谓虚假交易,是指通过虚构或者隐瞒交易事实等手段,制造不存在、不真实的交易行为。例如,有的制片方把冷门时段的影厅全部包下,从票房数据上看这些冷门时段的影厅场场爆满,其实一个观众也没有。

所谓虚报瞒报销售收入,是指多报或者少报销售收入。具体来说,虚报销售收入,就是夸大票房收入,人为制造较高的票房数据;瞒报销售收入,就是压低票房收入,故意将一部分票房收入隐瞒不报。

电影产业促进法草案提请全国人大常委会初次审议时,没有对规范电影销售收入作出专门规定。在立法调研和法律草案公开征求意见过程中,地方、企业和社会公众对此问题十分关注,提出了很多意见建议,希望立法能够针对票房造假问题作出相应规定。在全国人大常委会审议过程中,有些常委委员提出,要加强对票房收入的监管,加大对虚报瞒报票房收入行为的处罚。法律委员会经研究,建议增加规定:电影发行企业、电影院等应当如实统计电影销售收入,提供真实准确的统计数据,不得采取制造虚假交易、虚报瞒报销售收入等不正当手段,欺骗、误导观众,扰乱电影市场秩序。同时,规定了相应的法律责任。

第三十五条　在境内举办涉外电影节(展),须经国务院电影主管部门或者省、自治区、直辖市人民政府电影主管部门批准。

【释义】　本条是关于在境内举办涉外电影节(展)的规定。

一、电影节及其作用和价值

电影节是为了推动电影艺术发展、提高电影艺术水准、搭建电影工作者之间交流合作的沟通平台,以及促进电影贸易和电影产业链的全面发展而进行的现代节庆活动。1932 年,意大利举办了全世界第一个电影节“威尼斯国际电影节”,其后电影节的发展速度与规模超乎寻常。国际制片人协会(FIAPF)将电影节分为四类:A 类为非专门类竞赛电影节,级别最高、规模最大,目前全世界仅认定 15 个,包括威尼斯电影节、戛纳电影节、柏林电影节、上海国际电影节等;B 类为专门类竞赛电影节,如韩国釜山电影节;C 类为非竞赛性电影节,如加拿大多伦多电影节;D 类为短片与纪录片电影节。按照这套标准划分,全世界受国际制片人协会认证的最重要的国际电影节有 60 多个。由于颁奖机制不同,这一体系并不容纳历史悠久、影响力甚广的美国奥斯卡金像奖。

众多的电影节虽在风格取向及具体的运作环节上有些许不

同，但总体来说，国际电影节大致包含四个板块——竞赛单元、影片展映、主题论坛和影片交易市场，每个板块都包含特殊的作用和价值。一个国家或地区热衷于举办电影节，主要是通过举办电影节，不仅可以促进本国电影与国外的交流合作，还能最大限度地扩大本国电影在国际上的影响力，促进本国电影与世界接轨，同时电影节期间前来的国内外嘉宾可为举办城市带来效益可观的会展经济。具体而言：

一是，实现信息交流，把握行业动态。国际电影节，尤其是历史悠久、全球知名的电影节如戛纳、威尼斯、奥斯卡国际电影节，是全球电影市场的一张“晴雨表”，直接或间接地反映了当前国际电影市场的发展状况、制作取向、竞争模式等。每一届电影评选结果以及放映的影片是对上一年电影业绩的总结，为电影人整体把握电影市场提供一个参考指标。

二是，促进国际合作，开拓电影市场。电影是资金消耗性产业，随着全球生产成本的提高，电影成本也在急剧上升。如何在新的环境下寻找资金提供方是所有电影人亟须解决的燃眉之急。如对于新电影人来说，电影节除了可以起到扩大知名度，提升人气等作用，还可以为其寻找资金来源；对于电影导演来说，即便作品没有获奖，但本人具有特殊的培养潜质，也可从别的渠道获得创作资金。上海国际电影节专门设立了“合拍片项目洽谈”板块，在世界范围征集合拍项目，从全球邀请投资商、制作人、发行人等，为国际项目和资本进入中国、中国电影与国际业界全面合作提供更多的渠道与机会。

三是，提供交流平台，促进影片交易。影片交易市场为来自世界各地的影视行业的买家、卖家、投资人、制作方沟通洽谈提供机会，加快了信息流通的速度，从而大大节省了远距离的谈判和交易成本。电影节的播出和展映平台，可以让电影业各方有效了解全球电影市场上投资者的投资倾向、制作方的拍摄取向、电影受众的观赏倾向,从而有效调节各方的供给与需求,促进需求供给结构的优化与重组,从而形成健康有序的国际电影市场。

四是,引发产业联动,促进增值服务。在电影节的整个运作过程中,会引起一系列资金、物品、人员的流动,从而可以产生产业链价值衍生效应。如大批人员的跨国、跨地区流动势必会给交通、酒店、旅游、银行、饮食购物等行业带来业绩。同时,电影节内部本身也蕴含着巨大的商业元素。如会展经济、广告代理、颁奖典礼的转播权、明星服装的品牌代言等方面都蕴含商业契机。

五是,扩大知名度,提升品牌价值。从一定意义来说,电影行业也属于"注意力经济"。因此,无论是导演、制片人、演员乃至普通的艺术工作者都力争在最大范围内凝聚最广泛的注意力,提高自身的品牌认知度。众多国际电影节的影片展示环节,就是各类电影人推广自己品牌的绝佳机会,他们可以通过宣传找到相应的投资方、合作伙伴,以及获得更多片约。另外,据相关数据统计,一部影片一旦在知名国际电影节获得大奖,其票房收入会比之前翻一番,其相应的导演、制片、演员甚至灯光、音乐、舞美等技术工作人员的身价也会巨幅上涨。

二、我国的涉外电影节及其管理体制

随着我国电影产业的发展,各地举办涉外电影节(展)的愿望也越来越强烈。本条规定,在境内举办涉外电影节(展),须经国务院电影主管部门或者省、自治区、直辖市人民政府电影主管部门批准。这一规定遵循了我国一直以来对涉外电影节(展)的管理模式。《电影管理条例》和《广播影视节(展)及节目交流活动管理规定》(国家广电总局令第38号)规定,举办中外电影展、国际电影节等,应当报国务院广播电影电视行政部门批准。根据《国务院关于取消和下放50项行政审批项目等事项的决定》(国发〔2013〕27号)和《国家新闻出版广电总局主要职责内设机构和人员编制规定》(国办发〔2013〕76号),自2013年8月起,地方对等交流互办单一国家电影展映活动的审批职责下放至省级新闻出版广电行政部门。2014年,国家新闻出版广电总局还为此专门印发了《关于地方对等交流互办单一国家电影展映活动审批职责下放省级新闻出版广电行政部门的实施细则》(新广电发〔2014〕61号)。按照这一管理模式,中央、国家机关及其直属机构举办的涉外电影展映活动,以及在各省(市、区)举办的多边性涉外电影展映活动,由国务院电影主管部门即国家新闻出版广电总局批准;在省辖区内举办某一国家或港澳台地区的电影展映活动,由省、自治区、直辖市人民政府电影主管部门批准,同时向国家新闻出版广电总局备案。

在实践中,国家相关政府部门、地方政府、省级广电局形成举办涉外电影节(展)的意向后,由申请举办单位通过省级广电局向国家新闻出版广电总局电影局提交材料。电影局对申请材料进行审核,并对参展影片进行审查。申请举办单位应当符合以下条件:一是,节(展)活动符合国家有关外交方针、政策;二是,符合新闻出版广电总局的整体布局和规划要求;三是,如设评奖,应符合国家有关文艺评奖的规定;四是,成立举办活动的专门工作机构和制定切实可行的办节(展)方案;五是,举办综合性国际电影节(展)和设评奖的全国性电影节(展)的,还应具备专业标准的放映设备、设施。符合上述条件的,电影局出具审批意见。举办单位在节展结束后三十日内,将举办情况报电影局备案。

属于省级广电局审批范围的,由申请单位向省级广电局提交申请材料,各地对是否颁发批复文件有一定审批标准。如北京市新闻出版广电局规定应当符合以下条件：一是，电影展映活动应为电影文化交流公益性质；二是，展映活动符合国家相关外交政策，符合本地区对外文化交流工作的实际需要，符合平等互利、双向交流的原则；三是，展映影片内容符合《电影管理条例》中确定的审查标准；四是，展映活动的境内外主办、承办单位需要新闻出版广电部门认可，一般不宜由与电影无关的机构担任；五是，展映影片一般不超过8部，每部影片展映场次一般不超过两场，展映活动一般不超过十天；六是，展映活动不得影响当地电影市场的正常秩序。

目前，国内影响力较大的涉外电影节主要有：

1. 上海国际电影节

上海国际电影节创办于1993年，是经国务院批准、国际电影制片人协会同意的国际A类电影节，由国家广播电影电视总局和上海市政府主办，上海国际电影节组织委员会承办。上海国际电影节的宗旨是增进各国、各地区电影界人士之间的相互了解和友谊，促进世界电影艺术的繁荣。

2. 北京国际电影节

北京国际电影节前身为北京国际电影季，创办于2011年，由国家广播电影电视总局、北京市人民政府主办。2012年2月，北京国际电影季更名为北京国际电影节，每年举办一届并设立评奖单元，于2013年开始奖项评选，主竞赛单元天坛奖正式设立。北京国际电影节旨在融汇国内国际电影资源，搭建展示交流交易平台，力争成为北京市建设世界城市的重点文化活动、打造东方影视之都的核心活动。

3. 长春国际电影节

长春国际电影节是中国第一个电影节，创办于1992年，由国家广播电影电视总局、吉林省人民政府、长春市人民政府共同主办;长春市人民政府、国家广播电影电视总局电影局、中国电影集团公司、中国电影合作制片公司、中国电影资料馆、国家广播电影电视总局电影频道节目中心、吉林省广播电影电视局联合承办。长春国际电影节每两年举办一次,与中国电影华表奖隔年举办。

4. 丝绸之路国际电影节

为贯彻落实"丝绸之路经济带"和"21 世纪海上丝绸之路"的战略构想,国家新闻出版广电总局于 2014 年创办以海陆丝绸之路沿线国家为主体的"丝绸之路国际电影节",旨在以电影为纽带,促进丝路沿线各国文化交流与合作,传承丝路精神,弘扬丝路文化,为"一带一路"建设创造良好的人文条件。丝绸之路国际电影节作为"丝绸之路影视桥工程"的重点项目,每年一届,由陕西、福建两省轮流主办。

第四章　电影产业支持、保障

本章共十一条,主要是对国家支持创作、摄制电影的题材范围,财政资金、文化产业专项资金和基金支持电影产业,电影产业的税收优惠,保障、支持电影院建设和改造,电影产业的金融支持,电影行业的跨境投资,电影人才的扶持、培养,扶持农村地区、边疆地区、贫困地区和民族地区开展电影活动,鼓励、支持民族题材电影创作和电影少数民族语言文字译制,国产电影的境外推广,鼓励社会力量支持电影产业发展,电影主管部门的日常监督管理职责等作了规定。

第三十六条　国家支持下列电影的创作、摄制:

(一)传播中华优秀文化、弘扬社会主义核心价值观的重大题材电影;

(二)促进未成年人健康成长的电影;

(三)展现艺术创新成果、促进艺术进步的电影;

(四)推动科学教育事业发展和科学技术普及的电影;

(五)其他符合国家支持政策的电影。

【释义】　本条是关于国家支持电影创作、摄制的范围的规定。

作为电影产业支持、保障一章的首条,本条确定了国家对电影创作、摄制予以支持的文化经济政策,划定了支持、扶持的电影题材范围,为本章其他条文规定的扶持、促进措施明确了目标和对象。

一、国家在电影方面的文化经济政策

文化经济政策是关于支持文化改革发展有关经济政策的统称,是国家经济政策在文化领域的具体体现,是推动文化产业跨越式发展的重要手段,是文化产业繁荣发展的重要保障,是调控文化市场和文化产品创作生产方向的重要杠杆。自 20 世纪 90 年代以来,随着社会主义市场经济体制的确立和发展,我国提出要建立健全文化经济政策,为推动文化繁荣健康发展提供重要手段和有力保障。1996 年,国务院下发《关于进一步完善文化经济政策的若干规定》,以后多次调整和充实财政、税收、金融、社保、贸易等多方面内容,构成了文化经济政策的基本框架。2011 年,党的十七届六中全会通过的《关于深化文化体制改革推动社会主义文化大发展大繁荣若干重大问题的决定》提出,要"落实和完善文化经济政策",并提出了一系列措施。2013 年,党的十八届三中全会通过的《中共中央关于全面深化改革若干重大问题的决定》提出,完善文化经济政策,扩大政府文化资助和文化采购,加强版权保护。2014 年,国务院办公厅印发了《文化体制改革中经营性文化事业单位转制为企业的规定》和《进一步支持文化企业发展的规定》两个文件,主要涉及财政税收、投资融资、资产管理、土地处置、收入分配、社会保障、人员安置、工商管理等多方面支持政策。

就电影方面而言,2014 年 6 月,财政部、国家发展改革委、国家新闻出版广电总局等七部门联合发布《关于支持电影发展若干经济政策的通知》,提出了以下支持电影发展的经济政策:一是加大相关专项资金支持力度。中央财政继续安排电影精品专项资金促进电影创作生产,其中每年安排 1 亿元资金,采取重点影片个案报批的方式,用于扶持 5 ~ 10 部有影响力的重点题材影片。在文化产业发展专项资金中，专门安排资金支持推动高新技术在电影制作中的应用、支持中国电影企业走出去、支持重要电影工业项目和高科技核心基地建设等。实施中西部地区县级城市影院建设资金补贴政策。二是对电影产业实行税收优惠政策。对电影制片企业销售电影拷贝（含数字拷贝）、转让版权取得的收入，电影发行企业取得的电影发行收入，电影放映企业在农村的电影放映收入，自2014年1月1日至2018年12月31日免征增值税。三是对电影产业实行金融支持政策。支持符合条件的电影企业上市，鼓励电影企业发行公司债、企业债、集合信托和集合债、中小企业私募债等非金融企业债务融资工具；引导私募股权投资资金、创业投资基金等各类投资机构投资电影产业；中央财政对国家重点支持的电影基地、企业和项目，给予一定比例的贷款贴息和保费补贴。四是实行支持影院建设的差别化用地政策。鉴于影院用地来源形式多样，放映方式多样，为鼓励影院建设，可通过单独新建、项目配建、原地改建、异地迁建等多种形式增加观影设施，并针对不同情况分别实行协议、挂牌等差别化的土地供应政策。

国家为什么通过文化经济政策对电影产业予以支持、扶持？首先，这是由我国电影产业发展的现状所决定的。改革开放以来，中国电影产业有了长足的发展，逐步走上市场化和产业化的良性发展道路，电影产业收益逐年大幅提高。然而，由于起步晚、基础差等方面原因，与美国等电影产业已趋向成熟的西方国家相比较，我国电影产业规模化、集约化、专业化水平依然较低，企业自我发展能力、可持续发展能力、市场竞争能力仍旧不足，统一开放的市场体系尚不健全，规模偏小和资金短缺仍是制约我国电影产业发展的“瓶颈”。在此背景下，通过文化经济政策的支持、扶持作用，促进我国电影产业的发展壮大，是必要而有力的手段。

其次，这是避免市场化的弱点、引导电影产业正确发展方向的需要。目前，一些电影产品粗制滥造、过度浮夸、不接地气，存在过度娱乐化倾向，“唯票房论”严重影响了电影作为文化艺术的健康发展，原创能力不足、艺术性水平不高已成为电影产业发展的一大制约因素。要激发业界的创作热情和活力，不断提高电影的艺术水平，传承和发扬中华传统文化，保持正确的发展方向，需要有政策的引导，不能放任市场自由而为。国家对弘扬社会主义核心价值观等题材影片进行扶持，既引导正确创作导向，又对投资方、创作人员给予鼓励、支持，对提高电影质量、保障观众观看高水平的电影作品发挥了重要作用。

最后，通过积极的文化经济政策加大对电影产业的干预，是国际通例。各国在电影立法中均重视对产业发展的激励促进，制定各种推进电影产业发展的优惠政策和措施。各国对电影产业都进行了一定程度的外部干预，其共同特点是，以积极的文化政策为主轴，辅之以产业振兴政策加以推动。如德国的电影产业促进法规定了项目资助机制，对欧盟国家、德国以及欧盟经济区国家摄制的、能够提高德国电影质量和经济效益的电影提供项目资助资金。俄罗斯电影业国家扶持法对电影业资金资助作了规定，资助对象为电影摄制、国产电影境内放映和境外参展，并对电影摄制、出版发行和放映企业的利润采取税收减免。

二、国家支持创作、摄制的电影题材范围

按照本条规定，国家支持创作、摄制的电影题材有以下五个方面的内容：

（一）传播中华优秀文化、弘扬社会主义核心价值观的重大题材电影

“中华优秀文化”既包括五千多年的中华民族传统文化，又

有党和人民伟大斗争中孕育的革命文化和社会主义先进文化，也包括以改革开放为核心的时代精神。习近平总书记指出，中华民族创造了源远流长、博大精深的中华文化，中华文化是中华民族创造的精神财富，反映了中华民族强大的文化创造力。习近平总书记在庆祝中国共产党成立95周年大会上的讲话中指出，文化自信，是更基础、更广泛、更深厚的自信。在五千多年文明发展中孕育的中华优秀传统文化，在党和人民伟大斗争中孕育的革命文化和社会主义先进文化，积淀着中华民族最深层的精神追求，代表着中华民族独特的精神标识。文化的生命力在于创新，对优秀传统文化进行“创造性转化、创新性发展”，“以时代精神激活中华优秀传统文化的生命力”。2015年9月，中共中央办公厅、国务院办公厅印发《关于推动国有文化企业把社会效益放在首位、实现社会效益和经济效益相统一的指导意见》提出，要“努力创作生产更多传播当代中国价值观念、体现中华文化精神、弘扬中华优秀传统文化、反映中国人民奋斗追求的优秀文化产品”。

社会主义核心价值观是社会主义核心价值体系的内核，体现社会主义核心价值体系的根本性质和基本特征，反映社会主义核心价值体系的丰富内涵和实践要求，是社会主义核心价值体系的高度凝练和集中表达。党的十八大提出，倡导富强、民主、文明、和谐，倡导自由、平等、公正、法治，倡导爱国、敬业、诚信、友善，积极培育和践行社会主义核心价值观。富强、民主、文明、和谐是国家层面的价值目标，自由、平等、公正、法治是社会层面的价值取向，爱国、敬业、诚信、友善是公民个人层面的价值准则，这二十四个字是社会主义核心价值观的基本内容，为培育和践行社会主义核心价值观提供了基本遵循。党的十八大报告和十八届三中全会《中共中央关于全面深化改革若干重大问题的决定》提出，积极培育和践行社会主义核心价值观。党的十八届四中全会《中共中央关于全面推进依法治国若干重大问题的决定》明确提出，大力弘扬社会主义核心价值观。2016 年 11 月 30 日，习近平总书记在中国文联十大、中国作协九大开幕式上的讲话中指出，社会主义核心价值观是当代中国精神的集中体现，是凝聚中国力量的思想道德基础。广大文艺工作者要把培育和弘扬社会主义核心价值观作为根本任务，坚定不移用中国人独特的思想、情感、审美去创作属于这个时代、又有鲜明中国风格的优秀作品。《国务院办公厅关于促进电影产业繁荣发展的指导意见》（国办发〔2010〕9 号）提出“弘扬社会主义核心价值体系”。

社会主义核心价值观与中华优秀传统文化是内在统一的。社会主义核心价值观充分体现了对中华优秀传统文化的继承和升华。社会主义核心价值观在吸收中华优秀传统文化丰富营养的基础上逐步发展和完善，是中华优秀传统文化在现代社会的延续。中华优秀传统文化是社会主义核心价值观的深厚沃土，离开优秀传统文化的滋养，社会主义核心价值观将变成无源之水、无本之木。新的时代，应正确认识中华优秀传统文化与社会主义核心价值观的关系，大力弘扬中华优秀传统文化，推进社会主义核心价值观的培育和践行。

“重大题材”影片主要包括重大革命和重大历史题材影片。目前对重大题材影片实行剧本审查，进行立项审批。传播中华优秀文化、弘扬社会主义核心价值观的重大题材电影，如《建国大业》《建党伟业》等主旋律电影、反映道德力量的《杨善洲》《郭明义》等电影，在我国电影影片中发挥着风向标的作用，是讲好中国故事、塑造中国形象的重要载体，在弘扬民族文化、树立和谐意识、强化国家观念等方面发挥着重要作用，真正做到了思想性、艺术性、观赏性相统一,这是国家政策必须予以支持的重点所在。

(二)促进未成年人健康成长的电影

根据未成年人保护法规定,未成年人是指未满十八周岁的公民。未成年人是身心发育尚未成熟的特殊群体。从心理特征看,未成年人感知表象化,注意力不稳定、不持久,好奇心强,模仿性强,自我控制力差,心理品质可塑性大,以机械记忆为主,以形象思维为主,等等。这些特征决定了未成年人需要国家、社会、学校和家庭给予关心和爱护。作为社会的一部分,他们不可避免地要受到社会环境的影响。社会文化、风俗、传统、习惯、生活方式以及周围人的行为等,随时随地都在影响未成年人意识的形成和行为的塑造。对于未成年人保护方面的立法,其目的就是保护未成年人的身心健康,保障未成年人的合法权益,促进未成年人在品德、智力、体质等方面全面发展,培养有理想、有道德、有文化、有纪律的社会主义建设者和接班人。未成年人保护法规定,未成年人享有生存权、发展权、受保护权、参与权等权利;国家根据未成年人身心发展特点给予特殊、优先保护,保障未成年人的合法权益不受侵犯。保护未成年人的工作,应当遵循尊重未成年人的人格尊严、适应未成年人身心发展的规律和特点、教育与保护相结合等原则。

未成年人保护可以根据保护方式的不同,分为两类:一类是国家、社会、学校和家庭主动采取正面引导的措施,促进未成年人健康成长;另一类是国家、社会、学校和家庭采取保护措施,避免或者减少未成年人因受到消极影响而使未成年人身心健康受到损害。从电影产业角度来说,本条规定主要是从前一类的角度,支持、鼓励促进未成年人健康成长的电影的制作;为了防止未成年人身心健康受到损害,本法第十六条规定电影不得含有侵害未成年人合法权益或者损害未成年人身心健康的内容，第二十条规定了可能引起未成年人等观众身体或者心理不适的提示义务。

本条所称的“促进未成年人健康成长的电影”，即我们通常所称的“少儿片”。创作、摄制以未成年人为受众群体的电影，要符合未成年人的欣赏情趣，适合未成年人的欣赏需求，贴近未成年人的实际生活，有利于未成年人增强爱国情感，树立崇高理想，确立远大志向，培养文明行为，全面提高思想道德素质、科学文化素质和身心健康素质，使电影成为未成年人学习知识、提高素质的重要途径，成为陶冶情操、愉悦身心的精神园地。本条规定国家对促进未成年人健康成长的电影给予支持，是要引导未成年人电影的创作方向，鼓励创作、推广和传播符合未成年人身心发展的优秀电影影片；同时，要求摒弃电影影片中不利于未成年人健康成长的思想倾向、价值取向、人生志向等内容，为未成年人健康成长提供良好的文化环境。

（三）展现艺术创新成果、促进艺术进步的电影

本条所称“展现艺术创新成果、促进艺术进步的电影”，即我们通常所称的艺术影片。电影既是一种商业活动，同时也是一种艺术活动。电影的艺术特性是电影作为文化重要组成部分存在的基础，也是艺术影片得以产生、发展并保持生命力的基础。艺术影片并非一个严格的概念，是相比较于商业片而言的。艺术影片一般都采用独特的象征手法，艺术形式比较诗意，唯美主义气息浓郁，表达导演的某种情感、意境或观念，其主题一般是探求哲理、艺术，挖掘人生感悟和精神诉求等，以追求艺术的创新和表现力为主，对电影艺术乃至文化艺术的发展繁荣发挥了重大作用。通常艺术影片的制作成本比商业片要低，娱乐性不高，不像商业片往往是为了迎合广大观众的欣赏口味，以知名

导演、大腕明星等吸引大众的因素为主要卖点，追求票房及其衍生产品的市场价值。因此，艺术影片具有一定的“小众性”。

近些年来，随着我国电影产业的迅猛发展，观影群体规模日益扩大，大量资本涌向文化产业领域，商业大片层出不穷，以票房论英雄的观念一度成为充斥电影产业的思潮，很多知名导演、演员纷纷转向商业大片的制作，电影的商业性、娱乐性在逐利资本驱动下成为电影业界的潮流。而艺术影片逐渐被边缘化，很难得到观众的重视与关注，造成的结果就是在创作、制作、排片、融资等各个环节受到挤压，随着电影的产业化发展，艺术影片反而越来越走入困境。即使如此，仍有一些电影人出于对艺术的执着追求，坚持艺术影片的创作、制作，也得到了观影群众的认可。近期出现的著名导演吴天明遗作《百鸟朝凤》（该影片展现的是农村传统手艺人在社会变迁中的命运）事件就是艺术影片的一个典型例子。

从世界各国的相关情况看，通常采用给予资助、发展艺术院线等方式来支持艺术影片的发展。本条规定将艺术影片纳入国家支持、扶持的范围，既是对我国电影产业扶持经验的总结延续，也借鉴了国际上行之有效的经验做法，是符合我国电影产业发展规律的。

（四）推动科学教育事业发展和科学技术普及的电影

本条所称的“推动科学教育事业发展和科学技术普及的电影”，即我们通常所称的科学教育影片（简称“科教片”）。科学教育影片是运用电影的形象化手段，解释自然现象和社会现象，传播科学知识的影片，内容上强调准确真实，表现形式上力求生动活泼、深入浅出，在发展科学事业、促进经济建设和社会发展、提高人民群众的科学文化素质方面具有重要作用。科学教育影片一般选题范围非常广泛，涉及科学的方方面面。按照内容、任务和对象的不同，科学教育影片大致可分为科学普及影片、科学研究影片、技术传授影片、教学影片、科学杂志影片、军事教育影片、社会教育影片等。由于科学教育影片具有广泛的群众性和鲜明的形象性，长期以来作为传播科学技术知识的重要途径，受到了人民群众的欢迎，收到了很好的效果。

为了实施科教兴国战略和可持续发展战略，加强科学技术普及工作，提高公民的科学文化素质，科学技术普及法规定，开展科学技术普及应当采取公众易于理解、接受、参与的方式，新闻出版、广播影视、文化等机构和团体应当发挥各自优势做好科普宣传工作。综合类报纸、期刊应当开设科普专栏、专版；广播电台、电视台应当开设科普栏目或者转播科普节目；影视生产、发行和放映机构应当加强科普影视作品的制作、发行和放映；书刊出版、发行机构应当扶持科普书刊的出版、发行；综合性互联网站应当开设科普网页；科技馆（站）、图书馆、博物馆、文化馆等文化场所应当发挥科普教育的作用。《国务院办公厅关于促进电影产业繁荣发展的指导意见》（国办发〔2010〕9号）提出，要积极促进动画片、纪录片、科教片以及适合网络、手机等新媒体新形式传播的产品的生产。

（五）其他符合国家支持政策的电影

这项规定是兜底条款。即除本条规定的上述四种电影外，国家可以根据不同时期的经济社会发展情况，调整国家支持政策，将需要予以支持、扶持的电影纳入政策保障范畴。

第三十七条　国家引导相关文化产业专项资金、基金加大对电影产业的投入力度，根据不同阶段和时期电影产业的发展情况，结合财力状况和经济社会发展需要，综合考虑、统筹安排财政资金对电影产业的支持，并加强对相关资金、基金使用情况的审计。

【释义】 本条是关于统筹安排财政资金、引导相关文化产业专项资金和基金支持电影产业的规定。

随着我国电影市场的不断扩大和电影产业的高速发展,电影产业的融资渠道越来越多元化。我国电影产业的资金来源主要有政府出资、银行贷款、影片预售、电影企业自有资金、行业外资金直接投资、各类基金等。作为文化产业的排头兵,电影产业的发展无疑对振兴我国的文化产业、传播中华文化有着极其重大的意义。与好莱坞等发展相当成熟的外国电影产业相比,我国的电影产业(在市场经济的环境中)起步晚,在很多方面都与国外电影产业有着巨大的差距,若仅仅依靠电影产业自身的发展则动力十分有限,必须依靠政府的支持和引导,才能更快地加速我国电影产业的发展,打开世界市场。日本、印度、韩国等国政府在电影融资模式发展过程中,都出台了大量政策进行扶持和引导。如日本政府着力于扩展融资渠道。印度政府颁布法规批准外国公司可以直接投资印度电影产业,到2001年还补充规定外资投资可以高达100%,并放宽了投资领域。韩国在1997年规定电影业属于风险投资业,降低了融资难度,开始实行抵押版权融资制,设立了多个投资基金管理机构,同时积极致力于融资模式创新,如最新的互联网电影融资模式就是由韩国首创的。因此,本条规定了国家引导相关资金、基金投入电影产业,并加强财政资金支持电影产业。实践中,我国政府出台了许多有关支持电影产业发展的财政政策,设立了文化产业发展专项资金、电影专项资金、电影精品资金等,利用财政出资引导、带动其他各类社会资本投入。

一、文化产业发展专项资金

(一)文化产业发展专项资金的设立

按照国务院要求,财政部2008年设立文化产业发展专项资金，专项用于扶持我国包括电影产业在内的文化产业发展，并配套制定了《文化产业发展专项资金管理暂行办法》（2012 年进行了修订）。设立专项资金对于推动文化产业快速发展和结构升级，对于转变政府职能和规范政府文化投资行为，对于充分发挥政府在文化产业发展中的引导、扶持、推动、调控和服务作用具有重要意义。专项资金由中央财政安排，专项用于提高文化产业整体实力，促进经济发展方式转变和结构战略性调整，推动文化产业跨越式发展，重点支持以下几个方面：推进文化体制改革，对中央级经营性文化事业单位改革过程中有关费用予以补助，并对其重点文化产业项目予以支持；培育骨干文化企业；对中央确定组建的大型文化企业集团公司重点发展项目予以支持，对文化企业跨地区、跨行业、跨所有制联合兼并重组和股改等经济活动予以支持；构建现代文化产业体系，对国家文化改革发展规划所确定的重点工程和项目、国家级文化产业园区和示范基地建设、文化内容创意生产、人才培养等予以支持，并向中西部地区、特色文化产业和新兴文化业态倾斜；促进金融资本和文化资源对接，对文化企业利用银行、非银行金融机构等渠道融资发展予以支持；对文化企业上市融资、发行企业债等活动予以支持；推进文化科技创新和文化传播体系建设，对文化企业开展高新技术研发与应用、技术装备升级改造、数字化建设、传播渠道建设、公共技术服务平台建设等予以支持；推动文化企业"走出去"，对文化企业扩大出口、开拓国际市场、境外投资等予以支持；财政部确定的其他文化产业发展领域。

（二）文化产业发展专项资金的运营

专项资金支持采取项目制，分为重大项目和一般项目。重大项目，是指财政部按照国家文化改革发展规划要求，组织实施的文化产业重点工程和项目。一般项目，是指申请人按照《文化产业发展专项资金管理暂行办法》所确定的支持方向自行申报的文化产业项目。财政部根据专项资金支持方向和文化产业发展需要印发年度专项资金重大项目申报通知和一般项目申报通知。符合申报通知要求的部门或企事业单位可按要求申报重大项目;符合申报通知要求的在中国境内设立的企业,以及从事文化产业相关工作的部门或事业单位可按要求申报一般项目。专项资金的支持方式比较多元,包括:项目补助,对符合支持条件的重点发展项目所需资金给予补助;贷款贴息,对符合支持条件的申报单位通过银行贷款实施重点发展项目所实际发生的利息给予补贴;保费补贴,对符合支持条件的申报单位通过保险公司实施重点发展项目所实际发生的保费给予补贴;绩效奖励,对符合支持条件的申报单位按照规定标准给予奖励,等等。

(三)文化产业发展专项资金的作用

据有关方面统计,截至 2016 年 4 月,专项资金累计安排 242 亿元,支持项目 4100 多个。设立专项资金,表明了政府对文化产业发展的重视,向全社会传达着政府支持文化产业发展的坚决态度和立场,引起社会各界对文化产业发展的极大关注,并激发企业、社会和个人投资文化产业的热情和动机。专项资金能够撬动企业、社会和个人资金,并切实将其引入文化产业领域。为了加快完善专项资金管理模式,提高专项资金使用效益,近年来除保留部分资金继续用于落实党中央、国务院和宣传文化部门确定的重大政策、项目外,财政部对文化产业发展专项资金管理模式作出重大调整,加快由无偿向有偿、由直接分配向间接分配转变,努力实现市场化配置目标。一方面,立足理顺政府与市场关系,完善财政参股基金出资模式,适当扩大参股基金范围,将“有形的手”与“无形的手”有机衔接。安排 10 亿元参股全国 14 只优秀文化产业基金,直接撬动其他各类资本 120 亿元,投资领域涵盖文化产业主要门类,发挥了财政杠杆作用和乘数效应,提高了资源配置效率。另一方面,聚焦“双创”融资难题,首次探索开展债权投资扶持计划,形成财政出资引导、文投集团配套跟进的全新投入机制。依托北京文投、陕西文投两家全国领先的省级文投集团,中央财政出资 5.6 亿元、带动配套 46.8 亿元,推进完善融资租赁、无形资产质押等创新型业务,直接降低了融资成本,为破解长期困扰文化企业发展的融资难、融资贵问题提供了新的思路。

二、电影事业发展专项资金

(一)电影专项资金的设立

设立电影专项资金是国际上许多国家为保护民族电影通用的做法,如马来西亚、法国、韩国等。中国设立电影专项资金有两重背景:一是,20 世纪 80 年代后期,在电视普及、物价上涨等因素的冲击下,电影行业陷入大面积亏损的状态;二是,全国经济形势不好,财政也比较困难,无力扶持,便采取设立电影专项资金的方式,进行“行业自救”。1991 年,当时的国家物价局、广电部、国家工商局、财政部和国家税务局联合发文设立电影专项资金,在给予电影票价一定上浮空间的同时,从每张电影票收入里提取 5 分钱,用于补贴电影制作和放映等方面。电影专项资金设立当年,便实现收入 2200 万元。1996 年,财政部、国家广电总局联合印发了《国家电影事业发展专项资金管理办法》,明确提出国家对县及县以上城市电影院电影票房收入,按 5% 的标准征收国家电影事业发展专项基金。2015 年,财政部、国家新闻出版广电总局印发了《国家电影事业发展专项资金征收使用管理办法》(财税〔2015〕91 号),规定国家对办理工商注册登记的经营性电影放映单位(包括对外营业出售电影票的影院、影城、影剧院、礼堂、开放俱乐部,以及环幕、穹幕、水幕、动感、立体、超大银幕等特殊形式电影院），按其电影票房收入的5%征收国家电影事业发展专项资金。

（二）电影专项资金的运营

电影专项资金属于政府性基金，全额上缴中央和地方国库，纳入中央和地方政府性基金预算管理。中央和省两级分别设立国家和省级电影专项资金管理委员会，按照职责分工管理电影专项资金。电影专项资金由省级管委会办公室负责按月征收。经营性电影放映单位于每月8日前，向省级管委会办公室申报上月电影票房收入和应缴纳的电影专项资金，并按省级管委会办公室指定的账户足额上缴资金。电影专项资金按照4∶6的比例分别缴入中央和省级国库。电影专项资金使用范围包括：资助影院建设和设备更新改造；资助少数民族语言电影译制；资助重点制片基地建设发展；奖励优秀国产影片制作、发行和放映；资助文化特色、艺术创新影片发行和放映；全国电影票务综合信息管理系统建设和维护；经财政部或省级财政部门批准用于电影事业发展的其他支出。

（三）电影专项资金的补贴范围和标准

为了确保电影专项资金的合理使用，有关方面陆续出台了一系列规范文件，分别从技术和资金层面，对制片方、影院进行了返还专项资金、资金奖励等形式的财政补贴，进一步主推电影产业发展。

在返还放映国产影片上缴电影专项资金方面，自2012年1月1日开始，根据影院放映国产影片的情况，返还电影专项资金。2016年国家电影事业发展专项资金管理委员会制定发布《关于奖励放映国产影片成绩突出影院的通知》，国产影片票房收入占全年票房总收入三分之二以上的影院将获得国产影片票房收入上缴到中央电影专项资金部分的50%的奖励。

在影片补贴方面，自 2012 年开始，采用按票房收入分档对影片版权方进行资金奖励的方式，对高新技术格式影片制作费进行补贴。2016 年国家电影事业发展专项资金管理委员会制定发布《关于对优秀国产影片进行奖励的通知》，对制作技术和艺术创新的优秀国产影片分档给予奖励。

在影院建设方面，中央财政通过电影专项资金，采取“先建后补”的方式重点支持中西部地区及东部困难地区县级城市数字影院建设。地方财政根据本地经济发展实际情况，合理安排资金，促进县城数字影院建设的均衡发展。

三、电影精品专项资金

（一）电影精品专项资金的历史

1996 年，原广播电影电视部和财政部印发了《关于设立支持电影精品“九五五〇”工程专项资金有关规定的通知》，设立部、省两级“支持电影精品‘九五五〇工程’专项资金”。电影精品专项资金由电视广告收入中提取部分资金建立。中央电视台每年按电视广告纯收入（缴纳营业税后的纯收入）的 3% 计算，上缴广播电影电视部（每年不少于 3000 万元），专户存储，支持电影精品摄制。各省、自治区、直辖市的省级电视台按其电视广告纯收入的 3% 计算，上缴给省广播电视（影视）厅（局），专户存储，支持电影精品摄制。计划单列市及省会城市电视台是否上缴，由各省、自治区决定。电影精品专项资金专项用于支持电影精品的摄制，没有制片厂的省、自治区、直辖市，则用以支持“五个一工程”中的电影拍摄。

（二）电影精品专项资金的运营

2007 年，财政部制定了《电影精品专项资金管理办法》，将该专项资金改为“由中央财政在预算内安排”，2015 年财政部对该管理办法进行了修订。按照新修改的管理办法，电影精品专项资金主要用于支持优秀国产影片创作生产和宣传推广、电影人才队伍建设、国产电影新技术推广应用等。新闻出版广电总局每年根据国产电影发展实际情况,提出年度专项资金预算和资金使用方案建议,按照部门预算有关规定和程序报财政部审批。新闻出版广电总局根据财政部批复的专项资金预算和资金使用方案,发布年度专项资金申报通知,组织开展专项资金资助项目申报工作。专项资金项目申请单位必须具有健全的财务管理制度和会计核算体系,根据申报通知有关要求,向新闻出版广电总局提交电影精品专项资金资助项目申请书和相关材料。新闻出版广电总局按照《电影精品专项资金管理办法》规定和年度申报通知要求,对资金使用单位的项目申请进行审核,确定年度专项资金资助方案。

（三）电影精品专项资金的补贴范围和标准

一是,华表奖和夏衍杯优秀电影剧本奖:新闻出版广电总局根据实际情况确定具体奖项设置和奖金额度,原则上华表奖单项奖金不超过 100 万元,夏衍杯优秀电影剧本单项奖金不超过 15 万元。

二是,优秀国产影片剧本创作:重大革命历史题材和重点题材影片剧本创作,原则上每部剧本资助金额不超过 200 万元。资助高校相关专业在校学生影片剧本创作,原则上每部剧本资助金额不超过 3 万元。新闻出版广电总局委托电影剧本规划策划中心组织举办创作采风、剧本研讨和论证等活动。

三是,优秀国产影片摄制:重大革命历史题材影片,原则上每部影片资助金额不超过 2000 万元。重点题材影片,原则上每部影片资助金额不超过 2000 万元。少儿、农村题材影片,原则上每部影片资助金额不超过 50 万元。少数民族题材影片,原则上每部影片资助金额不超过 50 万元。动画影片,原则上每部影片资助金额不超过200万元。新闻纪录影片、长科教影片，原则上每部影片资助金额不超过200万元。重点推荐影片，原则上每部影片资助金额不超过200万元。

四是，优秀国产影片宣传推广：新闻出版广电总局按照各个时期宣传工作大局的需要，以支持和鼓励优秀国产影片扩大社会影响及提升市场竞争力为原则，根据内容、质量选定影片，拟定资助方案，原则上每个项目资助金额不超过500万元。

五是，电影新技术、新工艺的推广应用：新闻出版广电总局根据电影产业发展需要，拟定资助方案，原则上每个项目资助金额不超过250万元。

六是，国产电影"走出去"：新闻出版广电总局根据国产电影参加国际电影节展和出口海外情况，拟定资助方案。

七是，电影人才队伍建设：新闻出版广电总局根据我国影视制作水平和营销队伍的实际情况，拟定资助方案，包括：举办导演、编剧、演员等电影创作和创意型人才培训和研修班，举办摄影、录音、后期制作和数字特效等电影技术和新领域人才培训和研修班，举办专业制片人、发行人、宣传与营销从业人员等电影市场型人才培训和研修班。

八是，购买农村电影公益性放映版权、保护电影版权等：新闻出版广电总局按照实际情况，拟定资助方案。

（四）部分地方设立用于支持本地电影生产的电影精品资金

安徽省根据《中共安徽省委、安徽省人民政府关于加快建设文化强省的若干意见》（皖发〔2009〕24号）、《安徽省人民政府办公厅关于促进电影产业繁荣发展的意见》（皖政办〔2012〕39号）精神，制定了《广播影视精品专项资金管理办法》（财教〔2012〕1460号），设立安徽省广播影视精品专项资金。专项资金由省财政预算安排，主要用于支持安徽省优秀国产影片、广播剧、电视剧和动画片的创作生产和宣传发行放映，加强安徽省国产电影保护和农村电影放映设备更新等。

上海市委宣传部与市文广局牵头设立了上海扶持电影精品专项资金，资金来源为上海市宣传文化专项资金。资助额度为每年2500万元，主要采用资助方式，每年扶持3~5部重点精品影片的拍摄与制作，根据2014年修订后的《上海市重点电影创作生产资助办法》（上海市扶持电影精品专项资金实施细则）的规定，在上海市重大文艺创作领导小组办公室下设电影项目组，面向全社会接受项目申报，组织专家进行申报项目资助评审，并对资助项目实施监管。

江西省新闻出版广电局和财政厅制定了《江西省国家电影事业发展专项资金扶持电影创作生产实施细则（试行）》。此专项资金主要用于扶持江西省影视单位出品的，具有较高思想、艺术水准、市场价值的电影剧本和影片。国家电影事业发展专项资金江西省管理委员会成立“优秀电影剧本和电影片评选委员会”。评委会决定实施江西省电影精品孵化计划，采取项目制方式，面向江西影视单位征集未拍摄的优秀电影项目。对入选江西省电影精品孵化计划的项目，分阶段给予创作扶持。对已拍摄完成、取得较好社会效益和经济效益的电影片，给予奖励。

四、产业投资基金

（一）产业投资基金的作用

上述专项资金基本都是由国家财政支出，难以满足我国电影产业的巨大融资需求。随着我国电影产业的快速发展，银行贷款、企业自有资金等传统的资金来源也已经不能完全满足我国电影产业的资金需求，电影产业投资基金逐渐发展起来。产业投资基金是在我国经济转型期市场不完善的条件下，借鉴一般投资基金的组织形式和国际上已经成熟的创业投资基金的运作机制,通过公募或者私募方式将不确定多数投资者的不等额出资汇集成一定规模的信托资产,由专门投资管理机构管理,对特定产业的企业或者项目进行组合投资,以达到获取投资收益、规避风险和促进产业健康成长的目的。电影产业投资基金主要的投资领域集中在影视剧,此外,有些文化产业投资基金也将影视剧投资作为其投资组合中的一部分。与大多数定位于高新技术产业的产业投资基金相比,电影产业投资基金以电影产业为投资对象,无形资产所占比重更大,版权保护依赖性更高,潜在影响的不确定性因素更多,所投资的产业链条更长,投资领域更加自由和广泛,如可以用于素材收集,内容生产,原始版权收购,电影制作和宣发,国外电影发行,图书、音像、纪念品等电影周边衍生产品的开发和制作,相关网络资源的投资,电影院线等基础设施建设和维护,主题公园、影视拍摄基地等休闲旅游业的开发,相关技术研发,高素质复合型电影人才培养,等等。因而投资回报周期也更长,可开发的潜在价值更大。电影产业投资基金高风险、高回报、长周期的特点与电影产业天然契合,亦是“好莱坞”电影称霸全球的一大功臣,只是在中国电影市场上,尚处在发展初期。

(二)产业投资基金的资金来源

产业投资基金首先需要筹集资金,在电影产业投资基金领域,资金的来源主要包括政府、金融机构、企业、境外资本等。一是,政府作为推动文化产业发展的重要力量,从中央政府到地方政府都在不同程度上出资成立文化产业基金来推动文化产业的发展,影视产业成为投资的重要领域。例如,2010 年中国影视出版产业基金的融资总额度为 50 亿元,首期融资 20 亿元,政府资金在其中占了比较大的比例。号称中国最大的文化产业基金的规模为200亿元，而首期募集的60亿元资金，大都来自于财政部拨款。二是，金融机构也是电影产业投资基金的重要融资对象。金融机构作为电影产业的主要融资对象，对电影产业的运作比较熟悉。再加上其严格的风险控制机制和管理流程，相当一部分金融机构在电影产业基金中承担着融资和管理的双重角色。即政府拨款和金融机构投资后，需要委托专业的基金管理团队来运行产业基金，金融机构自然是首选的对象。中国影视出版产业基金就是委托建银国际财富管理有限公司进行管理的。三是，企业是电影产业基金的重要融资对象。企业利用闲散资金投资于影视产业由来已久。企业的行业分布跨度也非常大。例如，腾讯2011年投资5亿元成立腾讯影视基金，乐视首期投资10亿元成立乐视星云影视文化基金。此外，随着我国电影产业的快速发展，我国的电影市场对国际资本的吸引力越来越大。2007年5月中影集团和IDG(美国国际数据集团)联合建立“IDG中国媒体基金”，美国韦恩斯坦的“亚洲电影基金”共2.85亿美元，超过50%的资金也投资给中国电影。

(三)产业投资基金的发展目标和预期效果

发展电影产业投资基金最直接的目的和作用就是为闲置资金寻找增值机会，同时解决电影产业发展融资难题，促进整个产业更优更快地前进。亦可以通过产业投资基金发展所积累的信息和资源，打造专业化的电影产业信息交流平台，优化电影产业资源配置，使创意资源、制作资源、终端资源、金融资源等能够自由流动，以改变过去少数名导、名企一统天下，多数中小电影企业苦苦挣扎的局面。也可以在此基础上，寻找新的突破口，培育、催生大的电影形象和品牌，打造专业化的电影产业链，促进产业结构升级。过去大多数投资者对于电影的投资方式往往只顾眼前，缺少完整可持续性的发展规划，因而中国那么大的电影市场,却没有类似"迪士尼""哈利波特"等著名的电影品牌。电影产业投资基金基于其专业性市场化的运作,在资本逐利性的驱动下,会自然推动赢利大、发展前景好的品牌的发展,继而有望形成中国自己的具有竞争力和延展性的强势电影品牌。除此之外,电影产业投资基金还能配合国家投资,推动电影产业基础设施的建设和发展。从发达国家经验来看,发展产业投资基金不失为一条为基础设施发展融资的有效途径。而我国的人均银幕数量远远低于发达国家,其他相关基础设施建设也比较落后,有产业投资基金的支持,必将加快其发展的脚步,从基础上推动我国电影产业的发展。另外,还能通过电影产业投资基金的发展推动国有电影企业和相关文化单位的转企改制,促进电影产业市场化程度的提高,优化产业的资本市场结构等。

本条最后还规定了"加强对相关资金、基金使用情况的审计"。考虑到相关资金、基金数额巨大,特别是有的还由财政资金投入,因此必须加强监管和审计。如电影专项资金每年接受国家审计署委派的审计单位以及国家新闻出版广电总局委托的社会审计机构的审计。

第三十八条　国家实施必要的税收优惠政策,促进电影产业发展,具体办法由国务院财税主管部门依照税收法律、行政法规的规定制定。

【释义】 本条是关于电影产业税收优惠政策的规定。

一、我国电影产业税收政策的发展过程

2005 年 3 月 29 日,财政部、海关总署、国家税务总局联合下发《关于文化体制改革试点中支持文化产业发展若干税收政策问题的通知》(财税〔2005〕2 号),规定对试点地区新办文化企业,自工商注册登记之日起,免征三年企业所得税,对从事数字广播影视、数据库、电子出版物等研发、生产、传播的文化企业，凡符合国家现行高新技术企业税收优惠政策规定的，可统一享受相应的税收优惠政策，对经批准成立的电影制片厂或电影集团及其成员企业销售的电影拷贝收入免征增值税，对电影发行企业向电影放映单位收取的电影发行收入免征营业税。

2009 年 3 月 26 日，财政部、国家税务总局联合下发《关于文化体制改革中经营性文化事业单位转制为企业的若干税收优惠政策的通知》（财税〔2009〕34 号），规定对经营性文化事业单位转制为企业，自转制注册之日起免征企业所得税，对其自用房产免征房产税，对其转制中涉及的增值税、营业税、城建税等给予适当的优惠政策。上述经营性文化事业单位包括从事新闻出版、广播影视和文化艺术的事业单位。与此同时，鉴于财税〔2005〕2 号文在 2008 年 12 月 31 日到期，为了进一步支持文化企业发展，财政部、海关总署、国家税务总局联合下发《关于支持文化企业发展若干税收政策问题的通知》（财税〔2009〕31 号），对电影企业取得的销售电影拷贝收入、转让电影版权收入、电影发行收入以及在农村取得的电影放映收入免征增值税和营业税。

2009 年 7 月，国务院审议通过了《文化产业振兴规划》，要求进一步贯彻落实相关税收优惠政策，加大税收扶持力度，支持文化产业发展。

2010 年 3 月 11 日，财政部、国家税务总局下发《关于国家电影事业发展专项资金营业税政策问题的通知》（财税〔2010〕16 号），规定电影放映单位营业税为全额计税，上缴的国家电影事业发展专项资金不得扣除。

2012 年 12 月 4 日，财政部、国家税务总局下发《关于交通运输业和部分现代服务业营业税改征增值税试点应税服务范围等若干税收政策的补充通知》(财税〔2012〕86 号),将试点地区的电影业纳入营改增的范围,同时规定对试点电影企业转让电影版权免征增值税。2013 年 5 月 24 日,财政部、国家税务总局下发《关于在全国开展交通运输业和部分现代服务业营业税改征增值税试点税收政策的通知》(财税〔2013〕37 号),明确从 2013 年 8 月 1 日起,将全国范围的广播影视服务业纳入增值税征税范围。

二、我国现行电影产业税收政策及优惠措施

在增值税方面,由于广播影视服务被纳入增值税征税范围,电影业的制作、发行、放映业务由之前缴纳营业税改为缴纳增值税,并以年所得是否达到 500 万元为标准分为一般纳税人和小规模纳税人,分别适用 6% 的税率和 3% 的征收率。为了实现政策的平稳过渡,规定在 2013 年 12 月 31 日之前,继续对经批准从事电影制片、发行、放映的电影集团公司(含成员企业)、电影制片厂及其他电影企业转让电影版权、发行电影以及在农村放映电影取得的收入免税。电影衍生品诸如相关图书、电子出版物的销售按照增值税 13% 的低税率纳税。

在企业所得税方面,对符合高新技术企业规定的电影企业,减按 15% 的税率征收企业所得税;电影企业开发新技术、新产品、新工艺的研究开发费用,可以按照规定在计算所得额时加计扣除。

在进出口方面,出口环节上,电影企业在境外提供电影的发行、播映服务以及向境外单位提供电影制作服务免征增值税;出口图书、音像制品、电子出版物、电影电视完成片可以按规定享受增值税出口退税政策。进口环节上,为生产重点文化产品而进口国内不能生产的自用设备及配件,免征进口关税。

目前电影行业的优惠措施主要针对增值税。根据《财政部、海关总署、国家税务总局关于继续实施支持文化企业发展若干税收政策的通知》(财税〔2014〕85 号)的规定,自 2014 年 1 月 1 日至 2018 年 12 月 31 日止,新闻出版广电行政主管部门(包括中央、省、地市及县级)按照各自职能权限批准从事电影制片、发行、放映的电影集团公司(含成员企业)、电影制片厂及其他电影企业取得的销售电影拷贝(含数字拷贝)收入、转让电影版权(包括转让和许可使用)收入、电影发行收入以及在农村取得的电影放映收入免征增值税。一般纳税人提供的城市电影放映服务,可以按现行政策规定,选择按照简易计税办法计算缴纳增值税。

第三十九条　县级以上地方人民政府应当依据人民群众需求和电影市场发展需要,将电影院建设和改造纳入国民经济和社会发展规划、土地利用总体规划和城乡规划等。

县级以上地方人民政府应当按照国家有关规定,有效保障电影院用地需求,积极盘活现有电影院用地资源,支持电影院建设和改造。

【释义】　本条是关于保障、支持电影院建设和改造的规定。

一、电影院建设及相关规划

电影院是为观众放映电影的场所。电影在产生初期,是在咖啡厅、茶馆等场所放映的。随着电影的进步与发展,出现了专门为放映电影而建造的电影院。电影的发展从无声到有声乃至立体声,从黑白片到彩色片,从普通银幕到宽银幕乃至穹幕、环幕,使电影院的形体、尺寸、比例和声学技术都发生了很大变化。电影院是保障观众正常观看影片的场所,又是人员密集场所,技术含量和安全卫生要求都高,特别是新建电影院由传统单厅向数字多厅发展，功能更加多样，建筑工艺和安保、环保方面的要求更加严格。

关于电影院的建设有多项国家标准和行业标准，如建设部发布了《电影院建筑设计规范》(JGJ 58 -2008)，国家广电总局发布了《数字影院暂行技术要求》(GD/J 017 -2007)、《数字影院(中档)放映系统技术要求》(GD/J 014 -2007)，国家质量监督检验检疫总局、国家标准化管理委员会发布了《电影院星级的划分与评定》(GB/T 21048 -2007)。上述标准对电影院的设计规划提出了一些规范化要求。如《电影院建筑设计规范》第3.1.1条规定"电影院选址应符合当地总体规划和文化娱乐设施的布局要求"。

考虑到人民群众的需求和电影院建设设计规划的诸多要求，因此本条第一款规定县级以上地方人民政府应当将电影院建设和改造纳入国民经济和社会发展规划、土地利用总体规划和城乡规划。国民经济和社会发展规划是全国或者某一地区经济、社会发展的总体纲要，以国民经济、科技进步、社会发展、城乡建设为对象，体现了国家或地方在规划期内国民经济的主要活动、科技进步主要方向、社会发展的主要任务以及城乡建设的各个方面所作的全面规划、部署和安排，提出政府在规划期内经济社会发展的方针政策、战略目标、主要任务、实施重点，是具有战略意义的指导性文件。土地利用规划是指在土地利用的过程中为达到一定的目标，对各类用地的结构和布局进行调整或配置的长期计划，是根据土地开发利用的自然和社会经济条件，历史基础和现状特点，国民经济发展的需要等，对一定地区范围内的土地资源进行合理的组织利用和经营管理的一项综合性的技术经济措施。土地利用规划一般分为全国性、区域性的总体规划和生产单位内部的土地利用规划两种。城乡规划是各级政府统筹安排城乡发展建设空间布局，保护生态和自然环境，合理利用自然资源，维护社会公正与公平的重要依据，具有重要公共政策的属性。将电影院的建设和改造纳入上述规划，有助于从产业布局、土地利用和城乡设计等方面对电影院进行统筹考虑。

二、电影院的用地保障

（一）电影院选址的主要类型

电影院建筑是文化建筑类型的重要组成部分，对当地的文化建设起着重要作用，往往成为当地的重点文化设施。电影院的基地选择应充分考虑到人、建筑、环境的基本原则，一是要保证人员的安全、卫生和健康，二是不能对当地环境产生破坏，三是不妨碍当地城市交通，同时还要减少对相邻建筑的影响。电影院选址首先要进行人口密度趋势预测和市场容量的分析，特别是交通、人口密度、地段、多种经营状况等都对电影院经济产生极大影响，所以电影院的建设要符合当地规划、文化设施布点要求，同时要兼顾经济效益和社会效益。目前商业化运营的电影院大致有以下几种类型：一是大型购物中心，这是全球目前较为流行、较为典型的电影院选址方式；二是社区影院，建在居住人口较为密集的社区购物中心内，为社区文化娱乐功能配套的电影院；三是其他类型影院，主要指历史原因沉淀下来的老影院。

（二）电影院选址用地保障措施

本条第二款主要从用地保障方面规定了对电影院建设和改造的支持促进措施，要求县级地方人民政府应当按照国家有关规定进行保障和支持。2014 年，财政部、国家发展改革委、国土资源部、住房和城乡建设部、中国人民银行、国家税务总局、新闻出版广电总局联合发布了《关于支持电影发展若干经济政策的通知》（财教〔2014〕56 号），提出实行支持影院建设的差别化用地政策。鉴于影院用地来源形式多样,放映方式多样,为鼓励影院建设,可通过单独新建、项目配建、原地改建、异地迁建等多种形式增加观影设施,并针对不同情况分别实行协议、挂牌等差别化的土地供应政策。

一是,新建单体影院建设用地实行挂牌出让政策。政府供应影院用地时,可提出影院建设标准要求,通过公开挂牌方式确定土地使用权人。

二是,积极探索在商业服务设施项目中配建影院等建设途径及土地供应方式。市、县在供应商服用地或其他房地产用地时,可将在项目中配套建设影院相关要求纳入出让条件,并依法明确影院建成后的处置方式。

三是,支持现有影院实行改造建设。在符合规划的前提下,现有影院改造可兼容一定规模的商业、服务、办公等其他用途,并按协议方式补充办理用地手续。

四是,鼓励其他公益场所建设适应电影放映的设施。对图书馆、博物馆、文化馆和青少年活动场所等非营利性公共文化设施中建设适用电影放映设备和场地的,因主用途符合《划拨用地目录》,经批准以划拨方式供应用地的,影院用地部分可按文体娱乐用途采取协议方式办理供应手续。

五是,鼓励利用现有工业、仓储等存量建设用地建设影院。经出让方和规划管理部门同意,可按文体娱乐用途采取协议方式办理用地手续。

六是,严格影院用地供后监管。严格影院用地改变用途的审批程序。影院用地使用者应按土地出让合同约定开发、利用、经营土地,需改变合同约定的土地用途的,必须取得出让方和市、县人民政府城市规划行政主管部门同意。对新供单体影院建设用地,应在出让合同中明确,如改变土地用途的,需由政府依法收回后重新供应。

同时,强调各地应根据当地影院建设和发展实际,科学规划影院建设布局和总量,防止低水平重复建设和过度竞争,确保影院建设有序进行。影院建设过多的地区应严格控制新建影院数量,以调整优化影院布局、结构作为重点;影院建设滞后的地区,应按相关规划,积极推进影院建设。

第四十条　国家鼓励金融机构为从事电影活动以及改善电影基础设施提供融资服务,依法开展与电影有关的知识产权质押融资业务,并通过信贷等方式支持电影产业发展。

国家鼓励保险机构依法开发适应电影产业发展需要的保险产品。

国家鼓励融资担保机构依法向电影产业提供融资担保,通过再担保、联合担保以及担保与保险相结合等方式分散风险。

对国务院电影主管部门依照本法规定公告的电影的摄制,按照国家有关规定合理确定贷款期限和利率。

【释义】　本条是关于电影产业金融支持的规定。

为了解决电影企业融资难的困境,本条四款分别从融资、保险、担保、信贷等不同方面提出了具体措施。

一、金融机构的融资服务

电影行业是一个相对高风险的行业,这与金融业规避风险的原则有所冲突,因此影响了中国电影产业对金融机构及其他社会资金的吸引能力。近年来,我国内地电影产业的投资规模涨幅上升较快,但影视产业发展资金的短缺问题仍是限制中国电影发展的重要因素。本条第一款提出了国家鼓励金融机构为从事电影活动以及改善电影基础设施提供融资服务的总体要求。这一要求具体可以从三个角度来理解。一是,提供融资服务的主体为金融机构，包括了银行、证券公司、保险公司、信托投资公司、基金管理公司等。我国电影行业现行主要的融资方式有银行贷款、证券市场融资、私募基金融资等，都与上述金融机构密切相关。二是，提供融资服务的对象是从事电影活动以及改善电影基础设施。除了从事电影创作、摄制、发行、放映等活动可以获得融资服务外，改善电影基础设施，如升级改造电影院等，也是可以享受融资服务的。三是，国家对金融机构提供融资服务予以鼓励，这种鼓励通常由相应的配套政策予以落实。如2009年国务院出台的《文化产业振兴规划》提出，支持有条件的文化产业进入主板、创业板上市融资，鼓励已上市文化企业通过公开增发、定向增发等再融资方式进行并购和重组，迅速做大做强。

值得关注的是，本款还专门规定了知识产权质押融资这一具有电影行业特色的融资业务。知识产权质押是权利质押的一种形式，指知识产权权利人以合法拥有的专利权、注册商标专用权、著作权等知识产权中的财产权为质押标的物作为债务的担保，经评估作价后向银行等融资机构获取资金，并按期偿还资金本息的一种融资行为。电影产业作为文化产业的一种，通常缺乏用流动资产和固定资产向银行担保贷款的条件，但其拥有众多的自主知识产权。知识产权质押融资业务为这类电影企业解决了融资困境。我国大陆电影知识产权质押融资起始于2007年，招商银行向华谊兄弟提供5000万元贷款投拍了《集结号》，之后其他银行也效仿放贷。

二、保险机构的保险服务

由于电影行业和电影产品的特殊性，导致金融机构参与电影产业的融资，存在很大风险。没有保险公司作为担保，电影产业很难从金融机构获得更多的融资，这也制约着电影产品的规模和质量。国家要鼓励金融机构提供融资服务,必须通过保险来解决金融机构的后顾之忧。因此,第二款规定了鼓励保险机构依法开发适应电影产业发展需要的保险产品。理解本款有两点需要注意。第一,我国电影保险起步较晚,目前我国保险公司对于电影行业的相关保险产品数量极少,不能满足电影业快速发展的需要。当务之急是增加保险产品的供给,不断完善我国电影保险产品种类。所以本款鼓励保险机构的落脚点也在于依法"开发"电影保险产品。第二,保险公司开发的电影保险产品应当是适应电影产业发展需要的。电影保险产品是建立电影保险制度的基础和中心环节,是保险公司能够在保险业充分发挥积极作用的根本保证。电影保险的服务范围非常广泛,开发保险产品必须以适应电影产业发展需要为导向,推出更多更丰富的险种,增加保险产品的覆盖范围。

电影产业相对发达的国家和地区,在电影保险方面为我国提供了可以借鉴的经验。一个完善的电影保险制度中,一般包括以下种类的保险产品:一是制片人"一揽子"保险,即以制片人为核心对象而设计的一系列保险产品的综合,涵盖了制片人在电影产品制作过程中可能面临的各种风险,如导演和演员的意外伤害事故、电影拍摄设备的损害、意外事故带来的额外费用支出、特殊风险,等等。二是制片人错误与疏忽责任保险,即以制片人可能面临的因侵权行为而产生的损害赔偿责任而设计的保险产品。三是财产和责任保险,是针对在电影创作过程中可能面临的财产损失和民事赔偿责任而设计的保险产品。四是完工保证保险,即针对电影融资而设计的,以保险合同的形式保证电影能在预算之内按计划拍摄完成并交付发行商的保险产品。保险公司为制片方提供两个方面的保证:一方面,保证电影可以在预先核算的成本内完成拍摄,超出费用由保险公司承担;另一方面，保证电影可以在规定的时限内完成拍摄和后期制作，因超出时限而造成的损失由保险公司负责赔偿。

三、融资担保机构的担保服务

为了降低电影产业融资风险，除了由保险机构提供保险外，也可以由融资担保机构提供担保。如 2011 年深圳市通赢影视完成担保公司为电影《大唐玄机图》出品方深圳世纪领军影业投资公司提供完片担保，用以规避电影制作风险，保证投资人所投资的影视产品能够符合前期约定的内容和形式要求，且如期按预算交付。本条第三款规定了鼓励融资担保机构依法向电影产业提供融资担保，还指出了再担保、联合担保以及担保与保险相结合等具体方式。建立专业的融资担保机构或建立政策性担保机制，对于解决融资问题有所帮助。由于融资担保公司的存在，降低了风险系数，增强了信用水平，融资方从而能够更便利地得到金融机构更多的资金。通过一些具体融资担保实例，可以更好地理解融资担保机构在电影融资过程中所发挥的重要作用。例如，北京某融资担保公司推出了"票房宝"和"影保通"等融资担保服务。"票房宝"是对已经完成拍摄的融资项目，以电影票房预期收入为核心确定担保额度，向电影制作或发行的公司提供一年期贷款，用于电影的宣传和发行。"影保通"是专业贷款担保产品，专门用于电影前期筹备与拍摄，解决企业因电影项目前期风险大而融资难的问题，电影在实现票房收入后首先用于偿还贷款，票房超额收益部分再按一定比例分配给该公司，体现风险与收益对等原则。

四、金融机构的信贷服务

本条第一款已经规定金融机构通过信贷等方式支持电影产业发展，第四款在确定贷款期限和利率方面又作出了一些特别的具体规定。本款中"按照国家有关规定"是有政策依据的。

2010 年 1 月,《国务院办公厅关于促进电影产业繁荣发展的指导意见》提出,鼓励金融机构加大对电影企业的金融支持力度,对符合信贷条件的电影企业,金融机构应合理确定贷款期限和利率,提高服务质量和效率。2010 年 4 月,中央宣传部、中国人民银行、财政部、文化部、广电总局、新闻出版总署、银监会、证监会、保监会联合下发的《关于金融支持文化产业振兴和发展繁荣的指导意见》(银发〔2010〕94 号)中规定:“完善利率定价机制,合理确定贷款期限和利率。各金融机构应在风险可控、商业可持续原则的基础上,根据不同文化企业的实际情况,建立符合监管要求的灵活的差别化定价机制。针对部分文化产业项目周期特点和风险特征,金融机构可根据项目周期的资金需求和现金流分布状况,科学合理确定贷款期限。对于列入国家规划重点支持的文化产业项目或企业,金融机构在有效防范风险的基础上可适当延长贷款期限。”需要强调的是,本款规定合理确定贷款期限和利率针对的对象是国务院电影主管部门依照本法规定公告的电影的摄制活动。由于公告后开始的电影摄制活动是电影的初期制作程序,也是最需要资金支持的阶段,本款对贷款期限和利率作了专门规定,就是要在摄制的启动阶段解决资金紧张的实际困难,使摄制电影能够获得合理优惠的贷款支持。

第四十一条　国家鼓励法人、其他组织通过到境外合作摄制电影等方式进行跨境投资,依法保障其对外贸易、跨境融资和投资等合理用汇需求。

【释义】　本条是关于鼓励电影行业跨境投资的规定。

一、国家推行“走出去工程”,鼓励电影行业跨境投资

2001 年《关于广播影视“走出去工程”的实施细则》颁布,明确提出培育我国影视节目国际竞争力是未来发展的重要目

标，我国文化“走出去工程”正式启动。2009年《文化产业振兴规划》出台，鼓励文化企业在国外兴办文化实体，建立文化产品营销网点。2012年2月，中共中央办公厅、国务院办公厅印发《国家“十二五”时期文化改革发展规划纲要》，提出加大已有支持对外文化贸易各项优惠政策的落实力度，进一步完善有关财税政策，支持文化企业走出去。近年来，我国对外文化贸易规模不断扩大、结构逐步优化，文化出口企业数量不断增加，文化领域境外投资步伐不断加快。同时，我国对外文化贸易在对外贸易中的比重偏低，核心的文化产品和服务贸易逆差仍然存在，文化企业参与国际竞争的能力还较弱，有待进一步改善和加强。中美签署“入世”双边协议，开放双边市场后，中国电影产业在“走出去”过程中，较之于进口片的“走进来”，明显处于劣势地位。开放竞争中的中国本土市场蛋糕越做越大，使进口片和国产片在本土市场获得双赢，但进口片在中国的市场扩张速度远远大于中国国产片在国际上的扩张速度。这就意味着，在这样一个双向开放的市场格局中，中国国产片和外国进口片是以不同的效率在本土市场和世界范围内进行扩张，而中国国产片在国际上的扩张速度明显处于劣势。

“十二五”以来，中央对进一步发展对外文化贸易提出了新要求。党的十八大报告提出，要推动文化产业成为国民经济支柱性产业。党的十八届三中全会通过的《中共中央关于全面深化改革若干重大问题的决定》进一步要求，提高文化开放水平，培育外向型文化企业，支持文化企业到境外开拓市场。在这样的背景下，2014年3月国务院印发《关于加快发展对外文化贸易的意见》，将文化产业“走出去”定位于整个国民经济的转型升级。国家对于推动文化产业成为国民经济支柱性产业和推动文化产业“走出去”战略的决心可见一斑。中国电影业一直试图与国际接轨,一方面在电影制片领域推行集团化、股份制公司化改革;另一方面在发行、放映领域推行院线制,同时出台政策加快电影产业“走出去”步伐。

二、中国电影“走出去”的途径和方式

中国电影走进海外市场通常有四种方法:中外合作摄制电影、参加国际电影节(展)、向海外影片发行商出售版权、购买海外院线或合作建立发行渠道。它们的共同特点是散点运作,未能形成协同作战整体格局。随着中国经济的转型,更多高科技、消费型企业成为中国企业海外收购的对象,其中不乏影视类投资。而在更广泛的投资层面,万达集团、博纳影业、完美世界、中国娱乐等公司纷纷展开了对外合资合作,合拍模式已成为国内外电影分享更大市场的通用模式。

近年来,中国影视资本海外“淘金”举世瞩目。2012 年,万达集团并购了美国第二大影院 AMC 后,经过 4 年,AMC 从亏损转向良好的盈利。并且,从 2016 年开始,AMC 也在美国国内开展并购,收购美国第四大影院 Carmike。2015 年年底,万达院线将澳洲第二大院线 Hoyts 收入囊中,该院线自 2016 年 1 月至 5 月实现同比增长 20%,净利润增长也很可观,远远高于当地行业平均增长水平。万达集团于 2016 年年初以不超过 35 亿美元(约 230 亿元人民币)收购美国传奇影业,成为迄今中国企业在海外的最大一桩文化并购案。湖南电广传媒与好莱坞制片商狮门影业签署合作协议,华谊兄弟与美国 STX 公司签订影片合作计划,上海华人文化产业投资基金和好莱坞华纳兄弟联合成立旗舰影业,乐视影业与好莱坞相关公司达成 12 部电影项目的合作,完美世界与环球公司合作斥资 5 亿元联合摄制电影。更多公司纷纷以合资公司、合作合拍模式切入国际市场。

三、政府对于中国电影跨境投资的保障和扶持

美国等国际市场作为成熟的电影市场,中国企业的进入面临较大的准入壁垒和较高的市场风险,这有赖于政府创造良好的市场环境和政策环境进一步降低企业风险。政府的政策侧重于海外传播平台的搭建和对企业贸易环节的便利性支持,对多种所有制企业海外营销网络的建设刚起步不久。近期政府政策将文化和资本市场的对接纳入主推方向,强化企业"走出去"金融服务,如鼓励金融机构探索适合对外文化贸易特点的信贷产品和贷款模式、支持符合条件的国家文化出口重点企业发行企业债券、鼓励保险机构创新保险品种和保险业务、鼓励融资性担保机构提供担保等。企业"走出去"的市场化和资本运作化导向日益明显,但如何降低资金风险、完善电影产业制度环境却是当前乃至往后都需要着重努力的方向。

本条重点强调了跨境投资的用汇保障。《关于加快发展对外文化贸易的意见》明确,推进文化贸易投资的外汇管理便利化,确保文化出口相关跨境收付与汇兑顺畅,满足文化企业跨境投资的用汇需求。支持文化企业采用出口收入存放境外等方式提高外汇资金使用效率。简化跨境人民币结算手续和审核流程,提升结算便利,降低汇率风险。鼓励境内金融机构开展境外项目人民币贷款业务,支持文化企业从事境外投资。

第四十二条　国家实施电影人才扶持计划。

国家支持有条件的高等学校、中等职业学校和其他教育机构、培训机构等开设与电影相关的专业和课程,采取多种方式培养适应电影产业发展需要的人才。

国家鼓励从事电影活动的法人和其他组织参与学校相关人才培养。

【释义】 本条是关于电影人才扶持、培养的规定。

一、关于电影人才扶持计划

中国电影产业目前正旺盛发展,但中国电影人才稀缺非常严重,涉及电影的策划、制作、营销、后期制作等各个环节,无法为电影产业发展提供足够的能量和动力。本条第一款规定国家实施电影人才扶持计划。实践中已经开展的有“扶持青年优秀电影剧作计划”和“青年电影创作资助计划”。

为鼓励年轻编剧进行电影剧本创作,培养优秀的青年编剧人才,国家新闻出版广电总局在北京九所高等院校实施“扶持青年优秀电影剧作计划”。国家新闻出版广电总局每年都会投入 200 万元来支持青年编剧,旨在为中国电影产业输送新鲜血液。而入选“扶持计划”的作者,将获得由电影局给予的 2 万元扶持资金,并由电影剧本中心为入选剧本和制片方搭建通道,使这批优秀的原创电影剧本更多被投拍。

2007 年国家新闻出版广电总局制定并出台了对青年导演的资助计划。资助计划为四十五岁以下、有潜力、有创新精神、取得过初步成绩的青年导演提供政府资金支持,旨在为他们营造良好的艺术环境,鼓励他们继续拍摄精品力作。一部新电影获得立项通过并经专家进行论证之后,电影局将资助 50 万元作为新片制作费用,这笔资助在三年内有效。此外,还将在剧本论证、影片发行等多方面给予政策支持。这一资助计划将成为一种制度,并会不断改进,以保证每年都有青年导演切实受益。

除了政府的扶持措施外,还有其他市场主体对电影人才的扶持和培养。如影视企业,华谊“H 计划”始于 2011 年,既有冯小刚、徐克等知名导演,也包括林书宇、乌尔善、冯德伦、彭浩翔等青年导演;光线传媒“新导演培养计划”实施于 2011 年,该计划致力于把演员打造成导演,代表作品为徐峥的《泰囧》,后续人员名单有吴秀波、邓超和黄渤；华策影视“五亿扶持青年导演计划”，以扶植和培养青年导演为主，并延伸到编剧、制片人等在内的年轻电影人才。如黑龙江电视台创办了“全民电影—百万电影创投基金”计划；四川广播电视台主办、四川网络广播电视台承办的“新媒体·新导演扶持计划”，旨在为在校大学生提供走出课堂动手实践的机会，构建鼓励本土影视创作与交流的专业平台，打造未来导演和媒体优秀人才储备的基地，为入围者提供拍摄资金、艺术指导和专业技术支持。上海国际电影节“青年电影计划（电影项目市场）”为世界电影人搭建项目孵化、投资平台，扶持新锐电影人，鼓励原创项目，提供创作者与投资者面对面洽谈的机会，并以上海国际电影节的广泛资源为支撑，竭力推动国际合作。

从目前实践来看，无论是政府层面还是市场层面对人才的扶持多针对青年人才，但本条规定没有囿于此，而是留出了更为广阔的扶持对象空间。未来随着电影产业的进一步发展，以及电影行业的需求多元化，电影人才的扶持对象可能会更加丰富多元。

二、电影人才培养、教育

本条第二、三款对电影人才的培养、教育作出了具体规定。

（一）电影人才培养现状和不足

我国电影专业教育在高校主要有三种布局方式：一是，北京电影学院等单科专业院校开设电影艺术专业；二是，综合性艺术院校设置电影专业；三是，综合性大学与师范类院校设置电影专业。即便如此，全国每年电影专业高校毕业生不过千余人，并且增长速度缓慢。

当前，我国电影专业人才培养的速度、质量与电影产业的快速发展之间存在供不应求的失衡现象。一方面，电影人才的培养与我国不断增长的电影经济总量和产业的发展极不相称，目前我们国家的电影专业高等教育承担不起支撑我国电影产业跨越式发展的重任。另一方面，电影专业人才培养的质量也要进一步提高。当前，除了电影学院等专业院校外，其他学校的毕业生质量也很难适应电影产业发展的要求，有艺术创新能力的高素质人才的短缺和低端人才的“过剩”现象同时存在。

（二）电影人才培养方式的多元化

2011 年 10 月，中国共产党第十七届六中全会通过的《中共中央关于深化文化体制改革推动社会主义文化大发展大繁荣若干重大问题的决定》指出：“鼓励和扶持高等学校和中等职业学校优化专业结构，与文化企事业单位共建培养基地。完善人才培养开发、评价发现、选拔任用、流动配置、激励保障机制，深化职称评审改革，为优秀人才脱颖而出、施展才干创造有利制度环境。”面对电影人才培养中存在的问题，电影教育所肩负的责任十分重大。本款规定“采取多种方式培养适应电影产业发展需要的人才”，就是要鼓励采取更加灵活多元的培养方式。

一是，亟须构建灵活、务实、多元的高等教育格局。全面加强电影专业教育，特别是电影产业设计、电影专业技术、电影艺术创作、电影院线管理、数字电影技术、动漫电影制作、3D 电影技术、电影经营策划、电影市场推广等教育，对电影学科建设和专业设置有一个科学、长远发展设想；对电影高等专业院校的办学机制、专业设置、人才培养、硬件建设、实验室建设和教学经费要加大支持，应尽早建立国家重点数字技术研发实验室，根据数字电影技术发展需求，开展电影产业与制作有关的科研课题研究；根据未来的任务和发展，适度扩大电影学院新的专业领域和方向的人才培养规模和办学优势，举办电影行业系统、电影各个制作专业的高级进修班和短训班，以强化精英专业人才的培养，扩大电影人才培养规模。

二是，学历教育与专业培训并重，开展电影行业内的高级专业培训。举办一些高层次的电影专业培训及研修班、进修班，聘请国外一流电影制作机构的专业人员、资深人士、专家学者、技术人员和艺术家，进行讲学和指导。授课对象主要是目前在电影产业中的人士，可以是准备进入电影产业、电影创作一线的人，可以是已经具有本科或者研究生学历的跨专业、行业、领域的人士。同时开展高级电影专业人才（学历）的教育、教学和在职专业人才的高端培训，增设电影发展需要的艺术硕士学位，通过多种渠道和途径，经过严格培训，为未来电影产业的发展积累专业人才。

三是，开展电影高端人才外派，增强电影技术自主研发能力，切实落实电影高等教育的开放办学模式。可以通过不同途径，努力培养一支优秀的编导和经营人才队伍，一支既熟悉电影艺术又懂得现代科技的复合型人才队伍，加快实现我国由电影生产大国向电影生产强国的历史性转变。

四是，鼓励从事电影活动的法人和其他组织参与学校相关人才的培养，将教学和社会实践相结合。实践教学是教学体系中不可或缺的组成部分，一方面体现在将教学实践性环节贯穿于整个教学活动中，另一方面体现在课外与校外的实践教学活动中。第三款重点强调鼓励从事电影活动的法人和其他组织参与培养。这些法人和组织具有提供教学实践的丰富资源，如可以建立诸如电影数字技术实验室、电影创作室与制作室、动漫设计基地、电影梦工场实践基地、电影教学实践基地、电影厂校合作基地、电影沙龙、电影协会与电影评论协会、电影观摩会与研讨会等电影活动平台，还可以鼓励支持大学生进行电影创作，推动大学电影、校园电影、DV 电影以及大学生电影节等发展。

第四十三条 国家采取措施，扶持农村地区、边疆地区、贫困地区和民族地区开展电影活动。

国家鼓励、支持少数民族题材电影创作，加强电影的少数民族语言文字译制工作，统筹保障民族地区群众观看电影需求。

【释义】 本条是关于国家扶持农村地区、边疆地区、贫困地区和民族地区开展电影活动以及支持民族题材电影创作、少数民族语言文字译制的规定。

一、国家对农村地区、边疆地区、贫困地区和民族地区电影活动的扶持措施

农村地区、边疆地区、贫困地区和民族地区是目前我国在生产生活状况、地域分布、经济发展水平、民族构成等方面较为特殊的地区。从地域分布看，这四类地区具有一定的重合度，没有明确的地理界线。国家扶持这四类地区的电影活动是“十三五”期间，推动基本公共文化服务标准化、均等化发展，引导文化资源向城乡基层倾斜，创新公共文化服务方式，保障人民基本文化权益的重要组成部分。具体的扶持措施包括以下几个方面：

一是，加大财政投入。加大政府资金对电影放映等文化活动的支持，将公共文化产品和服务项目、公益性文化活动纳入公共财政经常性支出预算，通过项目补贴、定向投资、税收减免等政策措施发展公共文化服务事业。地方各级政府根据实际，将基层公共文化服务建设所需资金纳入财政预算；完善转移支付机制，加大中央和省级财政转移支付力度，重点向革命老区、民族地区、边疆地区、贫困地区倾斜；加大税收优惠力度，在农村取得的电影放映收入，自 2014 年 1 月 1 日至 2018 年 12 月 31 日免征增值税。

加大财政支持的同时，国家也积极鼓励、引导社会资本进入

四类地区的电影活动市场，不断拓宽资金来源渠道，加大政府投入与社会资本的统筹力度，创新投入方式。例如，自 2013 年起，宁波市农村数字电影院线有效利用社会资源，实现创新发展，与近 30 家企业、社区联合，共同建立公益电影放映基地。企业出资购买放映设备，将厂房作为固定放映点；农村数字电影院线做好供片、放映服务。放映基地建成后，流动性较强的农民工也被纳入放映覆盖范围，扩大了基层公共文化服务范围。

二是，完善体制机制建设。培育发展多种所有制形式的农村电影院线公司和农村电影放映队，积极推动农村电影放映规范化、制度化、长效化发展。鼓励电影企业深入城乡社区、厂矿、校园、军营和广场等开展公益放映活动，建立健全公共财政保障机制和公益版权片源保障机制。大力提倡电影发行放映企业采取优惠票价等多种方式满足不同地区、不同群体的观影需求。

为进一步增加农村地区电影放映片数量、提高影片质量，解决群众反映强烈的片源问题，国家新闻出版广电总局自 2011 年起探索建立农村电影放映市场化运作机制。一方面，改变农村公益影片收购价“一刀切”的定价方式，由固定收购价格改为固定保底收购价格加分账收入，根据影片的城市票房给出不同的收购价格；另一方面，密切关注国内电影市场动态，就一些市场关注度高、社会反响好、适合在农村地区放映的影片提前与片方进行洽谈，改变以往根据政府推荐片目联系片方的被动局面，使一些城市票房较高的影片及时被引进农村市场，受到农民群众的好评。

三是，加强影院建设。坚持政府推动和市场运作相结合，采取信贷、税收优惠、补贴奖励等多项措施，改善电影放映的基础设施条件。中央财政通过电影专项资金，采取“先建后补”的方式重点支持中西部地区及东部困难地区县级城市数字影院建设;地方财政根据本地经济发展实际,合理安排资金,促进县城数字影院建设的均衡发展。同时,鼓励各类资本投资建设商业影院和社区影院。

巩固农村地区电影放映工程建设成果,重点做好农村电影放映设施建设,尝试露天流动电影放映向室内固定放映转变,有条件的地方可充分利用乡镇综合文化站、村文化室建立固定放映点。改善民族地区尤其是边远农牧区电影放映条件,扩大民族地区的广播影视覆盖面,对放映设施维护进行适当补助,确保长期通、安全通。

四是,鼓励特定题材影片创作。加强电影创作的选题规划和内容建设,把农村题材、少数民族题材电影纳入电影创作计划,保证这类电影作品的占比。继续实施财政扶持政策,加大资金投入力度,通过政府采购、订购等方式对农村题材、少数民族题材电影进行资助和补贴,确保重点影片的创作生产。例如,山东新农村数字电影院线结合农业科技发展和社会生活拍摄的《农村信息化》《家庭节约用电》等实用科教片和《小村大道》等故事片,河南省周口新农村数字电影院线拍摄的豫剧电影《农家媳妇》等影片在河南、河北、山东、浙江等省份受到广泛欢迎。

五是,提升电影放映技术。推广电影数字放映技术,建立以数字化放映为龙头、电影院线为主体、固定放映和流动放映相结合、符合地区特点的新型电影放映体系。大力实施农村电影数字化放映工程,逐步实现由胶片放映向数字放映的转变。

二、国家对少数民族题材电影和民族地区电影活动的支持

为深入贯彻落实民族区域自治制度,加快少数民族文化事业发展,促进民族团结,构建社会主义和谐社会,国家从少数民族题材电影创作、电影的少数民族语言文字译制以及保障民族地区群众观影需求等方面提供支持,进一步推动少数民族和民

族地区广播影视事业繁荣发展：

（一）鼓励和支持少数民族影视精品创作

国家加强对少数民族影视创作生产的引导，积极支持少数民族题材影视创作。一方面，将少数民族题材电影纳入农村题材影片或重点影片的资助范围，对民族地区申报的电影项目给予重点关注和政策支持。另一方面，支持少数民族题材优秀电影进入主流院线；鼓励少数民族题材和少数民族语言广播影视节目参加各类广播影视评奖活动。

（二）做好电影的少数民族语言文字译制工作

电影的少数民族语言文字译制工作是我国公共文化服务保障的一项重要内容，关系着我国一亿多少数民族群众的文化需求能否得到满足。国家积极开展少数民族语公益电影数字化译制、发行、放映工作，加大对译制工作的扶持力度，确保少数民族群众看懂看好电影。一方面，加快少数民族语言译制中心建设，鼓励各地广播影视类企业建立少数民族语言广播影视节目译制中心，增加优秀广播影视节目的民族语言译制量。截至目前，已建成由中影译制中心民族语工作部和地方 11 个译制中心组成的专业化队伍，可开展 17 个少数民族语种、37 种少数民族方言的译制工作。据统计，2012 年至 2016 年，共完成 3400 多部（次）电影的少数民族语言译制工作。另一方面，加大对译制工作的资金支持。国家新闻出版广电总局每年推荐一定数量的影片作为少数民族语言译制片目，片目中影片的译制经费大部分由国家财政承担，电影局通过“以奖代补”的方式为各译制中心提供资金支持。

（三）改善少数民族和民族地区开展电影活动的条件

加强民族地区广播影视设施建设，改善基层广播影视活动条件。支持民族地区大力发展移动多媒体广播电视、网络广播影视等新媒体。改善民族地区，尤其是边远农牧区电影放映条件，增加播放内容和时间。推出内容更加新颖、形式更加多样、数量更加丰富的少数民族广播影视作品，更好地满足各族群众多层次、多方面、多样化的需求。

（四）实施民族地区农村电影公益放映工程

进一步改善民族地区农村电影放映设备和条件，力争到2020年实现固定和流动数字化放映全覆盖，并实现少数民族农村地区室内固定放映点达到三分之一以上。积极培育发展民族地区农村电影放映主体，形成以国有或国有控股农村数字院线公司为主体，民营农村数字院线公司为补充的农村电影发行放映新格局。

第四十四条　国家对优秀电影的外语翻译制作予以支持，并综合利用外交、文化、教育等对外交流资源开展电影的境外推广活动。

国家鼓励公民、法人和其他组织从事电影的境外推广。

【释义】　本条是关于我国电影境外推广的规定。

电影是文化产品中最具国际化特点的产品之一，是向世界传播本国文化观念、提升文化软实力的重要载体和先锋力量，被誉为“装在铁盒子里的大使”“国家的文化名片”。随着我国对外开放程度的逐步加深，对外投资规模日益扩大，特别是“一带一路”战略构想的贯彻落实，使电影在文化外交工作中扮演越来越重要的角色。中国电影的海外推广或者说“走出去”工程肩负着重要使命，对推动中国文化走出国门，扩大中华文化国际竞争力和影响力，增强文化软实力具有重要意义。

改革开放以来，随着中外文化交流的日益密切，中国电影海外推广的力度、深度、广度都大为加强。2001年年底，中国加入

WTO 以后,好莱坞大片以强势姿态对中国电影业和电影市场形成了巨大冲击,给缺乏国际电影贸易经验的中国电影带来了巨大挑战。为适应经济全球化以及国际电影行业竞争加剧的新形势、新变化,中国电影在合拍片、海外营销、海外电影节展等多个方面加大海外推广工作,国际市场份额不断提高。

一、中国电影境外推广的发展历程

20 世纪二三十年代,中国电影在初创时期就有了“走出去”意识,许多电影都配有英文字幕,蔡楚生执导的《渔光曲》还在前苏联获得大奖。但这种“走出去”仅仅局限于让外国观众认识中国电影,随后又由于战争因素和政治因素,“走出去”的萌芽被迅速扼杀。改革开放以来,中国电影重新踏上海外征程,经历了两个重要的发展时期:

第一个发展时期是 1978 年至 2001 年。这一时期中国电影对外交流的特点是艺术交流与商业推广并重,根据这一特点,又可以分为前后两个发展阶段。第一个阶段是从“文革”结束到国内电影业机制改革前夕的 1992 年,这个阶段的重要收获是中国第五代电影走向国际电影节。以张艺谋、陈凯歌等为代表的优秀电影人把独具中国特色的影片陆续送上国际电影舞台,并获得多项国际大奖,使中国电影被世界观众所了解。成功的案例包括:吴贻弓的《城南旧事》荣获 1983 年马尼拉电影节金鹰奖;陈凯歌的《黄土地》荣获 1985 年洛加诺国际电影节银豹奖;张艺谋的《红高粱》荣获 1987 年西柏林国际电影节金熊奖等。第二个阶段是从 1993 年电影业实施机制改革至 2001 年。1993 年的 3 号文件《关于当前深化电影行业机制改革的若干意见》启动了中国电影业真正意义上的机制改革。重要改革举措之一就是改变了国产影片由中影公司统购统销的发行模式,制片厂拥有了向国外发行国产影片的自主发行权,32 家电影发行公司获得了影片发行权。

第二个发展时期是从2002年至今。这一时期的特点是文化与产业全方位海外推广。国产电影大片是这一阶段中国电影走出去的重要代表,在海外市场表现不俗,成为展示中国文化的重要载体,对内也拉动了沉寂已久的国内票房市场。如果说之前走出国门的国产电影多为艺术电影,在海外未必取得很好的票房和销售收入,那么2002年张艺谋导演的古装商业大片《英雄》实现了突破。据有关方面统计,全球票房总收入达1.77亿美元,国内票房收入达2.5亿元人民币,并于2004年8月在美国上映时连续两周获得了票房冠军,被美国媒体评价为“中国最成功的一次文化出口”。2004年张艺谋导演的另一部古装商业大片《十面埋伏》国内票房1.5亿元人民币,全球票房9300万美元。两次成功的探索不仅掀起了国内古装商业大片的创作热潮,也促使更多的国产影片进入海外电影市场。

二、国家支持电影境外推广的重要举措

国家积极实施电影“走出去”战略,依托现有渠道,加大对电影境外推广的支持力度,努力形成长效机制。目前,国家支持国产电影境外推广主要有以下几项措施:

(一)加大对电影“走出去”战略的资金支持

国家落实鼓励和支持文化产品和服务出口财税优惠政策,设立国产音像制品出口专项资金。该专项资金分为音像制品译制经费、宣传推广经费、出口奖励经费、公告系统经费及其他费用等。其中,音像制品译制经费主要是指国产音像制品翻译制作的费用,包括翻译费、配音费、制作费等。

加大对优秀电影外语翻译制作、境外推广等的财政支持,实施发展电影事业经济政策,从进口影片收入中提取部分资金用于国产电影的外国语言译制、境外销售、参加境外电影节(展)

等活动。

（二）加快培育海外营销的市场主体

不断加强海外营销推广力度，通过组织中介机构宣传代理、制片单位参加国际电影交易市场、委托中国电影海外推广公司等多种方式，拓展营销渠道，完善营销网络，探索建立国产影片海外推广营销体系，推动国产影片进入国际主流电影市场。近年来，国产影片海外销售收入总额基本稳定在25亿元人民币以上，平均每年有约260部（次）影片销往近60个国家和地区。据不完全统计，仅2009年至2015年上半年就有1366部（次）国产影片出口到世界各大洲，海外票房和销售收入总计达139.24亿元人民币。

（三）支持电影企业、电影作品参加重要的国际电影节展和交易市场

中国电影海外推广公司、各制片单位每年都会选送优秀国产影片参加境外电影节比赛和展映。近年来，平均每年有200余部（次）影片参加约110个国际电影节，每年都有影片在各类电影节获奖。除此之外，在每年的法国戛纳国际电影节、美国电影市场、香港国际影视博览会等重要活动期间，都会举办中国电影大型推广活动，向国际片商集中介绍中国电影，助力国产影片的商业输出。同时，积极打造中国电影走出去的国内平台，努力办好各类国内电影节活动，如北京国际电影节、上海国际电影节、丝绸之路国际电影节等。由电影主管部门联合地方政府、专业机构举办电影节活动，将国外电影人和电影公司请进来，制片单位借助国内电影节这个平台向国际市场展示作品。

（四）丰富中国电影海外推广渠道

一方面，加快中国电影海外落地步伐，通过长城卫星平台，采用频道时段合作、有线电视网络租用以及互联网新媒体等方

式实现中国电影的海外落地，通过境外落地传播中国电影资讯和中国电影。目前，电影频道（CCTV－6）已在北美、欧洲、东南亚、拉美的部分国家和地区成功落地。另一方面，打造海外推广新渠道，依托“中非影视合作工程”（又名“1052 工程”）、“中国当代作品翻译工程”、“丝绸之路影视桥工程”等影视交流合作项目，与境外电视机构签订授权播出协议，通过境外电视频道播出中国影片。“1052 工程”实施四年多来，已有近万集中国优秀电视剧、电影、动画片、纪录片被译制成 20 多种语言，在世界百余个国家和地区播出。

（五）建立广泛友好的合作推广机制

积极与各国政府、国际电影节（展）组委会、电影机构、社会组织、行业协会等建立广泛友好的合作推广机制。由电影主管部门牵头，联合、委托或批准境内外影视文化机构、驻外机构、海外孔子学院教学点、海外华人社团等单位在驻在国举办文化交流性质的非商业性中国电影展映活动。近年来，此类活动平均每年举办约 100 场次，展映国产影片 600 余部（次）。进一步加强对外合作拍片，继续举办好中国电影节（展）等活动，努力增强国际影响力。大力推动中外电影合拍项目，通过与境外合作（协助）拍摄影片“借船出海”，借助合作外方的国际发行渠道将融有中华优秀文化元素的合拍片推向国际市场。截至目前，我国已与韩国、法国、新西兰、英国、意大利等多个国家签署了电影合拍协议。

三、对公民、法人和其他组织从事电影境外推广活动的鼓励

国家鼓励公民、法人和其他组织从事电影境外推广活动，为电影出口、对外交流提供了资金补助和税收优惠等方面的鼓励措施。《电影精品专项资金管理办法》明确了资助国产电影“走出去”的范围，具体包括：组织实施中国电影海外推广活动，参

加国际电影节、境外中国电影展等以及按照对等原则在国内举办外国电影展活动。资助方案由国家新闻出版广电总局根据国产电影参加国际电影节展和出口海外情况拟定。

在税收优惠方面,2014 年国务院办公厅颁布了《进一步支持文化企业发展的规定》(国办发〔2014〕15 号);财政部、海关总署、国家税务总局出台了《关于继续实施支持文化企业发展若干税收政策的通知》(财税〔2014〕85 号),规定出口电影享受增值税零税率或免税等优惠政策。2015 年,财政部、国家税务总局出台了《关于影视等出口服务适用增值税零税率政策的通知》(财税〔2015〕118 号),规定境内单位和个人向境外单位提供广播影视节目(作品)的制作和发行服务的,适用增值税零税率政策。

第四十五条　国家鼓励社会力量以捐赠、资助等方式支持电影产业发展,并依法给予优惠。

【释义】 本条是关于国家鼓励社会力量支持电影产业发展的规定。

电影产业的发展,除了需要以获取商业利益为目的的商业电影的繁荣外,还需要公益电影、主旋律电影、纪录电影、实验电影、戏曲电影和少数民族电影等各种类型的非商业电影的发展。而由于非商业电影的特性,使其难以获得相应的收益来支持自身的存在和发展。因此,除了国家的扶持外,电影产业还需要社会力量的支持。

一、国家的鼓励措施

本条规定,国家鼓励社会力量以捐赠、资助等方式支持电影产业发展。根据公益事业捐赠法、慈善法等法律的规定,目前国家的鼓励措施主要包括以下几个方面:

1. 县级以上人民政府应当根据经济社会发展情况，制定促进慈善事业发展的政策和措施。县级以上人民政府有关部门应当在各自职责范围内，向慈善组织、慈善信托受托人等提供慈善需求信息，为慈善活动提供指导和帮助。

2. 国家为慈善事业提供金融政策支持，鼓励金融机构为慈善组织、慈善信托提供融资和结算等金融服务。

3. 各级人民政府及其有关部门可以依法通过购买公益放映服务、拍摄影片服务等方式，支持符合条件的慈善组织向社会提供服务，并依照有关政府采购的法律法规向社会公开相关情况。

4. 国家鼓励企业事业单位和其他组织为开展慈善活动提供场所和其他便利条件。

5. 国家建立慈善表彰制度，对在慈善事业发展中作出突出贡献的自然人、法人和其他组织，由县级以上人民政府或者有关部门予以表彰。

二、捐赠、资助的主体

根据本条规定，通过捐赠、资助等方式支持电影产业发展的主体为“社会力量”。一般来说，社会力量是指参与、作用于社会发展的基本单元，包括自然人、法人（社会组织、党政机关事业单位、非政府组织、党群社团、非营利机构、企业等）。但由于本法第三十六条已经对国家支持的电影作了规定，所以本条所说的“社会力量”，主要是指政府以外的个人和组织，既包括自然人，也包括法人或者其他组织。也就是说，个人和政府以外的各类法人、其他组织都可以通过捐赠、资助等方式支持电影产业发展。

本条使用“社会力量”作为捐赠、资助的主体，一方面是强调捐赠、资助的主体为政府以外的个人和组织；另一方面也表明捐赠、资助主体的广泛性。

三、通过捐赠、资助等方式支持的对象

根据公益事业捐赠法规定，自然人、法人或者其他组织捐赠的对象为“公益性社会团体和公益性非营利的事业单位”。慈善法也规定，“捐赠人可以通过慈善组织捐赠，也可以直接向受益人捐赠”。根据公益事业捐赠法和慈善法的规定，自然人、法人和其他组织捐赠、资助的对象应该为公益组织或者个人。因此，本条规定的捐赠、资助的对象，一般为促进电影产业发展的公益性社会团体、公益性非营利的事业单位或者慈善组织，也可以直接向促进电影产业发展的个人捐赠。换言之，接收捐赠、资助的公益组织和个人，应当将其获得的捐赠、资助用于促进电影产业发展，即使其所支持的电影获得利润，也不能从中牟取利益。

本条中所说的社会力量以捐赠、资助等方式支持的“电影产业”，不是泛指电影产业，主要是指公益电影、主旋律电影、纪录电影、实验电影、戏曲电影和少数民族电影等各种类型的非商业电影的创作、摄制和发行、放映，以及艺术院线的建设、电影公益放映等电影产业中需要社会力量支持的方面。

非商业电影是中国文化表达和社会思考力的重要体现，是探索电影艺术和技术的先锋，是提高国民电影艺术鉴赏水平的必由之路。因此，非商业电影是电影产业发展不可或缺的部分。但由于非商业电影很难通过票房收入等形式来支撑自身的发展，所以需要社会力量通过捐赠、资助等方式给予支持。根据本法第三十六条，国家支持创作、摄制的电影包括：(1)传播中华优秀文化、弘扬社会主义核心价值观的重大题材电影；(2)促进未成年人健康成长的电影；(3)展现艺术创新成果、促进艺术进步的电影；(4)推动科学教育事业发展和科学技术普及的电影；(5)其他符合国家支持政策的电影。本条规定所扶持的电影包括本法第三十六规定所支持的电影的范畴,但不限于这一范畴,所包括的范围更广。同样,艺术院线、公益放映等电影活动作为电影产业的重要方面,也难以通过票房收入等形式支撑自身的存续和发展,需要社会力量的支持。

四、以捐赠和资助为主要方式

根据本条规定,社会力量扶持电影产业发展的主要方式为捐赠、资助等。本条所说的扶持方式,以捐赠和资助为主,也可以采取其他方式扶持电影产业发展。

(一)捐赠

慈善法第三十四条规定:“本法所称慈善捐赠,是指自然人、法人和其他组织基于慈善目的,自愿、无偿赠与财产的活动。”公益事业捐赠法也规定,捐赠主要是指自然人、法人或者其他组织自愿无偿向依法成立的公益性社会团体和公益性非营利的事业单位捐赠财产,用于公益事业。

因此,本条所指的捐赠应当具有以下特点:第一,捐赠应当是自愿的行为。捐赠人有权决定是否以捐赠的方式支持电影产业的发展,决定捐赠的种类、数量以及接受捐赠的对象。任何个人或组织,都不能强行摊派或者变相摊派。第二,捐赠应当是无偿的行为。从本质上来讲,捐赠行为也是一种无偿赠与行为。捐赠人将自己所有的财产给付受赠人,受赠人不因取得捐赠财产而向捐赠人偿付相应的对价。第三,捐赠的财产应当为合法财产。本条规定的捐赠的财产应当为捐赠人有权处分的合法财产,包括货币、实物、房屋、有价证券、股权、知识产权等有形和无形财产。即捐赠的财产应为其所有或有权处分的合法财产,不是法律所禁止的违禁品、控制使用的产品。捐赠人捐赠的实物应当具有使用价值,符合安全、卫生、环保等标准。捐赠人捐赠本企业产品的,应当依法承担产品质量责任和义务。第四,捐赠财产的使用应当尊重捐赠人的意愿，符合公益目的，不得将捐赠财产挪作他用。捐赠行为可以是赠与行为中的附条件赠与行为。公益事业捐赠法第十二条规定，捐赠人可以与受赠人就捐赠财产的种类、质量、数量和用途等内容订立捐赠协议。如果受赠人违反捐赠协议，没有将捐赠财产用于公益目的，或者没有按照捐赠人指定的用途使用捐赠财产，捐赠人有权解除捐赠协议。

（二）资助

资助即以资金的方式帮助，这里主要是指以资金的方式支持电影产业的发展。国家鼓励非公有资本等社会力量以资助的方式促进电影产业发展，将各种社会力量的资金引入电影产业的资金池，扩大电影产业的投资来源。《电影管理条例》第十七条规定，国家鼓励企业、事业单位和其他社会组织以及个人以资助、投资的形式参与摄制电影片。具体办法由国务院广播电影电视行政部门制定。

五、国家依法给予优惠

社会力量以捐赠和资助的方式支持电影产业发展，应当受到鼓励和提倡。为此，各国都对支持电影产业发展的行为予以必要的优惠措施。本条规定对社会力量以捐赠、资助等方式扶持电影产业发展，应当给予税收等多方面的优惠。

（一）税收优惠

根据公益事业捐赠法、慈善法、企业所得税法和个人所得税法等法律的规定，国家依法对社会力量以捐赠、资助等方式支持电影产业发展可以给予税收优惠。这里的税收优惠措施包括两个方面：一是，对捐赠人来说，企业慈善捐赠支出超过法律规定的准予在计算企业所得税应纳税所得额时当年扣除的部分，允许结转以后三年内在计算应纳税所得额时扣除；个人将其所得的部分，按照国务院有关规定从应纳税所得中扣除；境外捐赠用于慈善活动的物资，依法减征或者免征进口关税和进口环节增值税。二是，对受赠人来说，慈善组织及其取得的收入依法享受税收优惠；受益人接受慈善捐赠也可以依法享受税收优惠。

（二）其他优惠措施

根据公益事业捐赠法、慈善法等法律的规定，捐赠、资助扶持电影产业发展除了可以享受税收优惠外，还可以依法享受其他优惠。一是，捐赠人向慈善组织捐赠实物、有价证券、股权和知识产权的，依法免征权利转让的相关行政事业性费用。二是，对于捐赠的工程项目，当地人民政府应当给予支持和优惠。

第四十六条　县级以上人民政府电影主管部门应当加强对电影活动的日常监督管理，受理对违反本法规定的行为的投诉、举报，并及时核实、处理、答复；将从事电影活动的单位和个人因违反本法规定受到行政处罚的情形记入信用档案，并向社会公布。

【释义】　本条是关于县级以上人民政府电影主管部门履行日常监督管理职责的规定。

近些年来，在电影市场繁荣和产业发展的同时，出现了很多管理失范、无法可依的乱象，票房造假、盗录盗播等问题屡禁不止，严重影响了电影产业的健康发展。在推进简政放权以激发市场活力的同时，需要加强电影市场监管、规范电影行业秩序，来保障电影产业健康发展。因此，通过立法转变政府管理方式，培育、规范市场秩序，坚持放管并举，该放的放开，该管的管住，这一条立法主线始终贯穿于本法始终。这就要求电影主管部门坚持依法行政，切实加大执法力度，综合运用多种手段强化监管，坚决打击电影行业的违法活动，保护与电影有关的知识产权，规范电影行业各主体的行为，加强对电影市场的监督管理，维护电影市场的秩序，为我国电影产业健康发展创造良好的法治环境。

本条可从以下几个方面来理解：

一、对电影活动的日常监督管理

日常监督管理是行政机关依法行使行政职权、管理经济社会事务的重要措施，也是行政机关依法查处违法行为、维护经济社会秩序的重要手段。按照本条规定，履行对电影活动日常监督管理职责的主体是国务院电影主管部门和县级以上地方人民政府的电影主管部门。其中，国家新闻出版广电总局是国务院电影主管部门，主管全国电影工作；县级以上地方人民政府电影主管部门负责本行政区域内的电影管理工作。对电影活动的日常监督管理指的是，国家新闻出版广电总局和地方广电行政部门，依据本法规定职责，对电影行业行使管理职能，检查电影行业各有关主体遵守法律法规、履行法定义务的情况，督促电影行业各有关主体依法开展相关活动，维护电影行业、电影市场的良好秩序。例如，检查是否存在擅自从事电影摄制、发行、放映活动的行为，是否有与许可证、有关批准或者证明文件相关的违法行为，是否有与电影公映许可证相关的违法行为，是否存在制造虚假交易、虚报瞒报销售收入等扰乱电影市场秩序的行为；督促市场主体、行业从业人员遵纪守法；督促有违法行为的电影行业的公民、法人和其他组织主动纠正违法行为、接受检查处罚，等等。

二、举报投诉制度

本条规定建立了电影行业的举报投诉制度，为人民群众投诉举报、电影主管部门受理核查提供了法律依据。首先，就行业中违法行为向监督管理部门进行投诉、举报，是社会公众、社会组织的一项重要权利。监督管理部门日常的监督管理，可能会出现“死角”、“漏项”或者“空白地带”。社会公众、社会组织一旦发现与电影有关的违法行为，并向监督部门进行投诉、举报，则可以使监督管理部门及时发现并依法查处违法行为，同时有利于监督管理部门发现监管中存在的问题，弥补监管工作的不足，是对日常监管手段的重要、有益的补充。

所谓投诉，是指公民、法人或者其他组织就参与电影活动时，其合法权益受到电影行业主体违法行为侵害，向电影主管部门反映、报案，要求主管部门依法查处违法行为，保护自身合法权益。所谓举报，是指公民、法人或者其他组织就其发现的电影行业中的违法行为，向电影主管部门提供证据或者线索，要求电影主管部门履行法定职责予以查处。

县级以上人民政府电影主管部门接到投诉、举报后应当按照以下原则予以处理：一是，对属于本部门职责的，应当受理，组织人员进行核实、处理，并及时答复投诉人、举报人。这是监督管理部门应当履行的一项法定义务，也是对投诉人、举报人权益的一项保护措施。二是，对不属于本部门职责的，应及时移交有权处理的部门处理，并告知投诉人、举报人。电影行业中各种活动的监督管理涉及多个部门，各监管部门之间有明确的职责分工，投诉人、举报人不一定了解其职责分工。电影主管部门接到投诉、举报后应认真研究，发现不属于自己监管职责的，应移交有权处理的部门进行处理，并将这一情况告知投诉人、举报人，以便其了解、掌握自己的投诉、举报的进展。三是，电影主管部门应当及时处理，不得推诿。对于接到的投诉、举报，要认真组织调查处理，不得推脱、敷衍、耽误，应有完整的记录，并予以保存。

三、信用档案制度

市场经济是信用经济。目前我国正致力于加快建设社会信用体系，以更有效地打击失信行为，维护正常的社会经济秩序，保护群众权益。行业信用建设是社会信用体系建设的重要组成部分，对于促进企业和个人自律、形成有效的市场约束具有重要作用。目前已经有多部法律从不同行业管理角度对行业信用档案（记录）制度作出了规定，如旅游法、食品安全法等。本条是针对电影行业中从事电影活动的单位和个人而设定的，为电影行业信用制度建设提供法律制度支撑。

一是，记入信用档案的内容是“从事电影活动的单位和个人因违反本法规定受到行政处罚的情形”。首先，“受到行政处罚的情形”属于负面信息披露范畴。2007 年 3 月，国务院办公厅发布的《关于社会信用体系建设的若干意见》（国办发〔2007〕17 号）提出，要“健全负面信息披露制度和守信激励制度”。其次，不是所有违法情况都要记入信用档案，本法将其范围限定在“因违反本法规定受到行政处罚的情形”。2014 年 8 月国务院颁布的《企业信息公示暂行条例》（国务院令第 654 号）规定，工商行政管理部门以外的其他政府部门应当公示其在履行职责过程中产生的下列企业信息：……（2）行政处罚信息；（3）其他依法应当公示的信息。其他政府部门可以通过企业信用信息公示系统，也可以通过其他系统公示前述规定的企业信息。

二是，记入信用档案后须向社会公布。按照《政府信息公开条例》的规定，行政机关应当将需要主动公开的政府信息，通过政府公报、政府网站、新闻发布会以及报刊、广播、电视等便于公众知晓的方式公开，并可以根据需要设立公共查阅室、资料索取点、信息公告栏、电子信息屏等场所、设施，公开政府信息。县级以上人民政府电影主管部门要依法对“从事电影活动的单位和个人因违反本法规定受到行政处罚的情形”和“记入信用档案”的情况，向社会公开，使社会公众知晓相关信息，保障公众的知情权。

建立并实施好电影行业信用档案制度，有利于通过运用电影行业企业信息公示、社会监督等手段保障公平竞争，保证社会公众特别是交易相对人准确了解该企业经营状况，努力形成企业“一处违法、处处受限”的信用约束机制，促进电影行业企业诚信自律，维护电影市场良好秩序。

第五章 法律责任

本章共十二条，主要是对违反本法规定的行为，设定了相应的法律责任。所谓法律责任，是指责任主体违反了法定或者约定的义务而必须承担的具有强制性的特定后果。法律责任是一种不利的法律后果。根据违法行为的性质和危害的程度不同，法律责任分为行政责任、民事责任、刑事责任三种。

行政责任，又称行政法律责任，是指因违反行政法律、法规所应承担的法律责任。行政责任分为两类：一是处分，也就是行政处分。行政处分是指国家机关、企事业单位对所属国家工作人员尚不构成犯罪的违法失职行为，依据法律、法规所规定的权限而给予的一种制裁性处理。处分的种类包括警告、记过、记大过、降级、撤职、开除。二是行政处罚，是指行政机关或其他行政主体依法定职权和程序对违反行政管理方面法律规范、尚未构成犯罪的相对人给予行政制裁的具体行政行为。行政处罚包括以下几种：警告，罚款，没收违法所得、没收非法财物，责令停产停业，暂扣或者吊销许可证、暂扣或者吊销执照，行政拘留以及法律、行政法规规定的其他行政处罚。

民事责任，又称民事法律责任，是指民事主体在民事活动中，因实施民事违法行为，根据民事法律所承担的对其不利的民事法律后果或者基于法律特别规定而应承担的民事方面的法律责任。民事责任具有以下特点：一是民事责任主要在于救济当事人的权利，赔偿或者补偿当事人的损失；二是民事责任主要是一种财产责任;三是民事责任可以由当事人协商解决。民事责任可以分为违约责任和侵权责任两种。违约责任是指合同当事人不履行合同义务或者履行合同义务不符合约定时,依法产生的法律责任。侵权责任是指民事主体因实施侵权行为而应承担的民事法律后果。

刑事责任,又称刑事法律责任,是指行为人因犯罪行为所导致的,违反国家刑事法律而必须承担的惩罚性的后果。这种惩罚性的后果由司法机关通过特定的程序来确定。刑事责任具有以下特点:一是行为人行为具有严重的社会危害性;二是刑事责任是犯罪人向国家所负的法律责任,由国家机关来追究;三是刑事责任是所有法律责任中最严厉的一种,如被判处有期徒刑、无期徒刑、死刑等。

本法在"法律责任"一章中,主要对违法行为的行政责任作了规定,同时为了与民事方面的法律以及刑法相衔接,在第五十六条中对民事责任和刑事责任作了原则性规定。

第四十七条　违反本法规定擅自从事电影摄制、发行、放映活动的,由县级以上人民政府电影主管部门予以取缔,没收电影片和违法所得以及从事违法活动的专用工具、设备;违法所得五万元以上的,并处违法所得五倍以上十倍以下的罚款;没有违法所得或者违法所得不足五万元的,可以并处二十五万元以下的罚款。

【释义】　本条是关于违反本法规定擅自从事电影摄制、发行、放映活动的法律责任的规定。

一、关于违法行为的主体

根据本条的规定,违法行为的主体为开展了电影摄制、发行、放映活动的个人、法人或者其他组织。鉴于本法对电影摄制、发行、放映均设置了相应的许可(电影故事梗概实行备案),只要是未经许可(或者电影故事梗概未完成备案程序),擅自进行电影摄制、发行、放映活动,就会成为本条违法行为的主体,将依法受到追究。本条所规定的违法行为主体范围要比本法对电影摄制、发行、放映行政许可所设定的申请主体范围大,即使不是行政许可所设定的范围内的主体违反本条规定,也将依据本条追究法律责任。例如,本法第二十四条第一款设定的电影发行许可的申请主体是企业,只有企业才能成为电影发行主体,个人不能成为电影发行主体,如果有个人擅自从事电影发行活动,也将按照本条规定予以处罚。

二、关于违法行为的构成

根据本条规定,该违法行为的构成,为"违反本法规定擅自从事电影摄制、发行、放映活动"。具体包括以下三种情形:

一是,违反本法规定擅自从事电影摄制活动。按照本法第十三条的规定,对一般电影剧本梗概实行备案管理,涉及重大题材或者国家安全、外交、民族、宗教、军事等方面题材的实行审查批准。如果电影剧本梗概或者电影剧本不符合本法第十六条的规定,没有完成公告程序,未取得国务院电影主管部门或者省、自治区、直辖市人民政府电影主管部门出具的备案证明文件、颁发的批准文件,则不能开展电影摄制活动。未经合法程序,即为"擅自"。

二是,违反本法规定擅自从事电影发行活动。本法第二十四条第一款规定了企业从事电影发行活动的行政许可。未经国务院电影主管部门或者所在地省、自治区、直辖市人民政府电影主管部门批准,未取得资质许可,即为"擅自从事电影发行活动"。

三是,违反本法规定擅自从事电影放映活动。本法第二十四条第二款规定了企业、个体工商户从事电影院等固定放映场所电影放映活动的行政许可。不满足本法规定的条件，未取得所在地县级人民政府电影主管部门批准，不得从事电影院等固定放映场所电影放映活动。本法第二十六条规定了企业、个人从事电影流动放映活动实行备案管理。虽然不以行政许可为前提，但是从事电影流动放映活动的企业、个人要及时履行备案手续。如果故意延迟办理或者不办理备案手续，也应属于擅自从事电影流动放映活动。

三、对违法行为的处罚

根据本条的规定，构成该违法行为的，即“违反本法规定擅自从事电影摄制、发行、放映活动的”，由县级以上人民政府电影主管部门给予处罚：

第一，关于实施处罚的机关。对该违法行为实施处罚的机关，为“县级以上人民政府电影主管部门”。

第二，关于处罚的具体内容。一是取缔。取缔就是明令取消或禁止，法律上的“取缔”是指行政机关依照法定权限和程序终止未依法取得许可、批准（含核准和登记）及营业执照的公民、法人及其他组织所擅自从事的有关生产、经营及商业活动而采取的行政处理行为。这里所指的取缔对象，就是违反本法规定擅自从事电影摄制、发行、放映的活动。

二是予以没收。没收的对象有三类：电影片、违法所得和从事违法活动的专用工具、设备。所谓没收，是一种财产罚，是指实施行政处罚的机关依照法律规定，将违法行为人通过违法行为获得的非法财产、收益（如电影片、违法所得），以及从事违法活动的专用工具、设备收归国有的一种处罚形式。

三是处以罚款。所谓罚款，是指实施行政处罚的机关依照法律规定，强迫违法行为人缴纳一定数额的货币从而依法损害或者剥夺违法行为人某些财产的一种处罚形式。罚款也是一种财产罚,即对行为人的财产权予以一定程度的剥夺。根据本条的规定,对于构成该违法行为的,除了取缔、没收之外,还要"并处"罚款。在确定罚款数额时,以所认定的违法所得为标准,按照以下两种情况予以确定:(1)违法所得五万元以上的,并处违法所得五倍以上十倍以下的罚款;(2)没有违法所得或者违法所得不足五万元的,可以并处二十五万元以下的罚款。

第四十八条　有下列情形之一的,由原发证机关吊销有关许可证、撤销有关批准或者证明文件;县级以上人民政府电影主管部门没收违法所得;违法所得五万元以上的,并处违法所得五倍以上十倍以下的罚款;没有违法所得或者违法所得不足五万元的,可以并处二十五万元以下的罚款:

(一)伪造、变造、出租、出借、买卖本法规定的许可证、批准或者证明文件,或者以其他形式非法转让本法规定的许可证、批准或者证明文件的;

(二)以欺骗、贿赂等不正当手段取得本法规定的许可证、批准或者证明文件的。

【释义】　本条是关于与许可证、批准或者证明文件有关的非法活动的法律责任的规定。

一、关于违法行为的主体

根据本条规定,违法行为的主体为电影行业中从事电影摄制、发行、放映等活动的法人、其他组织。本条规定的违法行为主要围绕与电影有关的许可证发生,因此,违法主体主要是需要持有许可证方能从事电影有关业务的法人、其他组织。

二、关于违法行为的构成

根据本条规定,该违法行为的构成包括以下三种具体情形:

一是，伪造、变造本法规定的许可证、批准或者证明文件的。本条所讲的“伪造”，是指假冒主管部门的名义，制造根本不存在的与电影有关的许可证、批准或者证明文件的行为；“变造”是指用涂改等手段，擅自对真实的与电影有关的许可证、批准或者证明文件进行非法修改，变更其真实内容的行为。这两种手段都是造假行为，其所依据的许可证、批准或者证明文件都是虚假文件。

二是，出租、出借、买卖或者以其他形式非法转让本法规定的许可证、批准或者证明文件的。本条所讲的“出租”，是指持有人将与电影有关的许可证、批准或者证明文件出租给他人，对方支付相应租金的行为；“出借”是指持有人将与电影有关的许可证、批准或者证明文件无偿借给他人使用的行为；“买卖”是指持有人将自己所有的与电影有关的许可证、批准或者证明文件，擅自转让给他人，对方支付相应价金的行为；“以其他形式非法转让”是指持有人用冲抵债务、实物交换等方式将自己所有的与电影有关的许可证、批准或者证明文件出让给他人的行为。以上行为以试图转移许可证、批准或者证明文件的“所有权、使用权”为目的，将上述文件当作商品或者物品转让、出借，多数有牟利的企图。

三是，以欺骗、贿赂等不正当手段取得本法规定的许可证、批准或者证明文件的。这里所讲的“欺骗”，是指通过提供虚假申请资料、虚假叙述等手段，通过电影主管部门的许可、备案程序，取得相关的许可证、批准或者证明文件的行为；“贿赂”是指通过向电影主管部门工作人员行贿，非法获得相关的许可证、批准或者证明文件的行为。

三、对违法行为的处罚

根据本条的规定，构成该违法行为的由两种不同的机关给予不同的处罚，主要包括：

一是，吊销有关许可证、撤销有关批准或者证明文件。这一处罚的实施机关为“原发证机关”，由于电影剧本梗概备案证明、特殊题材剧本审查批准文件、电影公映许可证、电影发行经营许可证、电影放映经营许可证以及其他批准、证明文件，其发放主体不尽相同，按照“谁发证、谁吊销”的原则，由原来的发证机关予以处罚。所谓吊销许可证，是指实施行政处罚的电影主管部门依法注销实施违法行为的企业、其他法人等主体的许可证，从而剥夺其继续按照许可证经营、开展业务活动的一种处罚形式。吊销许可证，是一种能力罚，即剥夺违法主体的经营能力、经营资格。所谓“撤销有关批准或者证明文件”，其性质与吊销许可证相同，只是对象种类不同。

二是，没收违法所得，并处罚款。这一处罚的实施机关为“县级以上人民政府电影主管部门”。对于构成该违法行为的，除了吊销有关许可证、撤销有关批准或者证明文件、没收违法所得之外，还要“并处”罚款。在确定罚款数额时，以所认定的违法所得为标准，按照以下两种情况予以确定：(1)违法所得五万元以上的，并处违法所得五倍以上十倍以下的罚款；(2)没有违法所得或者违法所得不足五万元的，可以并处二十五万元以下的罚款。

第四十九条　有下列情形之一的，由原发证机关吊销许可证；县级以上人民政府电影主管部门没收电影片和违法所得；违法所得五万元以上的，并处违法所得十倍以上二十倍以下的罚款；没有违法所得或者违法所得不足五万元的，可以并处五十万元以下的罚款：

（一）发行、放映未取得电影公映许可证的电影的；

（二）取得电影公映许可证后变更电影内容，未依照规定重新取得电影公映许可证擅自发行、放映、送展的；

（三）提供未取得电影公映许可证的电影参加电影节（展）的。

【释义】 本条是关于未取得电影公映许可证的违法行为的法律责任的规定。

一、关于违法行为的主体

电影审查制度是电影产业促进法的核心制度之一，电影公映许可证是把好电影内容、技术标准关的重要抓手。本条规定的违法行为主要与电影公映许可证相关，因此，违法主体主要是需要持有电影公映许可证方能从事电影有关业务的法人、其他组织等。根据本条规定，针对所列举的不同违法行为，违法主体可分为以下几种情况：一是进行电影摄制活动的法人、其他组织；二是从事电影发行的企业；三是从事电影放映活动的企业、个体工商户，即电影院；四是电影送展的法人、其他组织。

二、关于违法行为的构成

根据本条规定，该违法行为的构成包括以下三种具体情形：

一是，发行、放映未取得电影公映许可证的电影的。本法第二十条第二款规定，未取得电影公映许可证的电影，不得发行、放映，不得通过互联网、电信网、广播电视网等信息网络进行传播，不得制作为音像制品；但是，国家另有规定的，从其规定。因此，除非国家另有规定，发行、放映未取得电影公映许可证的电影，即属于违反禁止性规定，应承担法律责任。

二是，取得电影公映许可证后变更电影内容，未依照规定重新取得电影公映许可证擅自发行、放映、送展的。本法第十九条规定，取得电影公映许可证的电影需要变更内容的，应当依照本法规定重新报送审查。电影内容变更后未依照规定重新取得电影公映许可证，包含新内容的电影片将视为未取得电影公映许可证，按照本法第二十条第二款、第二十一条的规定，不得发行、放映、送展。

三是，提供未取得电影公映许可证的电影参加电影节（展）的。本法第二十一条规定，摄制完成的电影取得电影公映许可证，方可参加电影节（展）。因此，未取得电影公映许可证，不得参加电影节（展）。

三、对违法行为的处罚

根据本条的规定，构成该违法行为的由两种不同的机关给予不同的处罚，主要包括：

一是，吊销有关许可证。这一处罚的实施机关为“原发证机关”。虽然该电影片未取得电影公映许可证，但是实施违法行为的主体一般都是已经取得电影发行、放映许可，从事电影发行、放映业务的企业（或者个体工商户），未取得电影公映许可证的电影是通过他们的发行、放映等渠道传播出去的。因此，其持有的电影有关业务许可证应予吊销。如持有电影发行经营许可证或者电影放映经营许可证的企业，有本条规定的违法行为的，应由原发证机关吊销该企业或者个体工商户的电影发行经营许可证或者电影放映经营许可证。

二是，没收电影片和违法所得，并处罚款。这一处罚的实施机关为“县级以上人民政府电影主管部门”。对于构成该违法行为的，除了吊销有关许可证、没收电影片和违法所得之外，还要“并处”罚款。在确定罚款数额时，以所认定的违法所得为标准，按照以下两种情况予以确定：（1）违法所得五万元以上的，并处违法所得十倍以上二十倍以下的罚款；（2）没有违法所得或者违法所得不足五万元的，可以并处五十万元以下的罚款。与第四十八条关于有关许可证、批准或者证明文件的违法行为处罚相比较，本条对于未取得电影公映许可证违法行为的处罚更重、更严厉。

第五十条 承接含有损害我国国家尊严、荣誉和利益，危害社会稳定，伤害民族感情等内容的境外电影的洗印、加工、后期制作等业务的，由县级以上人民政府电影主管部门责令停止违法活动，没收电影片和违法所得；违法所得五万元以上的，并处违法所得三倍以上五倍以下的罚款；没有违法所得或者违法所得不足五万元的，可以并处十五万元以下的罚款。情节严重的，由电影主管部门通报工商行政管理部门，由工商行政管理部门吊销营业执照。

【释义】 本条是关于违反规定承接境外电影洗印、加工、后期制作等业务的法律责任的规定。

一、关于违法行为的主体

根据本条和本法第二十二条的规定，该违法行为的主体为一般主体，即任何从事电影洗印、加工、后期制作等业务的公民、法人和其他组织都可以成为本条的违法行为主体。本法对从事电影洗印、加工、后期制作等业务没有作出限制性规定，我国公民、法人和其他组织都可以从事电影洗印、加工、后期制作等业务。

二、关于实施处罚的机关

对构成本条规定的违法行为实施处罚的机关，为"县级以上人民政府电影主管部门"。处罚的实施机关应当为违法行为发生地的县级以上人民政府电影主管部门。如果对管辖权发生争议的，应当报请共同的上一级行政机关指定管辖。

对于吊销营业执照的处罚，实施处罚的机关为工商行政管理部门。具体实施时，是由电影主管部门通报工商行政管理部门，由工商行政管理部门作出吊销营业执照的决定。

三、关于违法行为的构成

根据本条规定，违法行为的构成为“承接含有损害我国国家尊严、荣誉和利益，危害社会稳定，伤害民族感情等内容的境外电影的洗印、加工、后期制作等业务”。本条规定的违法行为可从以下几个方面来理解：

第一，承接境外电影的洗印、加工、后期制作等业务。本条规定，只适用于承接境外电影的洗印、加工、后期制作等业务。对于一般从事电影洗印、加工、后期制作等业务并不会构成本条规定的违法行为的主体，只有承接境外电影洗印、加工、后期制作等业务才会构成本条规定的违法行为。即使承接了含有损害我国国家尊严、荣誉和利益，危害社会稳定，伤害民族感情等内容的国产电影的洗印、加工、后期制作等业务也不适用本条规定的处罚，而是根据不同情况，适用其他有关法律规定。

第二，含有损害我国国家尊严、荣誉和利益，危害社会稳定，伤害民族感情等内容。本条规定，承接洗印、加工、后期制作等业务只有含有损害我国国家尊严、荣誉和利益，危害社会稳定，伤害民族感情等内容才构成违法行为。需要注意的是，由于电影数字技术的发展，电影后期制作的专业化程度越来越高，承接的境外电影的一些后期制作可能只是部分特效加工、音频加工等业务，而整部影片是在境外完成。在这种情况下，承接业务的公民、法人和其他组织根本无法了解整部影片的内容，也就无法得知影片是否有损害我国国家尊严、荣誉和利益，危害社会稳定，伤害民族感情等内容。如何适应新技术带来的新情况，需要有关方面在制定本法的配套性法规时，根据实际情况，予以进一步的明确。

此外，虽然本法第二十二条规定，承接境外电影的洗印、加工、后期制作等业务需要向省、自治区、直辖市人民政府电影主管部门备案,但如果仅仅是承接境外电影的洗印、加工、后期制作等业务未经备案,并不构成本条规定的违法行为。

四、对违法行为的处罚

根据本条的规定,构成违法行为的,即“承接含有损害我国国家尊严、荣誉和利益,危害社会稳定,伤害民族感情等内容的境外电影的洗印、加工、后期制作等业务的”,首先由电影主管部门责令停止违法行为。同时,由电影主管部门或者工商行政管理部门根据违法行为的情节,给予行政处罚。本条设定的行政处罚主要有三种:一是没收电影片和违法所得;二是罚款;三是吊销营业执照。

（一）没收电影片和违法所得

本条规定的没收对象只有电影片和违法所得。没收的电影片是指含有损害我国国家尊严、荣誉和利益,危害社会稳定,伤害民族感情等内容的境外电影,并不是违法行为主体承接的所有电影片。没收违法所得是指违法行为主体承接含有损害我国国家尊严、荣誉和利益,危害社会稳定,伤害民族感情等内容的境外电影的洗印、加工、后期制作等业务所获得的收入。

（二）罚款

本条规定的罚款是“并处罚款”,即在没收电影片和违法所得后,还要处以罚款。本条规定的罚款金额是以所认定的违法所得为基数,分两种情况进行计算:一是对违法所得五万元以上的,是以倍数计算罚金,处违法所得三倍以上五倍以下的罚款;二是对没有违法所得或者违法所得不足五万元的,在固定数额以下处以罚款,处十五万元以下的罚款。需要说明的是,第一种情况为同时处罚,即违法所得五万元以上的,必须处以罚款。第二种情况为选择处罚,即没有违法所得或者违法所得不足五万元的，可以处以罚款，也可以由处罚实施机关根据情况，免于罚款或者从轻、减轻罚款。

（三）吊销营业执照

对于情节严重的，除了没收电影片和违法所得、处以罚款外，还应当采取措施，防止违法行为主体再次实施违法行为。由于承接境外电影的洗印、加工、后期制作等业务不是行政许可事项，电影主管部门对情节严重的违法行为，无法通过吊销相应许可证来防止违法行为主体再次实施违法行为。因此，本条规定，对情节严重的，由电影主管部门通报工商行政管理部门，由工商行政管理部门吊销营业执照。实施违法行为的企业法人被吊销营业执照，进行清算并办理工商注销登记后，该企业法人归于消灭。

需要注意的是，根据本条的规定，吊销营业执照，需要具备“情节严重的”条件，即违法行为达到了相当严重的程度。至于哪些情况属于“情节严重”，即“情节严重”的具体条件，需要有关方面在制定本法的配套性法规时，根据实际情况，予以进一步的明确。

第五十一条　电影发行企业、电影院等有制造虚假交易、虚报瞒报销售收入等行为，扰乱电影市场秩序的，由县级以上人民政府电影主管部门责令改正，没收违法所得，处五万元以上五十万元以下的罚款；违法所得五十万元以上的，处违法所得一倍以上五倍以下的罚款。情节严重的，责令停业整顿；情节特别严重的，由原发证机关吊销许可证。

电影院在向观众明示的电影开始放映时间之后至电影放映结束前放映广告的，由县级人民政府电影主管部门给予警告，责令改正；情节严重的，处一万元以上五万元以下的罚款。

【释义】　本条是关于电影发行企业、电影院等违反规定制造虚假交易、虚报瞒报销售收入，以及电影院违反规定放映广告的法律责任的规定。

一、关于违法行为的主体

根据本条第一款和本法第三十四规定，制造虚假交易、虚报瞒报销售收入等扰乱电影市场秩序行为的主体为特定主体，即“电影发行企业、电影院等”。本条所说的电影发行企业是指依法取得电影发行经营许可证，可以从事电影发行活动的企业。本条所说的电影院是指依法取得电影放映经营许可证，可以从事电影院等固定场所放映活动的企业和个体工商户。本条对违法主体的规定是开放性规定，该违法行为的主体包括但不限于电影发行企业和电影院，即除了电影发行企业、电影院以外的其他主体，如电影制片企业、电影投资方等，具有本条规定的违法行为的，也可以适用本条的规定处罚。

根据本条第二款和本法第三十二条规定，在向观众明示的电影开始放映时间之后至电影放映结束前放映广告的违法主体为特定主体，即“电影院”。这里所说的电影院与第一款所说的电影院所指相同。

二、关于实施处罚的机关

根据本条第一款规定，对电影发行企业、电影院等有制造虚假交易、虚报瞒报销售收入等扰乱电影市场秩序行为实施处罚的机关为县级以上人民政府电影主管部门。也就是说，根据实际情况，既可以由县级人民政府电影主管部门对该违法行为作出处罚决定，也可以由市级人民政府电影主管部门，省、自治区、直辖市人民政府电影主管部门和国务院电影主管部门以自身的名义对该违法行为直接作出处罚决定。

根据本条第二款规定，对电影院在向观众明示的电影开始放映时间之后至电影放映结束前放映广告进行处罚的为县级人民政府电影主管部门。也就是说,只有县级人民政府电影主管部门才能对该违法行为作出处罚决定,而市级人民政府电影主管部门,省、自治区、直辖市人民政府电影主管部门和国务院电影主管部门不能对该违法行为作出处罚决定。如果市级以上人民政府电影主管部门发现该违法行为不能以自身的名义直接作出处罚决定,只能责令发生该违法行为所在地县级人民政府电影主管部门进行处罚。

三、关于违法行为的构成

(一)采取制造虚假交易、虚报瞒报销售收入等行为,扰乱电影市场秩序

近年来,电影发行企业、电影院等经营主体通过虚假交易、虚报瞒报销售收入等票房造假行为,欺骗、误导了公众,严重干扰了电影市场秩序。本法第三十四条作出规定,电影发行企业、电影院等应当如实统计电影销售收入,提供真实准确的统计数据,不得采取制造虚假交易、虚报瞒报销售收入等不正当手段,欺骗、误导观众,扰乱电影市场秩序。本条第一款是指违反本法第三十四条构成的违法行为,具体包括以下几种情况:

1. 制造虚假交易。本条所说的制造虚假交易,一般是指电影发行方、放映方以及制片方等相关方面,制造虚假的影片票房,欺骗、误导公众,以达到提升电影票房成绩或者在资本市场牟利等目的。制造虚假交易不但扰乱电影市场秩序,还可能对资本市场秩序造成混乱。因此,电影发行企业、电影院等经营主体有上述行为的,即构成本条规定的违法行为。

2. 虚报销售收入。本条所说的虚报销售收入与制造虚假交易有相似之处,一般是指制片方和发行方为了宣传营销,联合放映方,通过大量自购电影票、虚假排场等方式虚报票房,制造虚

高票房成绩，推动影院提升电影的排片率，带动观众买票观影，提高票房收入。虚报销售收入一般来看没有造成国家或者企业的损失，但这种行为欺骗、误导了观众，挤压了中小制作影片的市场，扰乱了电影市场秩序。因此，电影发行企业、电影院等经营主体有上述行为的，即构成本条规定的违法行为。

3. 瞒报销售收入。本条所说的瞒报销售收入，一般是指电影的放映方隐瞒实际的票房收入，把原本应该按比例与发行方、制片方分账的部分票房转移到自己手中，并偷逃需要上缴相关税收和国家电影事业发展专项资金。电影放映方瞒报销售收入不但损害了电影发行方、制片方的利益，而且偷逃了国家税收和专项资金，严重扰乱了电影市场秩序。因此，电影发行企业、电影院等经营主体有上述行为的，即构成本条规定的违法行为。

需要说明的是，本条规定的扰乱电影市场秩序，是指电影发行企业、电影院等经营主体构成本条规定的违法行为，所要达到的程度。如果只是上述经营主体与电影制片方、发行方等其他相关方在电影票房统计方面的一般争议，而未达到扰乱电影市场秩序的程度，就可以作为上述经营主体与电影制片方、发行方等其他相关方的民事纠纷，不应视为构成本条规定的违法行为。如何认定是否扰乱电影市场秩序，需要有关方面在制定本法的配套性法规时，根据实际情况，予以进一步的明确。

（二）在向观众明示的电影开始放映时间之后至电影放映结束前放映广告

本法第三十二条第二款也明确规定，电影院在向观众明示的电影开始放映时间之后至电影放映结束前，不得放映广告。2004 年 6 月原国家广电总局印发的《关于加强影片贴片广告管理的通知》，也明确规定影片贴片广告一律加在电影片公映许可证画面之前，不得占用电影放映时间。虽然电影广告为扩大产品宣传、树立企业形象发挥了积极作用,也增加了电影制片单位、发行企业、电影院的经营收入,但是在电影放映中间随意插播广告,影响了观众正常观看电影,损害了消费者的合法权益,干扰了正常的电影放映秩序,也扰乱了正常的广告经营秩序。因此,电影院有上述行为,即构成本条规定的违法行为。

需要说明的是,本条规定的只是在向观众明示的电影开始放映时间之后至电影放映结束前不得播放广告,在向观众明示的电影开始放映时间之前或者在电影放映结束之后播放广告,并不构成本条规定的违法行为。另外,在电影片中通过画面、对白、情节等植入广告,也不构成本条规定的违法行为。

四、对违法行为的处罚

根据本条规定,构成本条第一款规定的违法行为,即"制造虚假交易、虚报瞒报销售收入等行为,扰乱电影市场秩序的",在由县级以上人民政府电影主管部门责令改正,即停止违法行为的同时,根据违法情况,给予行政处罚;构成本条第二款规定的违法行为,即"在向观众明示的电影开始放映时间之后至电影放映结束前放映广告的",在由县级人民政府电影主管部门责令改正,即停止违法行为的同时,根据违法情况,给予行政处罚。本条设定的行政处罚主要有五种:一是警告;二是罚款;三是没收违法所得;四是责令停业整顿;五是吊销许可证。

(一)警告

本条第二款规定的警告,是指电影院构成本条第二款规定的违法行为时,县级电影主管部门应当给予电影院警告。警告是对电影院实施违法行为的谴责和告诫,使被处罚的电影院认识其行为的违法性和对社会的危害,纠正违法行为并不再继续违法。

(二)罚款

本条第一款规定的罚款是"并处罚款",即在没收违法所得后，还要处以罚款。本条规定的罚款金额是以所认定的违法所得为基数，分两种情况进行计算：一是对没有违法所得或者违法所得五十万元以下的，在固定的数额区间以内处以罚款，即处五万元以上五十万元以下的罚款；二是对违法所得五十万元以上的，是以倍数计算罚金，处违法所得一倍以上五倍以下的罚款。

本条第二款规定的罚款是指在一般情况下，不予以罚款，只有在违法情节严重的情况下，才予以罚款。罚款数额在固定的数额区间以内处以罚款，即处一万元以上五万元以下的罚款。这里"情节严重"的具体条件，需要有关方面在制定本法的配套性法规时，根据实际情况，予以进一步的明确。

（三）没收违法所得

本条第一款所说的没收违法所得是指电影发行企业、电影院等经营主体，通过制造虚假交易、虚报瞒报销售收入等行为获取的一切违法所得。这里的违法所得既包括电影发行企业、电影院等经营主体直接获得的违法所得，也包括其通过推高股价等在资本市场获得的违法所得。

（四）责令停业整顿

根据本条第一款规定，电影发行企业、电影院等构成本条第一款规定的违法行为，除了没收违法所得、并处罚款外，对于实施该违法行为"情节严重的"电影发行企业、电影院等经营主体，还要责令停业整顿。"责令停业整顿"属于暂时性的能力罚，即在停业整顿期间，电影发行企业、电影院等不得开展经营业务；整顿结束以后，仍然可以开展相关经营活动。这里所说的"情节严重"的具体条件，需要有关方面在制定本法的配套性法规时，根据实际情况，予以进一步的明确。

（五）吊销许可证

根据本条第一款规定，电影发行企业、电影院等构成本条第一款规定的违法行为，除了没收违法所得、并处罚款外，对于实施该违法行为“情节特别严重的”电影发行企业、电影院等经营主体，还要由原发证机关吊销许可证。“吊销许可证”属于剥夺经营资格的能力罚，由于我国对从事电影发行活动和放映活动实行行政许可制度，因此一旦由原发证机关吊销许可证，则违法主体将无法从事电影发行和放映活动。这里所说的“情节特别严重”的具体条件，需要有关方面在制定本法的配套性法规时，根据实际情况，予以进一步的明确。

第五十二条　法人或者其他组织未经许可擅自在境内举办涉外电影节（展）的，由国务院电影主管部门或者省、自治区、直辖市人民政府电影主管部门责令停止违法活动，没收参展的电影片和违法所得；违法所得五万元以上的，并处违法所得五倍以上十倍以下的罚款；没有违法所得或者违法所得不足五万元的，可以并处二十五万元以下的罚款；情节严重的，自受到处罚之日起五年内不得举办涉外电影节（展）。

个人擅自在境内举办涉外电影节（展），或者擅自提供未取得电影公映许可证的电影参加电影节（展）的，由国务院电影主管部门或者省、自治区、直辖市人民政府电影主管部门责令停止违法活动，没收参展的电影片和违法所得；违法所得五万元以上的，并处违法所得五倍以上十倍以下的罚款；没有违法所得或者违法所得不足五万元的，可以并处二十五万元以下的罚款；情节严重的，自受到处罚之日起五年内不得从事相关电影活动。

【释义】　本条是关于法人或者其他组织未经许可擅自在境内举办涉外电影节（展）、个人擅自在境内举办涉外电影节（展）或者擅自提供未取得电影公映许可证的电影参加电影节（展）的法律责任的规定。

一、关于违法行为的主体

根据本条第一款和本法第三十五条的规定，未经许可擅自在境内举办涉外电影节（展）指的是特定主体，即“法人或者其他组织”。也就是说，只有法人和其他组织可能成为该违法行为的主体。法人或者其他组织在未经国务院电影主管部门或者省、自治区、直辖市人民政府电影主管部门批准的情况下，举办涉外电影节（展）就成为本条第一款规定的违法行为的主体。

根据本条第二款和本法第二十一条、第三十五条的规定，擅自在境内举办涉外电影节（展）和擅自提供未取得电影公映许可证的电影参加电影节（展）的违法主体为特定主体，即“个人”。也就是说，只有个人可能成为本条第二款规定的违法行为的主体。个人只要在境内举办涉外电影节（展），就成为了本条第二款规定的违法行为的主体。根据二十一条的规定，无论是法人、其他组织，还是个人都不得提供未取得电影公映许可证的电影参加电影节（展），但本法第四十九条已对提供未取得电影公映许可证的电影参加电影节（展）的法人或者其他组织作出规定，因此本条只对擅自提供未取得电影公映许可证的电影参加电影节（展）的个人进行规定。

二、关于实施处罚的机关

根据本条第一款的规定，对法人或者其他组织未经许可擅自在境内举办涉外电影节（展）实施处罚的机关为国务院电影主管部门或者省、自治区、直辖市人民政府电影主管部门。也就是说，市级和县级人民政府电影主管部门不能对该违法行为作出处罚决定。

根据本条第二款的规定，对个人擅自在境内举办涉外电影节（展），或者擅自提供未取得电影公映许可证的电影参加电影节（展）实施处罚的机关也是国务院电影主管部门或者省、自治区、直辖市人民政府电影主管部门。市级和县级人民政府电影主管部门也不能对该违法行为作出处罚决定。

三、关于违法行为的构成

本条规定的违法行为有两种情况。第一种情况是,法人或者其他组织未经许可擅自在境内举办涉外电影节(展);第二种情况是,个人擅自在境内举办涉外电影节(展),或者擅自提供未取得电影公映许可证的电影参加电影节(展)。

(一)未经许可擅自在境内举办涉外电影节(展)

本条规定可从以下三个方面来理解:

1. 未经许可。在境内举办涉外电影节(展)是本法规定的行政许可事项。本法第三十五条规定,在境内举办涉外电影节(展),须经国务院电影主管部门或者省、自治区、直辖市人民政府电影主管部门批准。《电影管理条例》也规定,举办中外电影展、国际电影节,应当报国务院广播电影电视行政部门批准。也就是说,只有获得相关许可后,才能举办;如果未获得许可就擅自举办,则构成本条第一款规定的违法行为。

2. 举办涉外电影节(展)。该违法行为针对的是涉外电影节(展),本法对于在境内举办国产电影节(展)没有限制性规定。如果举办的电影节(展)不涉及外国因素,则不构成本法第一款规定的违法行为。

3. 在境内举办。该违法行为所说的涉外电影节(展)要在境内举办。即使中国法人或者其他组织赴境外举办电影节(展),也不构成本条第一款规定的违法行为。

(二)擅自在境内举办涉外电影节(展)或者擅自提供未取得电影公映许可证的电影参加电影节(展)

1. 擅自在境内举办涉外电影节(展)。本条第二款的规定实际上要求,个人不得在境内举办涉外电影节(展)。也就是说，无论如何，个人都不能以自己的名义在境内举办涉外电影节（展），只要个人以自己的名义在境内举办涉外电影节（展）就构成本条第二款规定的违法行为。

2. 擅自提供未取得电影公映许可证的电影参加电影节（展）。本法第二十一条规定，摄制完成的电影取得电影公映许可证，方可参加电影节（展）。这里所说的电影节（展）既包括境内的电影节（展），也包括涉外的电影节（展）。也就是说，无论是向境内电影节（展）还是向境外电影节（展）提供未取得电影公映许可证的电影，都构成本条第二款规定的违法行为。

四、对违法行为的处罚。

根据本条规定，构成本条第一款规定的违法行为，即“法人或者其他组织未经许可擅自在境内举办涉外电影节（展）”，在由国务院电影主管部门或者省、自治区、直辖市人民政府电影主管部门责令停止违法活动的同时，要予以行政处罚；构成本条第二款规定的违法行为，即“个人擅自在境内举办涉外电影节（展），或者擅自提供未取得电影公映许可证的电影参加电影节（展）”，在由国务院电影主管部门或者省、自治区、直辖市人民政府电影主管部门责令停止违法活动的同时，也要予以行政处罚。本条设定的行政处罚主要有三种：一是没收参展的电影片和违法所得；二是罚款；三是本法规定的其他行政处罚。

（一）没收参展的电影片和违法所得

本条所说的没收参展的电影片是指参加违法举办的涉外电影节（展）的所有电影片，或者未取得电影公映许可证而参加电影节（展）的电影片。本条所说的违法所得，是指个人、法人或者其他组织通过违法举办电影节（展）获得的违法收入，或者提供未取得电影公映许可证的电影参加电影节（展）获得的违法收入。

（二）罚款

本条规定的罚款是“并处罚款”，即在没收电影片和违法所得后，还要处以罚款。本条规定的罚款金额是以所认定的违法所得为基数，分两种情况进行计算：一是对违法所得五万元以上的，是以倍数计算罚金，处违法所得五倍以上十倍以下的罚款；二是对没有违法所得或者违法所得不足五万元的，在固定数额以下处以罚款，处二十五万元以下的罚款。需要说明的是，第一种情况为同时处罚，即违法所得五万元以上的，必须处以罚款。第二种情况为选择处罚，即没有违法所得或者违法所得不足五万元的，可以处以罚款，也可以由实施处罚的机关根据情况，不处以罚款或者从轻、减轻罚款。

（三）本法规定的其他行政处罚

行政处罚法第八条规定的行政处罚的种类，除了警告，罚款，没收违法所得、没收非法财物，责令停产停业，暂扣或者吊销许可证、暂扣或者吊销执照，行政拘留等六种外，还包括法律、行政法规规定的其他行政处罚。行政处罚法第九条也规定，法律可以设定各种行政处罚。一些法律已经创设了六种行政处罚以外的处罚种类，如证券法规定因违法行为或者违纪行为被开除的证券交易所、证券登记结算机构、证券公司的从业人员和被开除的国家机关工作人员，不得招聘为证券交易所的从业人员。

根据行政处罚法的规定，本条对实施本条规定的违法行为的法人或者其他组织创设了资格禁止的处罚；对实施本条规定的违法行为的个人设立了从业禁止的处罚。

根据本条第一款规定，法人或者其他组织构成该违法行为，除了没收电影片和违法所得、处以罚款外，对违法行为“情节严重”的法人或者其他组织，自受到处罚之日起五年内不得举办涉外电影节（展）。也就是说，受到处罚的法人或者其他组织在五年内丧失了举办涉外电影节(展)的资格。但是,受到处罚的法人或者其他组织只是不能举办涉外电影节(展),仍然能够从事其他电影活动。这里所说的“情节严重”的具体条件,需要有关方面在制定本法的配套性法规时,根据实际情况,予以进一步的明确。

根据本条第二款规定,个人构成该违法行为,除了没收电影片和违法所得、处以罚款外,对违法行为“情节严重”的个人,自受到处罚之日起五年内不得从事相关电影活动。与本条第一款规定的处罚不同,个人受到处罚后,不仅是不能举办电影节(展)或者提供电影片参加电影节(展),而且不能从事任何电影活动。这里所说“情节严重”的具体条件,需要有关方面在制定本法的配套性法规时,根据实际情况,予以进一步的明确。

第五十三条　法人、其他组织或者个体工商户因违反本法规定被吊销许可证的,自吊销许可证之日起五年内不得从事该项业务活动;其法定代表人或者主要负责人自吊销许可证之日起五年内不得担任从事电影活动的法人、其他组织的法定代表人或者主要负责人。

【释义】　本条是关于法人、其他组织或者个体工商户因违反本法规定被吊销许可证后的从业禁止的规定。

一、设定从业禁止的必要性

行政许可法规定,行政许可申请人隐瞒有关情况或者提供虚假材料申请行政许可的,行政机关不予受理或者不予行政许可,并给予警告;行政许可申请属于直接关系公共安全、人身健康、生命财产安全事项的,申请人在一年内不得再次申请该行政许可。行政许可法还规定,被许可人以欺骗、贿赂等不正当手段取得行政许可的,行政机关应当依法给予行政处罚;取得的行政许可属于直接关系公共安全、人身健康、生命财产安全事项的，申请人在三年内不得再次申请该行政许可；构成犯罪的，依法追究刑事责任。

上述规定在法律上设立了一项重要的制度。这项制度的主要内容是，当行政许可的申请人或者已经取得行政许可的被许可人，因实施法律明文禁止的行为，除了不予受理其申请或者不予行政许可、吊销行政许可外，还设定了一定的期限，禁止其再次申请行政许可。设立这项制度的目的，就是增加行政许可申请人的违法成本，禁止其在一定的期限从事某项获利性活动，从而促使行政相对人树立诚信观念，推动社会信用体系建设。此后，有关法律在法律责任中设立一定的期限，禁止相关主体再次申请取得相关证件或者从事某项活动。例如，旅游法规定，违反该法规定被吊销导游证、领队证的导游、领队和受到吊销旅行社业务经营许可证处罚的旅行社的有关管理人员，自处罚之日起未逾三年的，不得重新申请导游证、领队证或者从事旅行社业务。

本条关于法人、其他组织或者个体工商户因违反本法规定被吊销许可证的，自吊销许可证之日起五年内不得从事该项业务活动；其法定代表人或者主要负责人自吊销许可证之日起五年内不得担任从事电影活动的法人、其他组织的法定代表人或者主要负责人的规定，虽然与行政许可法的规定有一定的区别，但两者都属于设立一定的期限，禁止相关主体再次申请取得相关证件或者从事某项活动。

法人、其他组织或者个体工商户的经营活动是通过包括法定代表人或者主要负责人在内的自然人实施的。例如，按照法律规定，法定代表人代表法人从事的民事活动，其法律后果由法人承受。因此，法人的法定代表人实施的违反本法规定的行为，其相应的法律后果也由法人承担。同时,正是因为法人、其他组织或者个体工商户的经营活动是通过其法定代表人和主要负责人来实施的,所以法人、其他组织或者个体工商户经营活动的合法与否与其法定代表人和主要负责人有着密切的关系。法人、其他组织或者个体工商户的相关管理人员能够认真遵守法律,严格执行法律规定,就不会出现法人、其他组织或者个体工商户违法经营的问题。相反,如果法人、其他组织或者个体工商户的相关管理人员漠视法律,不遵守法律规定,甚至公然实施或者指示相关工作人员实施法律明文禁止的行为,必然导致法人、其他组织或者个体工商户违法经营的问题。因此,为了切实规范电影市场秩序,促进电影产业持续健康发展,有必要对受到吊销许可证处罚的法人、其他组织或者个体工商户的法定代表人和主要负责人规定相应的制裁措施,即禁止其在一定期限内担任相关职务。按照本条的规定,"法人、其他组织或者个体工商户因违反本法规定被吊销许可证的","其法定代表人或者主要负责人自吊销许可证之日起五年内不得担任从事电影活动的法人、其他组织的法定代表人或者主要负责人"。

此外,除了本条之外,本法第五十二条也作出了类似规定:法人或者其他组织未经许可擅自在境内举办涉外电影节(展)的……情节严重的,自受到处罚之日起五年内不得举办涉外电影节(展)。个人擅自在境内举办涉外电影节(展),或者擅自提供未取得电影公映许可证的电影参加电影节(展)的……情节严重的,自受到处罚之日起五年内不得从事相关电影活动。

二、本法关于吊销许可证的情形

本法在"法律责任"一章的有关条文中,对"吊销"许可证作了规定:

(1)根据本法第四十八条,伪造、变造、出租、出借、买卖本法规定的许可证、批准或者证明文件，或者以其他形式非法转让本法规定的许可证、批准或者证明文件的；以欺骗、贿赂等不正当手段取得本法规定的许可证、批准或者证明文件的，由原发证机关吊销有关许可证、撤销有关批准或者证明文件。(2)根据本法第四十九条，发行、放映未取得电影公映许可证的电影的，取得电影公映许可证后变更电影内容，未依照规定重新取得电影公映许可证擅自发行、放映、送展的，提供未取得电影公映许可证的电影参加电影节(展)的，由原发证机关吊销许可证。(3)根据本法第五十条，承接含有损害我国国家尊严、荣誉和利益，危害社会稳定，伤害民族感情等内容的境外电影的洗印、加工、后期制作等业务，情节严重的，由电影主管部门通报工商行政管理部门，由工商行政管理部门吊销营业执照。(4)根据本法第五十一条规定，电影发行企业、电影院等有制造虚假交易、虚报瞒报销售收入等行为，扰乱电影市场秩序，情节特别严重的，由原发证机关吊销许可证。(5)本法第五十四条规定，侵犯与电影有关的知识产权，情节严重的，由原发证机关吊销许可证。

从上述内容来看，法律明确规定需要给予"吊销许可证"处罚的行为，是比较严重的违法行为，是法律明确规定法人、其他组织或者个体工商户不得实施的行为，涉及电影市场主体和观影群众合法权益的维护，涉及电影市场秩序的规范，涉及电影市场主体的诚信经营与公平竞争，涉及我国电影产业的持续健康发展。因此，对于因实施上述违法行为，已经被处以"吊销许可证"处罚的法人、其他组织或者个体工商户及其法定代表人或者主要负责人，应当设立一个禁入期，即禁止其在一定的期限内重新从事相关业务活动或者担任相关职务。按照本条的规定，这个禁入期为五年，即"自吊销许可证之日起五年内不得从事该项业务活动”，“五年内不得担任从事电影活动的法人、其他组织的法定代表人或者主要负责人”。

第五十四条　有下列情形之一的，依照有关法律、行政法规及国家有关规定予以处罚：

（一）违反国家有关规定，擅自将未取得电影公映许可证的电影制作为音像制品的；

（二）违反国家有关规定，擅自通过互联网、电信网、广播电视网等信息网络传播未取得电影公映许可证的电影的；

（三）以虚报、冒领等手段骗取农村电影公益放映补贴资金的；

（四）侵犯与电影有关的知识产权的；

（五）未依法接收、收集、整理、保管、移交电影档案的。

电影院有前款第四项规定行为，情节严重的，由原发证机关吊销许可证。

【释义】　本条是关于依照有关法律、行政法规及国家有关规定对与本法相关的一些行为予以处罚的规定。

本条共两款，第一款是对特定的五种行为，规定依照有关法律、行政法规及国家有关规定予以处罚；第二款是对情节严重的侵犯与电影有关的知识产权的行为，由原发证机关吊销许可证。

一、关于违法行为的构成

根据本条的规定，该违法行为包括五个方面的内容：

（一）违反国家有关规定，擅自将未取得电影公映许可证的电影制作为音像制品的

本法第二十条规定，未取得电影公映许可证的电影，不得制作为音像制品。一般来说，未取得电影公映许可证的电影，可能存在没有将摄制电影的剧本梗概或者电影剧本送交电影主管部

门备案或者审查,电影剧本梗概或者电影剧本没有取得备案证明文件或者批准文件,摄制完成的电影没有通过电影审查等几种情况。无论是哪种情况,都是违反电影方面行政管理要求的。因此,不能取得电影公映许可证,也不得制作为音像制品进行传播。此外,利用电影片制作音像制品的,应当遵守《音像制品管理条例》等国家有关音像制品管理的规定。

(二)违反国家有关规定,擅自通过互联网、电信网、广播电视网等信息网络传播未取得电影公映许可证的电影的

本法第二十条规定,未取得电影公映许可证的电影,不得通过互联网、电信网、广播电视网等信息网络进行传播。用于通过信息网络向公众传播的影视剧类视听节目,应当取得电视剧发行许可证、电影公映许可证。2016 年国家新闻出版广电总局出台的《专网及定向传播视听节目服务管理规定》、2007 年原国家广播电影电视总局和原信息产业部出台的《互联网视听节目服务管理规定》均对通过互联网、电信网、广播电视网等信息网络传播电影作出了规定。因此,违反互联网等信息网络传播视听节目管理规定,擅自通过互联网、电信网、广播电视网等信息网络传播未取得电影公映许可证的电影的,构成了该违法行为。

(三)以虚报、冒领等手段骗取农村电影公益放映补贴资金的

本法第二十七条规定,从事农村电影公益放映活动的,不得以虚报、冒领等手段骗取农村电影公益放映补贴资金。《农村电影公益放映场次补贴管理实施细则》第十五条规定,各级电影行政管理部门要加强对农村电影公益场次补贴的监督管理,确保场次补贴资金先放后补、绩效挂钩、公开透明、简化程序、及时到位、足额发放。以虚报、冒领等手段骗取农村电影公益放映补贴资金违反了法律和有关规定,构成了该违法行为。

（四）侵犯与电影有关的知识产权的

本法第七条规定，与电影有关的知识产权受法律保护，任何组织和个人不得侵犯。从事电影活动的公民、法人和其他组织应当增强知识产权意识，提高运用、保护和管理知识产权的能力。电影作品属于著作权法、《著作权法实施条例》规定的作品范围，受著作权法、《著作权实施条例》等知识产权方面法律、法规的规范和保护。侵犯与电影有关的知识产权的，构成该违法行为。

（五）未依法接收、收集、整理、保管、移交电影档案的

本法第二十三条规定，摄制电影的法人、其他组织依照档案法的规定，做好电影档案保管工作，并向国家设立的电影档案机构移交、捐赠、寄存电影档案。《电影艺术档案管理规定》对电影艺术档案的归档和管理，移交、捐赠和寄存等都作出了明确规定。例如，第二十一条规定，电影摄制单位应当依据本规定履行电影艺术档案移交义务，不得拒绝归档；电影艺术档案机构应当依据该规定履行电影艺术档案管理义务，为移交人提供服务。未依法接收、收集、整理、保管、移交电影档案的，构成该违法行为。

二、关于违法行为的处罚

根据本条的规定，构成该违法行为的，依照有关法律、行政法规及国家有关规定予以处罚；侵犯与电影有关的知识产权情节严重的，由原发证机关吊销许可证。

本条规定的五种违法行为，有关法律、行政法规及国家有关规定均规定了相应的处罚措施。如著作权法第五十三条规定，复制品的出版者、制作者不能证明其出版、制作有合法授权的，复制品的发行者或者电影作品或者以类似摄制电影的方法创作的作品、计算机软件、录音录像制品的复制品的出租者不能证明

其发行、出租的复制品有合法来源的，应当承担法律责任。《农村电影公益放映场次补贴管理实施细则》第十九条规定，为确保财政资金安全使用，对以下行为之一者给予处罚：(1)对场次补贴专项资金发放不及时的、未按使用范围和发放程序发放场次补贴的部门和单位，给予通报批评；(2)对弄虚作假、虚报冒领场次补贴专项资金的单位或个人，除追回冒领款项外，将取消相关单位和个人从事农村电影公益放映的资格，情节严重的将依法追究有关责任人的法律责任；(3)对截留、挪用、克扣场次补贴专项资金的部门、单位和个人，一经核实，立即停止拨付专项资金，限期追回并给予通报批评等行政处分，情节严重的将追究相关人员的责任，给予行政处罚并取消从业资格，触犯法律的，移交司法机关处理。对违反资金使用规定，利用财政专项资金进行盈利性投资、融资活动的院线公司，将追究其经济和法律责任。《电影艺术档案管理规定》第三十二条规定，违反该规定，电影艺术档案机构在保管、利用属于国家所有的电影艺术档案过程中，有下列情形之一的，由省、自治区、直辖市以上人民政府广播影视行政部门责令改正，给予警告，对单位可以并处三万元以下的罚款，对个人可以并处五千元以下的罚款；情节严重的，对直接负责的主管人员和其他直接责任人员依法给予处分：(1)电影艺术档案发生超额损伤的；(2)损毁、丢失和擅自销毁电影艺术档案的；(3)利用电影艺术档案谋取非法利益的；(4)未经批准利用电影艺术档案的。

本条第二款规定，电影院有前款第四项规定行为，情节严重的，由原发证机关吊销许可证。前款第四项规定的行为是指“侵犯与电影有关的知识产权的”。本法第二十五条规定，依照本法规定负责电影发行、放映活动审批的电影主管部门，应当自受理申请之日起三十日内，作出批准或者不批准的决定。对符合条件的，予以批准，颁发电影发行经营许可证或者电影放映经营许可证，并予以公布；对不符合条件的，不予批准，书面通知申请人并说明理由。因此，本款“由原发证机关吊销许可证”是指由原发证的电影主管部门吊销电影院的电影放映经营许可证。

第五十五条 县级以上人民政府电影主管部门或者其他有关部门的工作人员有下列情形之一，尚不构成犯罪的，依法给予处分：

（一）利用职务上的便利收受他人财物或者其他好处的；

（二）违反本法规定进行审批活动的；

（三）不履行监督职责的；

（四）发现违法行为不予查处的；

（五）贪污、挪用、截留、克扣农村电影公益放映补贴资金或者相关专项资金、基金的；

（六）其他违反本法规定滥用职权、玩忽职守、徇私舞弊的情形。

【释义】 本条是关于电影主管部门或者其他有关部门的工作人员在履行监督管理职责中的违法行为给予处分的规定。

一、关于违法行为的主体

根据本条的规定，该违法行为的主体，为特定主体，即“县级以上人民政府电影主管部门或者其他有关部门的工作人员”。这里的“有关部门”，主要是指依据本法第八条第二款的规定，“县级以上人民政府其他有关部门在各自职责范围内，负责有关的电影工作”的“县级以上人民政府其他有关部门”。如本法第十五条规定的“为法人、其他组织依照本法从事电影摄制活动提供必要的便利和帮助”的“公安、文物保护、风景名胜区管理等部门”。本法第二十八条规定的，可以共同推荐有利于未成年人健康成长的电影的国务院教育主管部门。除“县级以上人民政府电影主管部门或者其他有关部门的工作人员”以外的其他人员，如公司、企业的工作人员，不能成为该违法行为的主体。

二、关于尚不构成犯罪的行为

所谓“尚不构成犯罪的”，是指电影主管部门和有关部门的工作人员实施的滥用职权、玩忽职守、徇私舞弊的行为，还没有达到构成犯罪的程度。根据刑法第十三条的规定，具有“危害社会”的行为，“依照法律应当受刑罚处罚的，都是犯罪”，“但是情节显著轻微危害不大的，不认为是犯罪”。因此，该违法行为的构成，需要具备“情节显著轻微危害不大”的条件。

三、关于违法行为的构成

（一）利用职务上的便利收受他人财物或者其他好处

“利用职务上的便利收受他人财物或者其他好处”，是指电影主管部门或者其他有关部门的工作人员利用自己职务上主管、负责或者承办的电影管理工作所造成的便利，非法收受他人财物归个人所有的行为。

（二）违法进行审批活动

行政审批是根据法律规定的条件，由执法部门来审核是否符合条件的行为。本法对电影摄制、发行、放映等方面的审批条件均作出了相应规定。违反本法进行审批活动，应当承担本条规定的法律责任。如电影主管部门的工作人员，给不符合法定条件的法人颁发许可证的，即属于该违法行为。

（三）不履行监督职责

对违反本法的行为进行监督检查并依法进行查处是电影主管部门或者其他有关部门的工作人员应当依法履行的职责。电影主管部门或者其他有关部门的工作人员应当作为而不作为，不履行监督检查职责或者发现违法行为不予查处，即构成违法，应当承担本条规定的法律责任。如电影主管部门的工作人员，在接到群众有关电影票房存在严重违法情况的举报后不予理睬的，即属于该违法行为。

（四）发现违法行为不予查处

本法第八条规定，国务院电影主管部门负责全国的电影工作；县级以上地方人民政府电影主管部门负责本行政区域内的电影工作。县级以上人民政府其他有关部门在各自职责范围内，负责有关的电影工作。查处违反本法的行为是本法赋予电影主管部门和其他有关部门的职责之一，电影主管部门和其他有关部门的工作人员必须依照本法规定履行监督管理职责，忠于职守，秉公执法。发现违法行为不予查处就要追究其相应的法律责任。如电影主管部门的工作人员发现电影院放映未取得电影公映许可证的电影未进行查处的，属于该违法行为。

（五）贪污、挪用、截留、克扣农村电影公益放映补贴资金或者相关专项资金、基金

本法第二十七条规定，从事农村电影公益放映活动的，不得以虚报、冒领等手段骗取农村电影公益放映补贴资金。本法第三十七条规定，国家引导相关文化产业专项资金、基金加大对电影产业的投入力度，根据不同阶段和时期电影产业的发展情况，结合财力状况和经济社会发展需要，综合考虑、统筹安排财政资金对电影产业的支持，并加强对相关资金、基金使用情况的审计。农村电影公益放映补贴资金或者相关专项资金、基金是支持和促进电影产业和电影事业健康发展的重要举措，贪污、挪用、截留、克扣农村电影公益放映补贴资金或者相关专项资金、基金应当承担本条规定的法律责任。

（六）其他违反本法规定滥用职权、玩忽职守、徇私舞弊的情形

根据本项的规定，该违法行为的构成，为电影主管部门或者其他有关部门的工作人员“其他违反本法规定滥用职权、玩忽职守、徇私舞弊的情形”。具体来讲，所谓“滥用职权”，是指电影主管部门或者其他有关部门的工作人员故意超过职权范围行使职权，或者不适当地使用职权，致使公共财产、国家和人民利益遭受损失的行为。所谓“玩忽职守”，是指电影主管部门和有关部门的工作人员严重不负责任，不履行或者不正确地履行职责，致使公共财产、国家和人民利益受到损失的行为。所谓“徇私舞弊”，是指电影主管部门和有关部门的工作人员为徇个人私利、私情，违反国家法律、法规的规定，破坏电影市场秩序，使国家和人民利益受到损失的行为。

四、关于违法行为的处罚

根据本条的规定，构成该违法行为的，依法给予处分。这里的“处分”，是指行政处分，是行政机关内部上级对有隶属关系的下级违反纪律的行为或者是对尚未构成犯罪的轻微违法行为所给予的纪律制裁。

根据公务员法的规定，公务员因违法违纪应当承担纪律责任的，依法给予处分。处分分为六种，即警告、记过、记大过、降级、撤职、开除。对公务员的处分，应当事实清楚、证据确凿、定性准确、处理恰当、程序合法、手续完备。公务员违纪的，应当由处分决定机关决定对公务员违纪的情况进行调查，并将调查认定的事实及拟给予处分的依据告知公务员本人，公务员有权进行陈述和申辩。处分决定机关认为对公务员应当给予处分的，应当在规定的期限内，按照管理权限和规定的程序作出处分决定，处分决定应当以书面形式通知公务员本人。公务员在受处

分期间不得晋升职务和级别，其中受记过、记大过、降级、撤职处分的，不得晋升工资档次。受处分的期间为：警告，六个月；记过，十二个月；记大过，十八个月；降级、撤职，二十四个月。受撤职处分的，按照规定降低级别。公务员受开除以外的处分，在受处分期间有悔改表现，并且没有再发生违纪行为的，处分期满后，由处分决定机关解除处分并以书面形式通知本人。解除处分后，晋升工资档次、级别和职务不再受原处分的影响；但是，解除降级、撤职处分的，不视为恢复原级别、原职务。

第五十六条　违反本法规定，造成人身、财产损害的，依法承担民事责任；构成犯罪的，依法追究刑事责任。

因违反本法规定二年内受到二次以上行政处罚，又有依照本法规定应当处罚的违法行为的，从重处罚。

【释义】　本条是关于违反本法规定承担民事责任、刑事责任和行政责任的规定。

一、关于民事责任

按照第一款规定，违反本法造成人身、财产损害的，依法承担民事责任。民事责任分为违反合同责任和侵权责任，本款规定的民事责任是一种侵权责任。本法中有些条款对于民事权益的保护予以明确规定，如第七条第一款规定“与电影有关的知识产权受法律保护，任何组织和个人不得侵犯”，但民事权利涉及方方面面，不可能一一列举。根据侵权责任法的规定，侵害了他人的民事权益，被侵权人有权请求侵权人承担侵权责任。而民事权益则包括了生命权、健康权、姓名权、名誉权、荣誉权、肖像权、隐私权、婚姻自主权、监护权、所有权、用益物权、担保物权、著作权、专利权、商标专用权、发现权、股权、继承权等人身、财产权益。只要满足违反了电影产业促进法的规定，以及造成人身、财产损害这两个要件，都应当依法承担民事责任。

与此同时，本条还规定了违反本法规定可能还应当承担的刑事责任或行政责任。需要说明的是，侵权人因同一行为应当承担行政责任或者刑事责任的，不影响依法承担侵权责任。因同一行为应当承担侵权责任和行政责任、刑事责任，侵权人的财产不足以支付的，先承担侵权责任。承担侵权责任的方式也有很多种，主要有：停止侵害，排除妨碍，消除危险，返还财产，恢复原状，赔偿损失，赔礼道歉，消除影响、恢复名誉。违反本法规定，造成侵权的，要根据不同侵权行为的情况，具体确定适用何种承担责任的方式。

二、关于刑事责任

第一款还规定了违反本法构成犯罪的，依法追究刑事责任。本法没有对违反本法规定的行为，规定具体的刑事责任，主要是考虑到与刑法的衔接。为了保证罪名及刑罚的体系性，目前其他法律一般不再规定具体的罪名和刑罚；如果确需调整罪名和刑罚，应通过刑法修正案的方式进行。本法没有在每个可能涉及刑事责任的条款后规定“构成犯罪的，依法追究刑事责任”，而是单列一条概括规定，既行文简洁，又不会遗漏。

根据本法的规定，在电影产业中存在法律关系的主体，主要有以下三类：一是从事电影活动的主体及其从业人员；二是电影观众等消费者；三是政府监督管理部门及其工作人员。本法“法律责任”一章主要对从事电影活动的主体及其从业人员的违法行为规定了相应的行政处罚，同时还对政府监督管理部门的工作人员在履行监督管理职责中存在滥用职权等尚不构成犯罪的行为规定了依法给予处分。因此，本条关于“构成犯罪的，依法追究刑事责任”的规定，应当主要针对从事电影活动的主体及其从业人员和政府监督管理部门的工作人员实施违反本法规定、构成犯罪的行为。

关于从事电影活动的主体及其从业人员“违反本法规定，构成犯罪的，依法追究刑事责任”的行为。因为从事电影活动的主体包括从事电影创作、摄制、发行、放映等活动的多类主体，所以其构成犯罪的行为不宜详细列举。如根据本法第四十八条的规定，“伪造、变造、出租、出借、买卖本法规定的许可证、批准或者证明文件，或者以其他形式非法转让本法规定的许可证、批准或者证明文件的”，可能构成“伪造、变造、买卖国家机关公文证件印章罪”；根据本法第五十四条的规定，“电影院侵犯与电影有关的知识产权的”，可能构成“侵犯著作权罪”，等等。因此，应当根据从事电影活动的主体及其从业人员违反本法规定行为的具体情况，结合刑法相关规定，依法追究刑事责任。

关于政府监督管理部门的工作人员“违反本法规定，构成犯罪的，依法追究刑事责任”的行为。本法第五十五条对政府监督管理部门及其工作人员尚不构成犯罪，需要给予处分的违法行为进行了列举。违法行为严重，可能构成犯罪的主要有：一是受贿罪。刑法第三百八十五条规定：“国家工作人员利用职务上的便利，索取他人财物的，或者非法收受他人财物，为他人谋取利益的，是受贿罪。国家工作人员在经济往来中，违反国家规定，收受各种名义的回扣、手续费，归个人所有的，以受贿论处。”二是滥用职权罪。三是玩忽职守罪。刑法第三百九十七条第一款规定：“国家机关工作人员滥用职权或者玩忽职守，致使公共财产、国家和人民利益遭受重大损失的，处三年以下有期徒刑或者拘役；情节特别严重的，处三年以上七年以下有期徒刑。本法另有规定的，依照规定。”四是徇私舞弊罪。刑法第三百九十七条第二款规定：“国家机关工作人员徇私舞弊，犯前款罪的，处五年以下有期徒刑或者拘役；情节特别严重的，处五年以上十年以下有期徒刑。本法另有规定的,依照规定。”五是贪污罪。刑法第三百八十二条第一款规定:“国家工作人员利用职务上的便利,侵吞、窃取、骗取或者以其他手段非法占有公共财物的,是贪污罪。”六是挪用公款罪。刑法第三百八十四条第一款规定:“国家工作人员利用职务上的便利,挪用公款归个人使用,进行非法活动的,或者挪用公款数额较大、进行营利活动的,或者挪用公款数额较大、超过三个月未还的,是挪用公款罪,处五年以下有期徒刑或者拘役;情节严重的,处五年以上有期徒刑。挪用公款数额巨大不退还的,处十年以上有期徒刑或者无期徒刑。”

三、关于行政责任

本条第二款规定了根据本法实施行政处罚的法定从重情节。行政处罚法中没有规定法定的从重处罚情节。其他法律规定主要有两种情形。一种是违法行为性质或后果严重,必须从重处罚,如消防法第六十五条第一款规定,违反该法规定,生产、销售不合格的消防产品或者国家明令淘汰的消防产品的,由产品质量监督部门或者工商行政管理部门依照产品质量法的规定从重处罚。另一种是多次从事某一类违法行为,需要从重处罚惩治违法行为,如治安管理处罚法第二十条中规定六个月内曾受过治安管理处罚的从重处罚。本条第二款也作出类似规定,对违反本法规定二年内受到二次以上行政处罚,又有依照本法规定应当处罚的违法行为的,从重处罚。

适用本款从重处罚有三点前提:一是,违反本法规定,受到过二次以上的行政处罚。法律中的“以上”是包含本数的,如果已经因为违反电影产业促进法的规定受到过两次行政处罚则可以从重处罚,但如果仅因违反电影产业促进法受到过一次行政处罚,即便还有许多违反其他法律的行政处罚,也不能据本款实施从重处罚。二是，时间范围须在二年内，就是说已经受到的行政处罚中较早一个的处罚时间到拟处罚的违法行为时间不得超过二年。三是，再次出现的违法行为也必须是违反电影产业促进法的违法行为。

第五十七条 县级以上人民政府电影主管部门及其工作人员应当严格依照本法规定的处罚种类和幅度，根据违法行为的性质和具体情节行使行政处罚权，具体办法由国务院电影主管部门制定。

县级以上人民政府电影主管部门对有证据证明违反本法规定的行为进行查处时，可以依法查封与违法行为有关的场所、设施或者查封、扣押用于违法行为的财物。

【释义】 本条是关于实施行政处罚和行政强制措施的有关规定。

一、行政处罚的实施

第一款中关于行政处罚的实施明确了以下几点内容：

1. 行政处罚的实施主体

行政处罚权是一项重要的国家行政权，应当由具有行政处罚权的行政机关在法定职权范围内实施。本款规定县级以上人民政府电影主管部门有行政处罚权，是依照本法实施行政处罚的主体。需要注意的是，电影主管部门必须在法定职权范围内行使行政处罚权，只能对自己主管业务范围内的违反行政管理秩序的行为给予行政处罚。如第五十条规定，需要吊销执照时，应通报工商行政管理部门。又如第五十四条与其他法律、法规中的法律责任作出衔接，由其他行政机关依照其他法律、法规作出行政处罚。

2. 行政处罚权的行使

根据行政处罚法的规定，行政处罚应当遵循公正、公开、过罚相当、处罚与教育相结合的原则。实施行政处罚，必须以事实为根据，以法律为准绳，与违法行为的事实、性质、情节以及社会危害程度相当。因此本款强调，应当严格依照本法规定的处罚种类和幅度，根据违法行为的性质和具体情节行使行政处罚权。本法规定的处罚种类，行政处罚法均有规定，主要有罚款、没收违法所得、没收非法财物、责令停产停业、吊销许可证等。本法规定的处罚幅度，主要采取了罚款金额或倍数区间的方式，行政机关可以在幅度内根据违法行为的具体情况予以裁量。

3. 行政处罚的实施程序

正确实施行政处罚必须严格遵守行政处罚程序。行政处罚法对行政处罚程序已经作出较为完善的规定，但是在具体执法和自由裁量等方面仍存在进一步细化的空间。本法是电影行业的首部法律，包括行政处罚在内的行政执法还有许多需要进一步明确、统一和细化的内容。因此，本款规定“具体办法由国务院电影主管部门制定”。据立法法的规定，法律规定明确要求有关国家机关对专门事项作出配套的具体规定的，有关国家机关应当自法律施行之日起一年内作出规定，法律对配套的具体规定制定期限另有规定的，从其规定。国家新闻出版广电总局制定相关的具体办法后，将会为县级以上人民政府电影主管部门及其工作人员规范化实施行政处罚提供进一步的依据和保障。

二、行政强制措施的实施

根据行政强制法的规定，行政强制措施由法律设定，尚未制定法律且属于国务院行政管理职权事项的，行政法规可以设定部分特定种类的行政强制措施。为了防止违法行为后果的扩大,给社会和他人进一步造成损害,并为进一步查处违法行为保留证据,本法规定了县级以上人民政府电影主管部门享有采取查封或者扣押的行政强制措施的权力。这里需要说明几点:

一是,县级以上人民政府电影主管部门不得滥用行政强制措施,在对有证据证明违反本法规定的行为进行查处时,应当根据情况决定是否采取行政强制措施。如果实施非强制性管理措施可以达到行政管理目的,则不可实施行政强制措施。

二是,行政强制法规定的行政强制措施种类有很多,本法规定可以采取的措施只有"查封与违法行为有关的场所、设施或者查封、扣押用于违法行为的财物"。这里所说的"查封"是指县级以上人民政府电影主管部门以张贴封条或其他必要措施,将与违法行为有关的场所、设施、财物封存起来,未经查封部门许可,任何单位和个人不得启封、动用;"扣押"是指县级以上人民政府电影主管部门将用于违法行为的财物运到另外的场所予以扣留。

三是,本款所称"依法",表明县级以上人民政府电影主管部门在采取查封、扣押的强制措施时,必须依照行政强制法的规定,遵守一定的程序。如通知被执行人到场,列出查封、扣押物品的清单,由被执行人签字,等等。

第五十八条　当事人对县级以上人民政府电影主管部门以及其他有关部门依照本法作出的行政行为不服的,可以依法申请行政复议或者提起行政诉讼。其中,对国务院电影主管部门作出的不准予电影公映的决定不服的,应当先依法申请行政复议,对行政复议决定不服的可以提起行政诉讼。

【释义】　本条是关于当事人可以依法申请行政复议、依法提起行政诉讼的规定。

一、行政救济途径

根据我国行政复议法和行政诉讼法的规定，公民、法人或者其他组织对行政机关作出的具体行政行为不服的，可以依法提起行政复议、行政诉讼。这是法律赋予行政管理相对人的权利救济途径。行政复议是运用行政系统内部的层级监督关系，由上级行政机关纠正下级行政机关的违法或不当行为，以保护行政管理相对人的合法权益，是行政系统内部对行政权的监督形式。行政诉讼是由人民法院对引起争议的具体行政行为进行审查，以保护行政管理相对人的合法权益。这是一种司法救济，是行政系统外部对行政权的监督形式。为了保护电影有关当事人的合法权益，本条对行政复议、行政诉讼作了规定。

关于申请行政复议或者提起诉讼的原因，根据行政复议法和行政诉讼法的规定，行政机关的具体行政行为，不论是作为，还是不作为，只要公民、法人或者其他组织认为这些行为是违法的或者不当的，侵犯了自己的合法权益，都可以依法申请复议或者提起行政诉讼。本条具体细化为"当事人对县级以上人民政府电影主管部门以及其他有关部门依照本法作出的行政行为不服的"，这是与行政复议法、行政诉讼法相衔接统一的。

一般来说，当事人对行政行为有异议的，是依法申请行政复议还是提起行政诉讼，可以自主选择。自由选择模式契合当事人的程序选择权。在现代社会中，由国家设置的纠纷解决机制，虽然体现了国家意志性，但其安排无不确立了当事人在纠纷解决程序中的主体地位，赋予当事人程序选择权。程序选择权意味着当事人有权根据自己的需求和意愿，自主选择纠纷解决方式及相应的程序，它的存在具有多重意义：可以凸显当事人程序主体地位，有助于将对当事人的程序保障落到实处；可以使纠纷解决方式能积极回应当事人的特别需求，使纠纷解决方式的运作更加人性化;可以提高当事人对纠纷解决机制的认同感,有利于提升对结果的信服度。但是,在某些特殊情形下,存在特别规定。

二、部分行政行为的行政复议前置

可以依法申请行政复议或者提起行政诉讼的规定在其他法律中也很常见,但本条的特殊之处在于,特别规定了对国务院电影主管部门作出的不准予电影公映的决定不服的,应当先依法申请复议,对行政复议决定不服的可以提起行政诉讼。即对国务院电影主管部门作出的不准予电影公映的决定不服,实施行政复议前置。

(一)行政复议与行政诉讼的选择关系

行政诉讼法第四十四条规定:“对属于人民法院受案范围的行政案件,公民、法人或者其他组织可以先向行政机关申请复议,对复议决定不服的,再向人民法院提起诉讼;也可以直接向人民法院提起诉讼。法律、法规规定应当先向行政机关申请复议,对复议决定不服再向人民法院提起诉讼的,依照法律、法规的规定。”根据该规定,是否实行复议前置,由单行法律、法规确定。梳理相关规定可以发现,行政复议与行政诉讼关系并不限于行政诉讼法第四十四条所规定的基本情形,除自由选择外主要还有以下类型:

一是,通行的复议前置。即当事人对行政行为或行政决定不服应当先申请行政复议,对复议决定仍不服的可以提起行政诉讼。典型规定如海关法第六十四条规定,“纳税义务人同海关发生纳税争议时,应当先缴纳税款,并可以依法申请行政复议;对复议决定仍不服的,可以依法向人民法院提起诉讼”。此外,税收征收管理法第八十八条、行政复议法第三十条第一款也有类似规定。

二是,复议选择终局。即当事人可以选择复议或者诉讼,但一旦选择复议,复议即为终局。如出境入境管理法第六十四条第一款规定,“外国人对依照本法规定对其实施的继续盘问、拘留审查、限制活动范围、遣送出境措施不服的,可以依法申请行政复议,该行政复议决定为最终决定”。

三是,复议后选择终局。即当事人对具体行政行为申请复议,对复议决定不服,可以选择诉讼也可选择裁决,但一旦选择裁决,裁决即为终局。这一做法目前见于行政复议法第十四条的规定,内容为:“对国务院部门或者省、自治区、直辖市人民政府的具体行政行为不服的,向作出该具体行政行为的国务院部门或者省、自治区、直辖市人民政府申请行政复议。对行政复议决定不服的,可以向人民法院提起行政诉讼;也可以向国务院申请裁决,国务院依照本法的规定作出最终裁决。”

(二)采取行政复议前置的考虑

与其他行政争议解决方式相比,行政复议具有一定的比较优势,这些优势主要包括专业性、无偿性、便捷性和过滤性。专业性表现为行政争议一般都具有较强的专业性和技术性,而对于专业性和技术性问题的解决恰恰是行政机关的特长。行政机关一般拥有解决这些行政争议的专业人才,也具有解决这些专业性和技术性问题的经验和条件。无偿性突出表现为公民、法人或者其他组织提出复议申请时无须缴纳申请费,因此与行政诉讼相比,行政复议的成本较低。便捷性指行政复议在解决行政争议时更为快速,对当事人而言更为便利。过滤性表现为通过行政复议可以解决部分行政争议,消化与吸收行政争议,从而可以减轻法院的负担。本条规定“对国务院电影主管部门作出的不准予电影公映的决定不服的”实行复议前置,主要考虑是这一具体行政行为有别于一般其他的行政行为,涉及大量电影内容和技术方面的考量，专业性较强，而且数量较大，如果没有行政复议作为前置纠纷解决手段，也会给司法审判带来很大的压力。本法增加了行政复议前置的情形，可以为行政复议化解行政纠纷主渠道作用的发挥提供更为广阔的空间，有利于充分发挥行政复议在解决行政争议中的优势。

根据行政复议法的规定，对国务院部门或者省、自治区、直辖市人民政府的具体行政行为不服的，向作出该具体行政行为的国务院部门或者省、自治区、直辖市人民政府申请行政复议。因此，当事人对国务院电影主管部门作出的不准予电影公映的决定不服的，必须先向其申请行政复议。对行政复议决定不服的，可以向人民法院提起行政诉讼，也可以向国务院申请裁决。另外需要强调的是，实行行政复议前置的只有“不准予电影公映的决定”这一具体行政行为，对国务院电影主管部门作出的其他具体行政行为不服的，仍可以由当事人在行政复议和行政诉讼两者间自由选择。

第六章 附 则

附则是一部法律的附属部分,通常置于法律的最后一部分。附则一般不对实体性内容作出规定,即不对权利与义务作出规定。本章共两条,规定了两方面的内容:一是对境外资本在我国境内设立从事电影活动的企业作了指引性规定;二是规定了本法的施行日期。

第五十九条 境外资本在中华人民共和国境内设立从事电影活动的企业的,按照国家有关规定执行。

【释义】 本条是关于境外资本在我国境内设立从事电影活动的企业的指引性规定。

理解本条内容,首先需要明确以下几个概念:一是,“中华人民共和国境内”特指除香港特别行政区、澳门特别行政区以及台湾地区之外的中华人民共和国领土范围。其他一些法律也使用这一表述,其含义和本法是一致的。二是,“境外资本”不仅包括外国资本,也包括港澳台资本。三是,本条规定适用于境外资本在我国境内“设立从事电影活动的企业”。从事电影活动的企业种类很多,实践中主要包括电影制片公司、电影技术公司、电影发行公司、电影院线公司和电影院等。

2001 年“入世”时,我国在电影方面的承诺主要有三项:允许外国服务提供者建设、改造电影院,外资不得超过 49%;允许以分账形式进口电影用于影院放映,每年 20 部;允许外国服务提供者与中国合资伙伴设立合作企业，从事除电影外的音像制品的分销。我国在《入世议定书》附件九的《中国服务贸易具体承诺减让表》中并未向 WTO 承诺在电影制作、发行等领域开放“商业存在”这一服务模式，因此我国《外商投资产业指导目录》一直将“电影制作公司”“电影发行公司”“电影院线公司”等列为“禁止外商投资”的范畴。

我国对境外资本在境内设立从事电影活动的企业的具体规定，包括两个方面：一是关于外国资本方面。主要有：2001 年国务院出台《电影管理条例》，允许以中外合资或者中外合作的方式建设、改造电影院。2003 年国家广电总局、商务部、文化部制定《外商投资电影院暂行规定》；2004 年国家广电总局、商务部制定《电影企业经营资格准入暂行规定》；2005 年国务院印发《关于非公有资本进入文化产业的若干决定》，文化部、国家广电总局、新闻出版总署、发展改革委、商务部联合发布《关于文化领域引进外资的若干意见》。二是关于港澳台资本方面。主要有：2003 年 6 月 29 日，中国中央政府与香港特区政府签署了《内地与香港关于建立更紧密经贸关系的安排》（CEPA）；2003 年 10 月 29 日，中国中央政府与澳门特区政府签署了《内地与澳门关于建立更紧密经贸关系的安排》（CEPA）；2010 年 6 月 29 日，海峡两岸签署《海峡两岸经济合作框架协议》，对于港澳台资本进入内地市场提供了更多的便利。为了落实内地与港澳的 CEPA 承诺，2005 年国家广电总局、商务部发布《〈电影企业经营资格准入暂行规定〉的补充规定》，允许香港、澳门服务提供者经内地主管部门批准后，在内地设立独资公司发行国产电影片。为了落实 2004 年 CEPA 补充规定和 2005 年 CEPA 补充规定二，国家广电总局、商务部、文化部分别于 2005 年、2006 年联合发布《〈外商投资电影院暂行规定〉的补充规定》和《〈外商投资电影院暂行规定〉补充规定二》。目前,这些都是境外资本在我国境内设立从事电影活动的企业的有关依据。随着我国电影产业的发展和对外开放水平的提高,以及国际投资贸易形势的变化,目前对于境外资本的有关规定有可能随之调整,本条的指引性规定为以后根据新形势、新情况需要适时作出适当调整,留下一定的法律空间。

从现有规定来看,我国对境外资本进入我国电影行业的限制较为严格。但另一方面,也要看到,电影产业促进法以促进中国电影产业发展为主旨,同时通过各种直接或间接的制度安排,对境外投资活动确定了积极开放、合作共赢的制度取向。如本法鼓励境外组织、个人以中外合作形式分享中国电影产业发展和制度创新成果,通过将符合条件的中外合拍片视同国产影片的措施,使符合条件的境外投资在摄制、发行、放映等各个环节也享受到与境内资本同样的制度便利和扶持优惠。此外,本法通过明确鼓励开展平等、互利的电影国际合作与交流,为进一步促进中国电影市场对外开放提供了明确的制度保障,也为与法律配套的法规规章确立了鲜明的立法思路。

第六十条　本法自 2017 年 3 月 1 日起施行。

【释义】　本条是关于本法施行时间的规定。

法律的生命在于实施。任何一部法律制定以后,其最直接的要求是在现实生活中生效执行。为此,法律施行日期条款是任何法律都必须具备的条款之一,它是确定法律生效时间的明示性规定,直接决定法的时间效力,进而影响人们的权利义务。修改后的立法法第五十七条规定“法律应当明确规定施行日期”。第五十八条第一款规定“签署公布法律的主席令载明该法律的制定机关、通过和施行日期”。这为法律确定施行日期提供了直接的法律依据。此后，法律的施行日期条款表述方式趋于统一。目前，我国的立法实践中，关于法律施行日期的表述主要有两种方式：一是，法律公布的时间与法律生效的时间是一致的，即在法律条文中明确规定自公布之日起施行。二是，法律的公布时间与法律的生效时间不一致，即法律公布后并不立即生效施行，而是经过一段时间后才开始施行，在法律条文中明确规定生效施行日期。

本法采取了第二种方式。本法于 2016 年 11 月 7 日由第十二届全国人民代表大会常务委员会第二十四次会议通过，同日由主席令第五十四号签署公布，自 2017 年 3 月 1 日起施行。本法采取不立即生效的方式，主要考虑：一是，近年来电影产业发展迅速，诸多市场主体投入电影产业中。本法对参与到电影产业中的公民、法人和其他组织的权利和义务进行了规定，必将对其利益产生重大影响，需要留出必要的时间使其能够事先对照法律规范的权利义务调整自身的行为，并对自身的行为进行合法性预期，从而促进法律在现实社会生活中的有效实现。二是，本法对现行的电影产业管理体制进行了较大的调整，取消和下放了一系列的行政审批制度，需要为国务院电影主管部门、县级以上地方人民政府电影主管部门以及其他相关部门实施法律留出相应的准备时间。三是，为宣传贯彻和普法工作留出一定时间。“徒法不足以自行。”法律的生命在于实施，只有把电影产业促进法宣传好，才能真正实施好、贯彻好。从 2016 年 11 月至 2017 年 3 月 1 日这一段时间里，全国人大有关专门委员会、全国人大常委会法制工作委员会、国家新闻出版广电总局采取了多种措施、方式，通过多种途径，向社会宣传电影产业促进法，普及法律知识，更有助于这部法律的顺利实施。

第二部分　附　　录

中华人民共和国电影产业促进法

（2016年11月7日第十二届全国人民代表大会常务委员会第二十四次会议通过　2016年11月7日中华人民共和国主席令第54号公布　自2017年3月1日起施行）

目　　录

第一章　总　　则

第一条　为了促进电影产业健康繁荣发展，弘扬社会主义核心价值观，规范电影市场秩序，丰富人民群众精神文化生活，制定本法。

第二条 在中华人民共和国境内从事电影创作、摄制、发行、放映等活动(以下统称电影活动),适用本法。

本法所称电影,是指运用视听技术和艺术手段摄制、以胶片或者数字载体记录、由表达一定内容的有声或者无声的连续画面组成、符合国家规定的技术标准、用于电影院等固定放映场所或者流动放映设备公开放映的作品。

通过互联网、电信网、广播电视网等信息网络传播电影的,还应当遵守互联网、电信网、广播电视网等信息网络管理的法律、行政法规的规定。

第三条 从事电影活动,应当坚持为人民服务、为社会主义服务,坚持社会效益优先,实现社会效益与经济效益相统一。

第四条 国家坚持以人民为中心的创作导向,坚持百花齐放、百家争鸣的方针,尊重和保障电影创作自由,倡导电影创作贴近实际、贴近生活、贴近群众,鼓励创作思想性、艺术性、观赏性相统一的优秀电影。

第五条 国务院应当将电影产业发展纳入国民经济和社会发展规划。县级以上地方人民政府根据当地实际情况将电影产业发展纳入本级国民经济和社会发展规划。

国家制定电影及其相关产业政策,引导形成统一开放、公平竞争的电影市场,促进电影市场繁荣发展。

第六条 国家鼓励电影科技的研发、应用,制定并完善电影技术标准,构建以企业为主体、市场为导向、产学研相结合的电影技术创新体系。

第七条 与电影有关的知识产权受法律保护,任何组织和个人不得侵犯。

县级以上人民政府负责知识产权执法的部门应当采取措施,保护与电影有关的知识产权,依法查处侵犯与电影有关的知识产权的行为。

从事电影活动的公民、法人和其他组织应当增强知识产权意识,提高运用、保护和管理知识产权的能力。

国家鼓励公民、法人和其他组织依法开发电影形象产品等衍生产品。

第八条 国务院电影主管部门负责全国的电影工作;县级以上地方人民政府电影主管部门负责本行政区域内的电影工作。

县级以上人民政府其他有关部门在各自职责范围内,负责有关的电影工作。

第九条 电影行业组织依法制定行业自律规范,开展业务交流,加强职业道德教育,维护其成员的合法权益。

演员、导演等电影从业人员应当坚持德艺双馨,遵守法律法规,尊重社会公德,恪守职业道德,加强自律,树立良好社会形象。

第十条 国家支持建立电影评价体系,鼓励开展电影评论。

对优秀电影以及为促进电影产业发展作出突出贡献的组织、个人,按照国家有关规定给予表彰和奖励。

第十一条 国家鼓励开展平等、互利的电影国际合作与交流,支持参加境外电影节(展)。

第二章 电影创作、摄制

第十二条 国家鼓励电影剧本创作和题材、体裁、形式、手段等创新,鼓励电影学术研讨和业务交流。

县级以上人民政府电影主管部门根据电影创作的需要,为电影创作人员深入基层、深入群众、体验生活等提供必要的便利和帮助。

第十三条 拟摄制电影的法人、其他组织应当将电影剧本梗概向国务院电影主管部门或者省、自治区、直辖市人民政府电影主管部门备案;其中,涉及重大题材或者国家安全、外交、民族、宗教、军事等方面题材的，应当按照国家有关规定将电影剧本报送审查。

电影剧本梗概或者电影剧本符合本法第十六条规定的，由国务院电影主管部门将拟摄制电影的基本情况予以公告，并由国务院电影主管部门或者省、自治区、直辖市人民政府电影主管部门出具备案证明文件或者颁发批准文件。具体办法由国务院电影主管部门制定。

第十四条　法人、其他组织经国务院电影主管部门批准，可以与境外组织合作摄制电影；但是，不得与从事损害我国国家尊严、荣誉和利益，危害社会稳定，伤害民族感情等活动的境外组织合作，也不得聘用有上述行为的个人参加电影摄制。

合作摄制电影符合创作、出资、收益分配等方面比例要求的，该电影视同境内法人、其他组织摄制的电影。

境外组织不得在境内独立从事电影摄制活动；境外个人不得在境内从事电影摄制活动。

第十五条　县级以上人民政府电影主管部门应当协调公安、文物保护、风景名胜区管理等部门，为法人、其他组织依照本法从事电影摄制活动提供必要的便利和帮助。

从事电影摄制活动的，应当遵守有关环境保护、文物保护、风景名胜区管理和安全生产等方面的法律、法规，并在摄制过程中采取必要的保护、防护措施。

第十六条　电影不得含有下列内容：

（一）违反宪法确定的基本原则，煽动抗拒或者破坏宪法、法律、行政法规实施；

（二）危害国家统一、主权和领土完整，泄露国家秘密，危害国家安全，损害国家尊严、荣誉和利益，宣扬恐怖主义、极端主义；

（三）诋毁民族优秀文化传统，煽动民族仇恨、民族歧视，侵害民族风俗习惯，歪曲民族历史或者民族历史人物，伤害民族感情，破坏民族团结；

（四）煽动破坏国家宗教政策，宣扬邪教、迷信；

（五）危害社会公德，扰乱社会秩序，破坏社会稳定，宣扬淫秽、赌博、吸毒，渲染暴力、恐怖，教唆犯罪或者传授犯罪方法；

（六）侵害未成年人合法权益或者损害未成年人身心健康；

（七）侮辱、诽谤他人或者散布他人隐私，侵害他人合法权益；

（八）法律、行政法规禁止的其他内容。

第十七条 法人、其他组织应当将其摄制完成的电影送国务院电影主管部门或者省、自治区、直辖市人民政府电影主管部门审查。

国务院电影主管部门或者省、自治区、直辖市人民政府电影主管部门应当自受理申请之日起三十日内作出审查决定。对符合本法规定的，准予公映，颁发电影公映许可证，并予以公布；对不符合本法规定的，不准予公映，书面通知申请人并说明理由。

国务院电影主管部门应当根据本法制定完善电影审查的具体标准和程序，并向社会公布。制定完善电影审查的具体标准应当向社会公开征求意见，并组织专家进行论证。

第十八条 进行电影审查应当组织不少于五名专家进行评审，由专家提出评审意见。法人、其他组织对专家评审意见有异议的，国务院电影主管部门或者省、自治区、直辖市人民政府电影主管部门可以另行组织专家再次评审。专家的评审意见应当作为作出审查决定的重要依据。

前款规定的评审专家包括专家库中的专家和根据电影题材特别聘请的专家。专家遴选和评审的具体办法由国务院电影主管部门制定。

第十九条 取得电影公映许可证的电影需要变更内容的，应当依照本法规定重新报送审查。

第二十条 摄制电影的法人、其他组织应当将取得的电影公映许可证标识置于电影的片头处；电影放映可能引起未成年人等观众身体或者心理不适的，应当予以提示。

未取得电影公映许可证的电影，不得发行、放映，不得通过互联网、电信网、广播电视网等信息网络进行传播，不得制作为音像制品；但是，国家另有规定的，从其规定。

第二十一条 摄制完成的电影取得电影公映许可证，方可参加电影节（展）。拟参加境外电影节（展）的，送展法人、其他组织应当在该境外电影节（展）举办前，将相关材料报国务院电影主管部门或者省、自治区、直辖市人民政府电影主管部门备案。

第二十二条 公民、法人和其他组织可以承接境外电影的洗印、加工、后期制作等业务，并报省、自治区、直辖市人民政府电影主管部门备案，但是不得承接含有损害我国国家尊严、荣誉和利益，危害社会稳定，伤害民族感情等内容的境外电影的相关业务。

第二十三条 国家设立的电影档案机构依法接收、收集、整理、保管并向社会开放电影档案。

国家设立的电影档案机构应当配置必要的设备，采用先进技术，提高电影档案管理现代化水平。

摄制电影的法人、其他组织依照《中华人民共和国档案法》的规定，做好电影档案保管工作，并向国家设立的电影档案机构移交、捐赠、寄存电影档案。

第三章 电影发行、放映

第二十四条 企业具有与所从事的电影发行活动相适应的人员、资金条件的，经国务院电影主管部门或者所在地省、自治区、直辖市人民政府电影主管部门批准，可以从事电影发行活动。

企业、个体工商户具有与所从事的电影放映活动相适应的人员、场所、技术和设备等条件的，经所在地县级人民政府电影主管部门批准，可以从事电影院等固定放映场所电影放映活动。

第二十五条 依照本法规定负责电影发行、放映活动审批的电影主管部门，应当自受理申请之日起三十日内，作出批准或者不批准的决定。对符合条件的，予以批准，颁发电影发行经营许可证或者电影放映经营许可证，并予以公布；对不符合条件的，不予批准，书面通知申请人并说明理由。

第二十六条 企业、个人从事电影流动放映活动，应当将企业名称或者经营者姓名、地址、联系方式、放映设备等向经营区域所在地县级人民政府电影主管部门备案。

第二十七条 国家加大对农村电影放映的扶持力度，由政府出资建立完善农村电影公益放映服务网络，积极引导社会资金投资农村电影放映，不断改善农村地区观看电影条件，统筹保障农村地区群众观看电影需求。

县级以上人民政府应当将农村电影公益放映纳入农村公共文化服务体系建设，按照国家有关规定对农村电影公益放映活动给予补贴。

从事农村电影公益放映活动的，不得以虚报、冒领等手段骗取农村电影公益放映补贴资金。

第二十八条 国务院教育、电影主管部门可以共同推荐有利于未成年人健康成长的电影，并采取措施支持接受义务教育的学生免费观看，由所在学校组织安排。

国家鼓励电影院以及从事电影流动放映活动的企业、个人采取票价优惠、建设不同条件的放映厅、设立社区放映点等多种措施，为未成年人、老年人、残疾人、城镇低收入居民以及进城务工人员等观看电影提供便利；电影院以及从事电影流动放映活动的企业、个人所在地人民政府可以对其发放奖励性补贴。

第二十九条 电影院应当合理安排由境内法人、其他组织所摄制电影的放映场次和时段，并且放映的时长不得低于年放映电影时长总和的三分之二。

电影院以及从事电影流动放映活动的企业、个人应当保障电影放映质量。

第三十条　电影院的设施、设备以及用于流动放映的设备应当符合电影放映技术的国家标准。

电影院应当按照国家有关规定安装计算机售票系统。

第三十一条　未经权利人许可，任何人不得对正在放映的电影进行录音录像。发现进行录音录像的，电影院工作人员有权予以制止，并要求其删除；对拒不听从的，有权要求其离场。

第三十二条　国家鼓励电影院在向观众明示的电影开始放映时间之前放映公益广告。

电影院在向观众明示的电影开始放映时间之后至电影放映结束前，不得放映广告。

第三十三条　电影院应当遵守治安、消防、公共场所卫生等法律、行政法规，维护放映场所的公共秩序和环境卫生，保障观众的安全与健康。

任何人不得携带爆炸性、易燃性、放射性、毒害性、腐蚀性物品进入电影院等放映场所，不得非法携带枪支、弹药、管制器具进入电影院等放映场所；发现非法携带上述物品的，有关工作人员应当拒绝其进入，并向有关部门报告。

第三十四条　电影发行企业、电影院等应当如实统计电影销售收入，提供真实准确的统计数据，不得采取制造虚假交易、虚报瞒报销售收入等不正当手段，欺骗、误导观众，扰乱电影市场秩序。

第三十五条　在境内举办涉外电影节（展），须经国务院电影主管部门或者省、自治区、直辖市人民政府电影主管部门批准。

第四章　电影产业支持、保障

第三十六条　国家支持下列电影的创作、摄制：

（一）传播中华优秀文化、弘扬社会主义核心价值观的重大题材电影；

（二）促进未成年人健康成长的电影；

（三）展现艺术创新成果、促进艺术进步的电影；

（四）推动科学教育事业发展和科学技术普及的电影；

（五）其他符合国家支持政策的电影。

第三十七条 国家引导相关文化产业专项资金、基金加大对电影产业的投入力度，根据不同阶段和时期电影产业的发展情况，结合财力状况和经济社会发展需要，综合考虑、统筹安排财政资金对电影产业的支持，并加强对相关资金、基金使用情况的审计。

第三十八条 国家实施必要的税收优惠政策，促进电影产业发展，具体办法由国务院财税主管部门依照税收法律、行政法规的规定制定。

第三十九条 县级以上地方人民政府应当依据人民群众需求和电影市场发展需要，将电影院建设和改造纳入国民经济和社会发展规划、土地利用总体规划和城乡规划等。

县级以上地方人民政府应当按照国家有关规定，有效保障电影院用地需求，积极盘活现有电影院用地资源，支持电影院建设和改造。

第四十条 国家鼓励金融机构为从事电影活动以及改善电影基础设施提供融资服务，依法开展与电影有关的知识产权质押融资业务，并通过信贷等方式支持电影产业发展。

国家鼓励保险机构依法开发适应电影产业发展需要的保险产品。

国家鼓励融资担保机构依法向电影产业提供融资担保，通过再担保、联合担保以及担保与保险相结合等方式分散风险。

对国务院电影主管部门依照本法规定公告的电影的摄制，按照国家有关规定合理确定贷款期限和利率。

第四十一条 国家鼓励法人、其他组织通过到境外合作摄制电影等方式进行跨境投资，依法保障其对外贸易、跨境融资和投资等合理用汇需求。

第四十二条　国家实施电影人才扶持计划。

国家支持有条件的高等学校、中等职业学校和其他教育机构、培训机构等开设与电影相关的专业和课程，采取多种方式培养适应电影产业发展需要的人才。

国家鼓励从事电影活动的法人和其他组织参与学校相关人才培养。

第四十三条　国家采取措施，扶持农村地区、边疆地区、贫困地区和民族地区开展电影活动。

国家鼓励、支持少数民族题材电影创作，加强电影的少数民族语言文字译制工作，统筹保障民族地区群众观看电影需求。

第四十四条　国家对优秀电影的外语翻译制作予以支持，并综合利用外交、文化、教育等对外交流资源开展电影的境外推广活动。

国家鼓励公民、法人和其他组织从事电影的境外推广。

第四十五条　国家鼓励社会力量以捐赠、资助等方式支持电影产业发展，并依法给予优惠。

第四十六条　县级以上人民政府电影主管部门应当加强对电影活动的日常监督管理，受理对违反本法规定的行为的投诉、举报，并及时核实、处理、答复；将从事电影活动的单位和个人因违反本法规定受到行政处罚的情形记入信用档案，并向社会公布。

第五章　法 律 责 任

第四十七条　违反本法规定擅自从事电影摄制、发行、放映活动的，由县级以上人民政府电影主管部门予以取缔，没收电影片和违法所得以及从事违法活动的专用工具、设备；违法所得五万元以上的，并处违法所得五倍以上十倍以下的罚款；没有违法所得或者违法所得不足五万元的，可以并处二十五万元以下的罚款。

第四十八条 有下列情形之一的，由原发证机关吊销有关许可证、撤销有关批准或者证明文件；县级以上人民政府电影主管部门没收违法所得；违法所得五万元以上的，并处违法所得五倍以上十倍以下的罚款；没有违法所得或者违法所得不足五万元的，可以并处二十五万元以下的罚款：

（一）伪造、变造、出租、出借、买卖本法规定的许可证、批准或者证明文件，或者以其他形式非法转让本法规定的许可证、批准或者证明文件的；

（二）以欺骗、贿赂等不正当手段取得本法规定的许可证、批准或者证明文件的。

第四十九条 有下列情形之一的，由原发证机关吊销许可证；县级以上人民政府电影主管部门没收电影片和违法所得；违法所得五万元以上的，并处违法所得十倍以上二十倍以下的罚款；没有违法所得或者违法所得不足五万元的，可以并处五十万元以下的罚款：

（一）发行、放映未取得电影公映许可证的电影的；

（二）取得电影公映许可证后变更电影内容，未依照规定重新取得电影公映许可证擅自发行、放映、送展的；

（三）提供未取得电影公映许可证的电影参加电影节（展）的。

第五十条 承接含有损害我国国家尊严、荣誉和利益，危害社会稳定，伤害民族感情等内容的境外电影的洗印、加工、后期制作等业务的，由县级以上人民政府电影主管部门责令停止违法活动，没收电影片和违法所得；违法所得五万元以上的，并处违法所得三倍以上五倍以下的罚款；没有违法所得或者违法所得不足五万元的，可以并处十五万元以下的罚款。情节严重的，由电影主管部门通报工商行政管理部门，由工商行政管理部门吊销营业执照。

第五十一条 电影发行企业、电影院等有制造虚假交易、虚报瞒报销售收入等行为，扰乱电影市场秩序的，由县级以上人民政府电影主管部门责令改正，没收违法所得，处五万元以上五十万元以下的罚款；违法所得五十万元以上的，处违法所得一倍以上五倍以下的罚款。情节严重的，责令停业整顿；情节特别严重的，由原发证机关吊销许可证。

电影院在向观众明示的电影开始放映时间之后至电影放映结束前放映广告的，由县级人民政府电影主管部门给予警告，责令改正；情节严重的，处一万元以上五万元以下的罚款。

第五十二条　法人或者其他组织未经许可擅自在境内举办涉外电影节（展）的，由国务院电影主管部门或者省、自治区、直辖市人民政府电影主管部门责令停止违法活动，没收参展的电影片和违法所得；违法所得五万元以上的，并处违法所得五倍以上十倍以下的罚款；没有违法所得或者违法所得不足五万元的，可以并处二十五万元以下的罚款；情节严重的，自受到处罚之日起五年内不得举办涉外电影节（展）。

个人擅自在境内举办涉外电影节（展），或者擅自提供未取得电影公映许可证的电影参加电影节（展）的，由国务院电影主管部门或者省、自治区、直辖市人民政府电影主管部门责令停止违法活动，没收参展的电影片和违法所得；违法所得五万元以上的，并处违法所得五倍以上十倍以下的罚款；没有违法所得或者违法所得不足五万元的，可以并处二十五万元以下的罚款；情节严重的，自受到处罚之日起五年内不得从事相关电影活动。

第五十三条　法人、其他组织或者个体工商户因违反本法规定被吊销许可证的，自吊销许可证之日起五年内不得从事该项业务活动；其法定代表人或者主要负责人自吊销许可证之日起五年内不得担任从事电影活动的法人、其他组织的法定代表人或者主要负责人。

第五十四条　有下列情形之一的，依照有关法律、行政法规及国家有关规定予以处罚：

（一）违反国家有关规定，擅自将未取得电影公映许可证的电影制作为音像制品的；

（二）违反国家有关规定，擅自通过互联网、电信网、广播电视网等信息网络传播未取得电影公映许可证的电影的；

（三）以虚报、冒领等手段骗取农村电影公益放映补贴资金的；

（四）侵犯与电影有关的知识产权的；

（五）未依法接收、收集、整理、保管、移交电影档案的。

电影院有前款第四项规定行为，情节严重的，由原发证机关吊销许可证。

第五十五条 县级以上人民政府电影主管部门或者其他有关部门的工作人员有下列情形之一，尚不构成犯罪的，依法给予处分：

（一）利用职务上的便利收受他人财物或者其他好处的；

（二）违反本法规定进行审批活动的；

（三）不履行监督职责的；

（四）发现违法行为不予查处的；

（五）贪污、挪用、截留、克扣农村电影公益放映补贴资金或者相关专项资金、基金的；

（六）其他违反本法规定滥用职权、玩忽职守、徇私舞弊的情形。

第五十六条 违反本法规定，造成人身、财产损害的，依法承担民事责任；构成犯罪的，依法追究刑事责任。

因违反本法规定二年内受到二次以上行政处罚，又有依照本法规定应当处罚的违法行为的，从重处罚。

第五十七条 县级以上人民政府电影主管部门及其工作人员应当严格依照本法规定的处罚种类和幅度，根据违法行为的性质和具体情节行使行政处罚权，具体办法由国务院电影主管部门制定。

县级以上人民政府电影主管部门对有证据证明违反本法规定的行为进行查处时，可以依法查封与违法行为有关的场所、设施或者查封、扣押用于违法行为的财物。

第五十八条　当事人对县级以上人民政府电影主管部门以及其他有关部门依照本法作出的行政行为不服的，可以依法申请行政复议或者提起行政诉讼。其中，对国务院电影主管部门作出的不准予电影公映的决定不服的，应当先依法申请行政复议，对行政复议决定不服的可以提起行政诉讼。

第六章　附　　则

第五十九条　境外资本在中华人民共和国境内设立从事电影活动的企业的，按照国家有关规定执行。

第六十条　本法自 2017 年 3 月 1 日起施行。

关于《中华人民共和国电影产业促进法（草案）》的说明

——2015 年 10 月 30 日在第十二届全国人民代表大会常务委员会第十七次会议上

国家新闻出版广电总局局长　蔡赴朝

全国人民代表大会常务委员会：

我受国务院委托，现对《中华人民共和国电影产业促进法（草案）》作说明。

一、立法的必要性

自 2002 年电影产业化改革以来，我国影片年产量已从不足百部稳定到 600 余部，票房从每年不足 10 亿元增加到 2014 年的近 300 亿元，今年前 9 个月票房已突破 330 亿元，银幕从不足 2000 块发展到 2.9 万块。电影产业 2014 年总体规模达到 650 亿元，保持着每年超过或接近 30% 的增长幅度，有效带动了关联产业的发展，已经成为文化领域拉动内需、促进就业、推动国民经济增长和转型升级的重要产业之一。未来我国电影产业发展的潜力巨大，但与其他电影强国相比，与经济社会发展和人民群众不断提高的精神文化需求相比，还存在诸多不足，面临着一些亟待解决的问题：一是电影市场活力有待进一步激发。审批和制约因素较多，阻碍了产业发展，影响了社会力量进入电影产业领域的积极性，亟须在制度层面适度松绑。二是电影市场秩序还要进一步规范。我国电影市场发育尚不成熟，市场诚信体系尚不健全，擅自拍摄放映电影、擅自举办电影节（展）等情况时有发生，有必要修改完善相关管理制度。三是电影产业发展水平有待提高。我国电影产业尚处于成长阶段，基础还比较薄弱，有必要借鉴国际成功经验，加大对电影产业的引导、扶持力度。四是维护文化安全还需更加重视。当前抵御腐朽文化侵蚀、维护文化安全的任务仍然十分艰巨，有必要完善电影内容监管制度与措施，进一步发挥电影的正面导向作用。

为了切实解决上述问题，促进电影产业发展，原广电总局在深入调查研究、总结实践经验、广泛听取意见的基础上，起草了《中华人民共和国电影产业促进法（送审稿）》（以下简称送审稿）。法制办收到送审稿后，多次书面征求中央有关单位、地方政府及专家意见，并在互联网上向社会公开征求意见，到有关地方调研，会同新闻出版广电总局对送审稿反复研究、修改，形成了《中华人民共和国电影产业促进法（草案）》（以下简称草案）。草案已经 2015 年 9 月 1 日国务院第 104 次常务会议讨论通过。

二、立法的总体思路

在工作中主要把握了以下思路：一是转变政府管理方式，积极发挥市场在资源配置中的促进作用。培育、规范市场秩序，坚持放管并举，该放的放开，该管的管住，寓管理于服务之中，为社会力量从事电影活动提供便利。二是充分发挥政府的引导、激励作用，加大对电影产业扶持力度。采取财政、税收、金融、用地、人才等多种扶持措施，促进电影产业全面发展。三是既促进产业发展，又保障文化安全。从中国实际出发,在确保文化安全的前提下促进产业发展。

三、草案的主要内容

(一)推动简政放权,激发电影市场活力

为加快转变政府职能,草案未新设行政审批,同时取消2项、下放5项行政审批:一是鼓励企业、其他组织从事电影摄制活动,取消了《电影摄制许可证(单片)》,只保留《电影摄制许可证》;二是简化电影剧本审查制度,取消一般题材电影剧本审查,只需将电影剧本梗概予以备案;三是降低有关电影活动的准入门槛,下放了电影摄制审批、特殊题材电影剧本审批、电影公映审批、电影放映审批和举办涉外电影节(展)审批。

(二)规范产业发展和电影市场秩序

一是电影主管部门要加强对电影活动的日常监督管理,建立社会信用档案制度,并向社会公布;二是电影行业组织要依法制定行业自律规范,开展业务交流和职业技能认证,加强职业道德教育,维护成员的合法权益;三是从事电影摄制、发行、放映活动,要具有与其相适应的人员、资金等条件;四是执法部门要依法保护与电影有关的知识产权,查处侵犯知识产权行为;五是要求电影院安装符合国家标准的计算机售票系统,依法进行会计核算,如实统计销售收入;六是从事电影院放映和流动放映的,要保障电影放映质量,放映设施、设备符合国家规定的电影放映技术标准;七是在境内举办涉外电影节(展)的,需经有关电影主管部门批准。

(三)加大扶持力度,提高电影产业发展水平

为调动电影创作、摄制、发行、放映等主体的积极性,草案规定:一是政府应将电影产业发展纳入本级国民经济和社会发展规划,通过制定相关产业政策引导形成统一开放、公平竞争的电影市场;二是通过引导相关文化产业专项资金、基金加大对电影产业投

入力度，以及给予税收优惠、鼓励金融机构提供支持、有效保障用地需求、加大境外推广力度等，促进电影产业全面发展；三是要求政府为电影创作人员深入基层、深入群众、体验生活等提供便利和帮助，协调有关部门为摄制电影提供便利和帮助；四是鼓励社会力量以投资、捐赠等方式发展电影产业，并依法给予优惠；五是扶持农村地区、边疆地区、贫困地区和少数民族地区开展电影活动，加强电影的少数民族语言文字译制工作。

（四）维护文化安全，弘扬社会主义核心价值观

一是明确电影的正面导向作用，规定电影要坚持为人民服务、为社会主义服务，禁止含有违反宪法确定的基本原则、危害国家安全、危害社会公德等内容；二是禁止境外企业、其他组织在境内独立从事电影摄制活动，禁止境外个人在境内从事电影摄制活动，禁止从事过损害我国国家荣誉和利益、危害社会稳定、伤害民族感情等活动的境外企业、其他组织参与合作摄制电影；三是规定未经审查通过的电影，不得发行、放映、参加电影节（展），不得通过互联网、电信网、广播电视网等信息网络进行传播，不得制作为音像制品。

此外，草案还对违反本法的行为规定了相应的法律责任。

《中华人民共和国电影产业促进法（草案）》和以上说明是否妥当，请审议。

全国人民代表大会法律委员会关于《中华人民共和国电影产业促进法（草案）》修改情况的汇报

——2016 年 8 月 29 日在第十二届全国人民代表大会常务委员会第二十二次会议上

全国人大法律委员会副主任委员　李连宁

全国人民代表大会常务委员会：

常委会第十七次会议对电影产业促进法草案进行了初次审议。会后，法制工作委员会将草案印发各省（区、市）和中央有关部门、单位征求意见，在中国人大网全文公布草案，征求社会公众意见。法律委员会、教育科学文化卫生委员会和法制工作委员会联合召开座谈会，听取有关全国人大代表、中央有关部门、企业和专家的意见。法律委员会、法制工作委员会还到北京、上海等地进行调研，并就草案的主要问题与国家新闻出版广电总局、国务院法制办公室等部门多次交换意见，共同研究。法律委员会于 7 月 25 日召开会议，根据常委会组成人员的审议意见和各方面意见，对草案进行了逐条审议。教育科学文化卫生委员会、国家新闻出版广电总局和国务院法制办公室有关负责同志列席了会议。8 月 17 日，法律委员会召开会议，再次进行审议。现将电影产业促进法（草案）主要问题的修改情况汇报如下：

一、草案第二条对电影定义作了规定。有些常委委员、中央有关部门、地方、企业建议，明确“公映”的含义，进一步界定本法的调整范围。法律委员会经研究，建议将第二条第二款中“用于公映的作品”修改为“用于电影院等固定放映场所或者流动放映设备公开放映的作品”。

二、有些常委委员、地方建议增加对电影演艺人员职业道德自律方面的规定。法律委员会经研究，建议增加规定：演员、导演等电影从业人员应当按照德艺双馨的要求，遵守法律法规，尊重社会公德，恪守职业道德，加强自律，树立良好社会形象。

三、草案第十五条、第十六条对电影摄制许可即资质许可和电影剧本（梗概）的备案、审查作了规定。有的常委委员、地方提出，随着行政审批制度改革的推进，目前电影摄制许可已实行“零门槛”，只要是经工商部门注册登记的影视文化类企业都可以申请拍摄电影，多年来未再审批这类企业资质，对于拍摄管理，可通过电影剧本（梗概）备案或者审查把住“入口关”，建议取消摄制电影资质许可方面的规定。法律委员会经研究认为，取消摄制电影的资质许可，简化、优化行政许可程序，加强电影立项阶段的审查，既符合党中央简政放权的要求，又能有效地维护文化安全，建议将草案第十五条删去，并在第十六条中增加由电影主管部门“颁发备案证明或者批准文件”的规定。

四、草案第十九条对承接境外电影的洗印加工、后期制作业务作出了限制性规定。有的地方提出，在对承接业务内容严格把关的同时，还应当明确可以承接境外电影后期制作等业务，促进相关产业发展。法律委员会经研究，建议增加规定：公民、法人和其他组织可以承接境外电影的洗印加工、后期制作等业务。

五、草案第二十条、第二十二条对电影不得含有的内容和组织专家进行评审作出了规定。有的常委委员、中央有关部门提出，要进一步完善电影内容审查标准，建议增加不得宣扬恐怖主义、极端主义的内容，并明确专家评审的形式。法律委员会经研究，建议增加规定，电影不得含有“宣扬恐怖主义、极端主义”的内容；同时，规定进行电影审查，应当组织不少于三名专家进行评审。

六、草案第三十条、第三十一条对农村群众、中小学生的公益放映服务作出了规定。有的常委委员、地方提出，应当进一步保障广大农村地区群众观影需求，支持中小学生免费观看推荐的电影。法律委员会经研究，建议增加规定，“按照国家有关规定对农村电影公益放映活动给予补贴”；将草案第三十一条第一款修改为：国务院教育、电影主管部门可以共同推荐有利于未成年人健康成长的电影，并支持接受义务教育的学生免费观看。

七、草案第三十二条第二款对电影院年放映国产影片的最低时间比例作出了规定。有的常委委员提出，应当进一步明确电影院放映国产影片的时段要求，鼓励安排更多黄金时段放映国产影片。法律委员会经研究，建议增加规定：“电影院应当合理安排境内法人、其他组织摄制的电影的放映场次和时段”，并且放映的时间不得低于年放映电影时间总和的三分之二。

八、草案第三十二条第三款中规定，放映的电影可能引起观众身体或者心理不适的，应当予以提示。有的常委委员、中央有关部门和社会公众建议进一步明确，放映的电影可能引起未成年人身体或者心理不适的，应当予以提示。法律委员会经研究，建议将这一规定移至第二十五条第一款之后，并修改为：电影放映可能引起未成年人等观众身体或者心理不适的，应当予以提示。

九、有些常委委员、中央有关部门、地方和社会公众提出，要加强对票房收入的监管，加大对虚报瞒报票房收入行为的处罚。法律委员会经研究，建议增加规定：“电影发行企业、电影院应当统计、提供真实准确的电影销售收入，不得采取制造虚假交易、虚报瞒报销售收入等不正当手段，欺骗、误导观众，扰乱电影市场秩序”，并规定了相应的行政处罚。

还有一个问题需要汇报。有些常委会组成人员、中央有关部门、地方以及社会公众提出，电视剧和网络电影等网络视频与电影之间存在共性，建议本法应原则适用于电视剧和网络电影等网络视频。法律委员会经研究认为，电视剧和网络电影等网络视频与电影虽有相似之处，但在文化产品属性、管理方式、发行播放方式以及内容审查等方面存在差异，并且已形成具有自身特点的管理制度，仍由相关行政法规调整为宜。

此外，还对草案作了一些文字修改。

草案二次审议稿已按上述意见作了修改，法律委员会建议提请本次常委会会议继续审议。

草案二次审议稿和以上汇报是否妥当，请审议。

全国人民代表大会法律委员会关于《中华人民共和国电影产业促进法（草案）》审议结果的报告

——2016 年 10 月 31 日在第十二届全国人民代表大会常务委员会第二十四次会议上

全国人大法律委员会副主任委员　李连宁

全国人民代表大会常务委员会：

常委会第二十二次会议对电影产业促进法（草案）进行了再次审议。会后，法制工作委员会在中国人大网全文公布草案二次审议稿征求社会公众意见。法律委员会、法制工作委员会召开座谈会，听取有关企业、协会和专家的意见，还到浙江进行调研，并就草案的主要问题与有关部门多次交换意见，共同研究。法律委员会于 10 月 8 日召开会议，根据常委会组成人员的审议意见和各方面意见，对草案进行了审议。教育科学文化卫生委员会、国家新闻出版广电总局和国务院法制办公室有关负责同志列席了会议。10 月 18 日，法律委员会召开会议，再次进行审议。法律委员会认为，为了促进电影产业健康繁荣发展，弘扬社会主义核心价值观，规范电影市场秩序，丰富人民群众精神文化生活，制定本法是必要的，草

案经过两次审议修改,已经比较成熟。同时,提出以下主要修改意见:

一、草案二次审议稿第二十七条、第二十八条第一款分别对农村地区、中小学生公益放映作了规定。一些常委委员、代表和地方提出,要加大对农村电影放映的扶持力度,在政府提供公共文化服务保障的同时,引导社会资本进入农村电影放映市场,利用市场改善农村群众观看电影条件;要采取有效措施,把中小学生免费观看推荐电影落到实处。法律委员会经研究,建议在草案二次审议稿第二十七条第一款中增加"积极引导社会资金投资农村电影放映"的规定,在第二十八条第一款中增加"采取措施"支持接受义务教育的学生免费观看推荐的电影。

二、有些常委会组成人员和代表提出,要采取措施支持传播我国优秀文化的电影的创作、摄制活动,加强对少数民族题材电影创作的扶持力度。法律委员会经研究,建议在草案二次审议稿第三十六条第一项中增加国家支持创作、摄制"传播中华优秀文化"的电影,在第四十三条第二款中增加"鼓励少数民族题材电影创作"的规定。

三、有的常委委员和地方提出,应当加强对电影业违法行为的社会监督。法律委员会经研究,建议在草案二次审议稿第四十六条中增加规定:县级以上人民政府电影主管部门应当"受理对违反本法规定的行为的投诉、举报,并及时核实、处理、答复"。

四、草案二次审议稿第五十一条第一款规定了虚报瞒报票房收入的法律责任。有些常委会组成人员和部门提出,目前的规定处罚力度不够,应将罚款数额与造假金额挂钩,实行按倍计罚。法律委员会经研究,建议将草案二次审议稿第五十一条第一款修改为"未如实统计电影销售收入或者未提供真实准确的统计数据的,由县级以上人民政府电影主管部门责令改正,处五万元以上五十万元以下的罚款;违法所得五十万元以上的,处违法所得一倍以上五倍以下的罚款。情节严重的,责令停业整顿;情节特别严重的,由原发证机关吊销许可证”。

此外,还对草案二次审议稿作了一些文字修改。

10 月 17 日,法制工作委员会召开会议,邀请部分全国人大代表、专家学者、从业人员和基层电影主管部门、有关企业、协会等方面的代表,就法律草案中主要制度规范的可行性、法律出台时机、法律实施的社会效果和可能出现的问题等进行评估。总的评价是:草案立足我国电影产业发展实际,确立了促进电影产业发展的基本原则、基本制度,对电影创作、摄制,发行、放映,电影产业支持和保障等方面予以规范,既降低了参加电影活动的门槛,有利于激发电影市场活力,又强化了对电影活动的监管,有利于保障国家文化安全和电影产业健康发展。草案回应社会关切,较好地吸收了各方面的意见和建议,已经比较成熟,具有较强的针对性和可行性,现在出台是必要的、适时的,建议尽快审议通过。一些参会人员还对草案提出了一些具体修改意见,法律委员会进行了认真研究,对有的意见予以采纳。

草案三次审议稿已按上述意见作了修改,法律委员会建议提请本次常委会会议审议通过。

草案三次审议稿和以上报告是否妥当,请审议。

全国人民代表大会法律委员会关于《中华人民共和国电影产业促进法（草案三次审议稿）》修改意见的报告

——2016 年 11 月 6 日在第十二届全国人民代表大会常务委员会第二十四次会议上

全国人民代表大会常务委员会：

本次常委会会议于 10 月 31 日下午对电影产业促进法（草案三次审议稿）进行了分组审议，普遍认为，草案已经比较成熟，建议进一步修改后，提请本次会议通过。同时，有些常委会组成人员还提出了一些修改意见。法律委员会于 11 月 3 日上午召开会议，逐条研究了常委会组成人员的审议意见，对草案进行了审议。教育科学文化卫生委员会、国家新闻出版广电总局和国务院法制办公室有关负责同志列席了会议。法律委员会认为，草案是可行的，同时，提出以下修改意见：

一、草案三次审议稿第五条第三款规定，省、自治区、直辖市人民政府应当根据当地电影产业发展实际情况制定电影及其相关产业政策。有的常委委员提出，电影产业政策应当由国家统一制定，不宜由各地分别再制定电影产业政策。法律委员会经研究，建议删去这一款。

二、草案三次审议稿第十四条第一款规定，法人、其他组织经国务院电影主管部门批准，可以与境外组织合作摄制电影；但是，不得与从事损害我国国家尊严、荣誉和利益，危害社会稳定，伤害民族感情等活动的境外组织合作。有的常委委员提出，除不得与从事过上述活动的境外组织合作外，电影摄制也不得聘用有上述行为的境外个人。法律委员会经研究，建议在这一款中增加规定："也不得聘用有上述行为的个人参加电影摄制"。

三、国家新闻出版广电总局提出，合作摄制的电影符合国家有关规定的，应当视同国产电影，这对促进我国电影产业发展具有积极作用，建议对此作出规定。法律委员会经研究，建议在第十四条增加一款规定："合作摄制电影符合创作、出资、收益分配等方面比例要求的，该电影视同境内法人、其他组织摄制的电影"。

四、草案三次审议稿第二十二条对承接境外电影的洗印、加工、后期制作等业务作了规定。有的常委委员提出，要加强对承接境外电影后期制作等业务的监管，可由有关部门实行备案管理。法律委员会经研究，建议在这一条中增加规定："并报省、自治区、直辖市人民政府电影主管部门备案"。

五、草案三次审议稿第二十八条第一款对中小学生公益放映作了规定。有些常委委员建议，要对所在学校提出支持、配合的要求，将中小学生免费观看推荐的电影落到实处。法律委员会经研究，建议在这一款中增加规定："由所在学校组织安排"。

六、草案三次审议稿第三十一条对禁止非法录音录像及处置措施作了规定。有的常委委员提出，目前规定予以制止和要求离场两项措施力度不够，还应当要求当事人删除已经录制的音频、视频资料。法律委员会经研究，建议在这一条电影院工作人员有权采取的措施中增加"并要求其删除"已录制的音频、视频资料的规定。

七、草案三次审议稿第三十七条第一款规定了国家对电影产业的资金支持措施,第二款规定了电影行业建立完善相应的财务会计制度。有些常委委员提出,对电影产业中国家有关资金、基金的使用情况,应当按照相关规定进行审计;按照有关法律规定,国家实行统一的会计制度,不能一个行业搞一个,电影行业也不例外。法律委员会经研究,建议删去建立完善相应的财务会计制度的规定,将该条修改为:“国家引导相关文化产业专项资金、基金加大对电影产业的投入力度,根据不同阶段和时期电影产业的发展情况,结合财力状况和经济社会发展需要,综合考虑、统筹安排财政资金对电影产业的支持,并加强对相关资金、基金使用情况的审计”。

八、草案三次审议稿第五十一条第一款规定了虚报瞒报销售收入的法律责任。有的常委委员提出,应主要针对电影销售中制造虚假交易、虚报瞒报销售收入等扰乱市场秩序的行为进行处罚。法律委员会经研究,建议将这一款中的“未如实统计电影销售收入或者未提供真实准确的统计数据的,由县级以上人民政府电影主管部门责令改正,处五万元以上五十万元以下的罚款”修改为:“电影发行企业、电影院等有制造虚假交易、虚报瞒报销售收入等行为,扰乱电影市场秩序的,由县级以上人民政府电影主管部门责令改正,没收违法所得,处五万元以上五十万元以下的罚款。”

此外,根据常委委员的审议意见,还对草案三次审议稿作了一些文字修改。

草案建议表决稿已按上述意见作了修改,法律委员会建议本次常委会会议通过。

草案建议表决稿和以上报告是否妥当,请审议。

电影管理条例

（2001年12月12日国务院第50次常务会议通过
2001年12月25日国务院令第342号公布
自2002年2月1日起施行）

第一章 总 则

第一条 为了加强对电影行业的管理，发展和繁荣电影事业，满足人民群众文化生活需要，促进社会主义物质文明和精神文明建设，制定本条例。

第二条 本条例适用于中华人民共和国境内的故事片、纪录片、科教片、美术片、专题片等电影片的制片、进口、出口、发行和放映等活动。

第三条 从事电影片的制片、进口、出口、发行和放映等活动，应当遵守宪法和有关法律、法规，坚持为人民服务、为社会主义服务的方向。

第四条 国务院广播电影电视行政部门主管全国电影工作。

县级以上地方人民政府管理电影的行政部门（以下简称电影行政部门），依照本条例的规定负责本行政区域内的电影管理工作。

第五条 国家对电影摄制、进口、出口、发行、放映和电影片公映实行许可制度。未经许可，任何单位和个人不得从事电影片的摄制、进口、发行、放映活动,不得进口、出口、发行、放映未取得许可证的电影片。

依照本条例发放的许可证和批准文件,不得出租、出借、出售或者以其他任何形式转让。

第六条 全国性电影行业的社会团体按照其章程,在国务院广播电影电视行政部门指导下,实行自律管理。

第七条 国家对为电影事业发展做出显著贡献的单位和个人,给予奖励。

第二章 电 影 制 片

第八条 设立电影制片单位,应当具备下列条件:

(一)有电影制片单位的名称、章程;

(二)有符合国务院广播电影电视行政部门认定的主办单位及其主管机关;

(三)有确定的业务范围;

(四)有适应业务范围需要的组织机构和专业人员;

(五)有适应业务范围需要的资金、场所和设备;

(六)法律、行政法规规定的其他条件。

审批设立电影制片单位,除依照前款所列条件外,还应当符合国务院广播电影电视行政部门制定的电影制片单位总量、布局和结构的规划。

第九条 申请设立电影制片单位,由所在地省、自治区、直辖市人民政府电影行政部门审核同意后,报国务院广播电影电视行政部门审批。

申请书应当载明下列内容:

(一)电影制片单位的名称、地址和经济性质;

(二)电影制片单位的主办单位的名称、地址、性质及其主管机关;

（三）电影制片单位的法定代表人的姓名、住址、资格证明文件；

（四）电影制片单位的资金来源和数额。

第十条 国务院广播电影电视行政部门应当自收到设立电影制片单位的申请书之日起90日内，作出批准或者不批准的决定，并通知申请人。批准的，由国务院广播电影电视行政部门发给《摄制电影许可证》，申请人持《摄制电影许可证》到国务院工商行政管理部门办理登记手续，依法领取营业执照；不批准的，应当说明理由。

第十一条 电影制片单位以其全部法人财产，依法享有民事权利，承担民事责任。

第十二条 电影制片单位变更、终止，应当报国务院广播电影电视行政部门批准，并依法到原登记的工商行政管理部门办理变更登记或者注销登记。

第十三条 电影制片单位可以从事下列活动：

（一）摄制电影片；

（二）按照国家有关规定制作本单位摄制的电影片的复制品；

（三）按照国家有关规定在全国范围发行本单位摄制并被许可公映的电影片及其复制品；

（四）按照国家有关规定出口本单位摄制并被许可公映的电影片及其复制品。

第十四条 电影制片单位应当建立、健全管理制度，保证电影片的质量。

第十五条 电影制片单位对其摄制的电影片，依法享有著作权。

第十六条 电影制片单位以外的单位独立从事电影摄制业务，须报经国务院广播电影电视行政部门批准，并持批准文件到工商行政管理部门办理相应的登记手续。

电影制片单位以外的单位经批准后摄制电影片，应当事先到国务院广播电影电视行政部门领取一次性《摄制电影片许可证（单片）》，并参照电影制片单位享有权利、承担义务。具体办法由国务院广播电影电视行政部门制定。

第十七条 国家鼓励企业、事业单位和其他社会组织以及个人以资助、投资的形式参与摄制电影片。具体办法由国务院广播电影电视行政部门制定。

第十八条 电影制片单位经国务院广播电影电视行政部门批准，可以与境外电影制片者合作摄制电影片；其他单位和个人不得与境外电影制片者合作摄制电影片。

电影制片单位和持有《摄制电影片许可证（单片）》的单位经国务院广播电影电视行政部门批准，可以到境外从事电影片摄制活动。

境外组织或者个人不得在中华人民共和国境内独立从事电影片摄制活动。

第十九条 中外合作摄制电影片，应当由中方合作者事先向国务院广播电影电视行政部门提出立项申请。国务院广播电影电视行政部门征求有关部门的意见后，经审查符合规定的，发给申请人一次性《中外合作摄制电影片许可证》。申请人取得《中外合作摄制电影片许可证》后，应当按照国务院广播电影电视行政部门的规定签订中外合作摄制电影片合同。

第二十条 中外合作摄制电影片需要进口设备、器材、胶片、道具的，中方合作者应当持国务院广播电影电视行政部门的批准文件到海关办理进口或者临时进口手续。

第二十一条 境外电影制片者同中方合作者合作或者以其他形式在中华人民共和国境内摄制电影片，应当遵守中华人民共和国的法律、法规，尊重中华民族的风俗、习惯。

第二十二条 电影底片、样片的冲洗及后期制作，应当在中华人民共和国境内完成。有特殊技术要求确需在境外完成的，应当单项申请，报经国务院广播电影电视行政部门批准后，按照批准文件载明的要求执行。

第二十三条　电影洗印单位不得洗印加工未取得《摄制电影许可证》或者《摄制电影片许可证（单片）》的单位摄制的电影底片、样片，不得洗印加工未取得《电影片公映许可证》的电影片拷贝。

电影洗印单位接受委托洗印加工境外的电影底片、样片和电影片拷贝的，应当事先经国务院广播电影电视行政部门批准，并持批准文件依法向海关办理有关进口手续。洗印加工的电影底片、样片和电影片拷贝必须全部运输出境。

第三章　电影审查

第二十四条　国家实行电影审查制度。

未经国务院广播电影电视行政部门的电影审查机构（以下简称电影审查机构）审查通过的电影片，不得发行、放映、进口、出口。

供科学研究、教学参考的专题片进口和中国电影资料馆进口电影资料片，依照本条例第三十二条的规定办理。

第二十五条　电影片禁止载有下列内容：

（一）反对宪法确定的基本原则的；

（二）危害国家统一、主权和领土完整的；

（三）泄露国家秘密、危害国家安全或者损害国家荣誉和利益的；

（四）煽动民族仇恨、民族歧视，破坏民族团结，或者侵害民族风俗、习惯的；

（五）宣扬邪教、迷信的；

（六）扰乱社会秩序，破坏社会稳定的；

（七）宣扬淫秽、赌博、暴力或者教唆犯罪的；

（八）侮辱或者诽谤他人，侵害他人合法权益的；

（九）危害社会公德或者民族优秀文化传统的；

（十）有法律、行政法规和国家规定禁止的其他内容的。

电影技术质量应当符合国家标准。

第二十六条 电影制片单位应当依照本条例第二十五条的规定，负责电影剧本投拍和电影片出厂前的审查。

电影制片单位依照前款规定对其准备投拍的电影剧本审查后，应当报电影审查机构备案；电影审查机构可以对报备案的电影剧本进行审查，发现有本条例第二十五条禁止内容的，应当及时通知电影制片单位不得投拍。具体办法由国务院广播电影电视行政部门制定。

第二十七条 电影制片单位应当在电影片摄制完成后，报请电影审查机构审查；电影进口经营单位应当在办理电影片临时进口手续后，报请电影审查机构审查。

电影审查收费标准由国务院价格主管部门会同国务院广播电影电视行政部门规定。

第二十八条 电影审查机构应当自收到报送审查的电影片之日起 30 日内，将审查决定书面通知送审单位。审查合格的，由国务院广播电影电视行政部门发给《电影片公映许可证》。

电影制片单位或者电影进口经营单位应当将《电影片公映许可证》证号印制在该电影片拷贝第一本片头处。审查不合格，经修改报送重审的，审查期限依照本条第一款的规定重新计算。

第二十九条 电影制片单位和电影进口经营单位对电影片审查决定不服的，可以自收到审查决定之日起 30 日内向国务院广播电影电视行政部门的电影复审机构申请复审；复审合格的，由国务院广播电影电视行政部门发给《电影片公映许可证》。

第四章 电影进口出口

第三十条 电影进口业务由国务院广播电影电视行政部门指

定电影进口经营单位经营;未经指定,任何单位或者个人不得经营电影进口业务。

第三十一条 进口供公映的电影片,进口前应当报送电影审查机构审查。

报送电影审查机构审查的电影片,由指定的电影进口经营单位持国务院广播电影电视行政部门的临时进口批准文件到海关办理电影片临时进口手续;临时进口的电影片经电影审查机构审查合格并发给《电影片公映许可证》和进口批准文件后,由电影进口经营单位持进口批准文件到海关办理进口手续。

第三十二条 进口供科学研究、教学参考的专题片,进口单位应当报经国务院有关行政主管部门审查批准,持批准文件到海关办理进口手续,并于进口之日起30日内向国务院广播电影电视行政部门备案。但是,不得以科学研究、教学的名义进口故事片。

中国电影资料馆进口电影资料片,可以直接到海关办理进口手续。中国电影资料馆应当将其进口的电影资料片按季度向国务院广播电影电视行政部门备案。

除本条规定外,任何单位或者个人不得进口未经国务院广播电影电视行政部门审查合格的电影片。

第三十三条 电影进口经营单位应当在取得电影作品著作权人使用许可后,在许可的范围内使用电影作品;未取得使用许可的,任何单位和个人不得使用进口电影作品。

第三十四条 电影制片单位出口本单位制作的电影片的,应当持《电影片公映许可证》到海关办理电影片出口手续。

中外合作摄制电影片出口的,中方合作者应当持《电影片公映许可证》到海关办理出口手续。中外合作摄制电影片素材出口的,中方合作者应当持国务院广播电影电视行政部门的批准文件到海关办理出口手续。

中方协助摄制电影片或者电影片素材出境的,中方协助者应当持国务院广播电影电视行政部门的批准文件到海关办理出境手续。

第三十五条　举办中外电影展、国际电影节，提供电影片参加境外电影展、电影节等，应当报国务院广播电影电视行政部门批准。

参加前款规定的电影展、电影节的电影片，须报国务院广播电影电视行政部门审查批准。参加境外电影展、电影节的电影片经批准后，参展者应当持国务院广播电影电视行政部门的批准文件到海关办理电影片临时出口手续。参加在中国境内举办的中外电影展、国际电影节的境外电影片经批准后，举办者应当持国务院广播电影电视行政部门的批准文件到海关办理临时进口手续。

第五章　电影发行和放映

第三十六条　设立电影发行单位、电影放映单位，应当具备下列条件：

（一）有电影发行单位、电影放映单位的名称、章程；

（二）有确定的业务范围；

（三）有适应业务范围需要的组织机构和专业人员；

（四）有适应业务范围需要的资金、场所和设备；

（五）法律、行政法规规定的其他条件。

第三十七条　设立电影发行单位，应当向所在地省、自治区、直辖市人民政府电影行政部门提出申请；设立跨省、自治区、直辖市的电影发行单位，应当向国务院广播电影电视行政部门提出申请。所在地省、自治区、直辖市人民政府电影行政部门或者国务院广播电影电视行政部门应当自收到申请书之日起60日内作出批准或者不批准的决定，并通知申请人。批准的，发给《电影发行经营许可证》，申请人应当持《电影发行经营许可证》到工商行政管理部门登记，依法领取营业执照；不批准的，应当说明理由。

第三十八条 设立电影放映单位，应当向所在地县或者设区的市人民政府电影行政部门提出申请。所在地县或者设区的市人民政府电影行政部门应当自收到申请书之日起60日内作出批准或者不批准的决定，并通知申请人。批准的，发给《电影放映经营许可证》，申请人持《电影放映经营许可证》到所在地工商行政管理部门登记，依法领取营业执照；不批准的，应当说明理由。

第三十九条 电影发行单位、电影放映单位变更业务范围，或者兼并其他电影发行单位、电影放映单位，或者因合并、分立而设立新的电影发行单位、电影放映单位的，应当依照本条例第三十七条或者第三十八条的规定办理审批手续，并到工商行政管理部门办理相应的登记手续。

电影发行单位、电影放映单位变更名称、地址、法定代表人或者主要负责人，或者终止电影发行、放映经营活动的，应当到原登记的工商行政管理部门办理变更登记或者注销登记，并向原审批的电影行政部门备案。

第四十条 申请从事农村16毫米电影片发行、放映业务的单位或者个人，可以直接到所在地工商行政管理部门办理登记手续，并向所在地县级人民政府电影行政部门备案；备案后，可以在全国农村从事16毫米电影片发行、放映业务。

第四十一条 国家允许企业、事业单位和其他社会组织以及个人投资建设、改造电影院。

国家允许以中外合资或者中外合作的方式建设、改造电影院。具体办法由国务院广播电影电视行政部门会同国务院文化行政部门、国务院对外经济贸易主管部门按照有关规定制定。

第四十二条 电影片依法取得国务院广播电影电视行政部门发给的《电影片公映许可证》后，方可发行、放映。

已经取得《电影片公映许可证》的电影片，国务院广播电影电视行政部门在特殊情况下可以作出停止发行、放映或者经修改后方可发行、放映的决定；对决定经修改后方可发行、放映的电影片，著作权人拒绝修改的，由国务院广播电影电视行政部门决定停止发行、放映。

国务院广播电影电视行政部门作出的停止发行、放映的决定，电影发行单位、电影放映单位应当执行。

第四十三条 利用电影片制作音像制品的，应当遵守国家有关音像制品管理的规定。

任何单位和个人不得利用电影资料片从事或者变相从事经营性的发行、放映活动。

第四十四条 放映电影片，应当符合国家规定的国产电影片与进口电影片放映的时间比例。

放映单位年放映国产电影片的时间不得低于年放映电影片时间总和的三分之二。

第四十五条 电影放映单位应当维护电影院的公共秩序和环境卫生，保证观众的安全与健康。

第六章 电影事业的保障

第四十六条 国家建立和完善适应社会主义市场经济体制的电影管理体制，发展电影事业。

第四十七条 国家保障电影创作自由，重视和培养电影专业人才，重视和加强电影理论研究，繁荣电影创作，提高电影质量。

第四十八条 国家建立电影事业发展专项资金，并采取其他优惠措施，支持电影事业的发展。

电影事业发展专项资金缴纳单位应当按照国家有关规定履行缴纳义务。

第四十九条 电影事业发展专项资金扶持、资助下列项目：

（一）国家倡导并确认的重点电影片的摄制和优秀电影剧本的征集；

（二）重点制片基地的技术改造；

（三）电影院的改造和放映设施的技术改造；

（四）少数民族地区、边远贫困地区和农村地区的电影事业的发展；

（五）需要资助的其他项目。

第五十条 国家鼓励、扶持科学教育片、纪录片、美术片及儿童电影片的制片、发行和放映。

第五十一条 国家对少数民族地区、边远贫困地区和农村地区发行、放映电影实行优惠政策。

国家对从事农村16毫米电影片发行、放映业务的单位和个人予以扶持。具体办法由国务院广播电影电视行政部门、国务院文化行政部门会同国务院财政部门规定。

第五十二条 县级以上地方人民政府制定的本行政区域建设规划，应当包括电影院和放映设施的建设规划。

改建、拆除电影院和放映设施，应当报经所在地县级以上地方人民政府电影行政部门审查批准，县级以上地方人民政府电影行政部门应当依据国家有关规定作出批准或者不批准的决定。

第五十三条 县级以上地方人民政府电影行政部门和其他有关行政部门，对干扰、阻止和破坏电影片的制片、发行、放映的行为，应当及时采取措施予以制止，并依法查处。

大众传播媒体不得宣扬非法电影。

第七章 罚 则

第五十四条 国务院广播电影电视行政部门和县级以上地方人民政府电影行政部门或者其他有关部门及其工作人员，利用职务上的便利收受他人财物或者其他好处，批准不符合法定设立条件的电影片的制片、发行和放映单位，或者不履行监督职责，或者发现违法行为不予查处，造成严重后果的，对负有责任的主管人员和其他直接责任人员依照刑法关于受贿罪、滥用职权罪、玩忽职守罪或者其他罪的规定，依法追究刑事责任；尚不够刑事处罚的，给予降级或者撤职的行政处分。

第五十五条 违反本条例规定，擅自设立电影片的制片、发行、放映单位，或者擅自从事电影制片、进口、发行、放映活动的，由工商行政管理部门予以取缔；依照刑法关于非法经营罪的规定，依法追究刑事责任；尚不够刑事处罚的，没收违法经营的电影片和违法所得以及进行违法经营活动的专用工具、设备；违法所得5万元以上的，并处违法所得5倍以上10倍以下的罚款；没有违法所得或者违法所得不足5万元的，并处20万元以上50万元以下的罚款。

第五十六条 摄制含有本条例第二十五条禁止内容的电影片，或者洗印加工、进口、发行、放映明知或者应知含有本条例第二十五条禁止内容的电影片的，依照刑法有关规定，依法追究刑事责任；尚不够刑事处罚的，由电影行政部门责令停业整顿，没收违法经营的电影片和违法所得；违法所得5万元以上的，并处违法所得5倍以上10倍以下的罚款；没有违法所得或者违法所得不足5万元的，并处20万元以上50万元以下的罚款；情节严重的，并由原发证机关吊销许可证。

第五十七条 走私电影片，依照刑法关于走私罪的规定，依法追究刑事责任；尚不够刑事处罚的，由海关依法给予行政处罚。

第五十八条 出口、发行、放映未取得《电影片公映许可证》的电影片的，由电影行政部门责令停止违法行为，没收违法经营的电影片和违法所得；违法所得5万元以上的，并处违法所得10倍以上15倍以下的罚款；没有违法所得或者违法所得不足5万元的，并处20万元以上50万元以下的罚款；情节严重的，并责令停业整顿或者由原发证机关吊销许可证。

第五十九条 有下列行为之一的，由电影行政部门责令停止违法行为，没收违法经营的电影片和违法所得；违法所得5万元以上的,并处违法所得5倍以上10倍以下的罚款;没有违法所得或者违法所得不足5万元的,并处10万元以上30万元以下的罚款;情节严重的,并责令停业整顿或者由原发证机关吊销许可证:

(一)未经批准,擅自与境外组织或者个人合作摄制电影,或者擅自到境外从事电影摄制活动的;

(二)擅自到境外进行电影底片、样片的冲洗或者后期制作,或者未按照批准文件载明的要求执行的;

(三)洗印加工未取得《摄制电影许可证》、《摄制电影片许可证(单片)》的单位摄制的电影底片、样片,或者洗印加工未取得《电影片公映许可证》的电影片拷贝的;

(四)未经批准,接受委托洗印加工境外电影底片、样片或者电影片拷贝,或者未将洗印加工的境外电影底片、样片或者电影片拷贝全部运输出境的;

(五)利用电影资料片从事或者变相从事经营性的发行、放映活动的;

(六)未按照规定的时间比例放映电影片,或者不执行国务院广播电影电视行政部门停止发行、放映决定的。

第六十条 境外组织、个人在中华人民共和国境内独立从事电影片摄制活动的,由国务院广播电影电视行政部门责令停止违法活动,没收违法摄制的电影片和进行违法活动的专用工具、设备,并处30万元以上50万元以下的罚款。

第六十一条 未经批准,擅自举办中外电影展、国际电影节,或者擅自提供电影片参加境外电影展、电影节的,由国务院广播电影电视行政部门责令停止违法活动,没收违法参展的电影片和违法所得;违法所得2万元以上的,并处违法所得5倍以上10倍以下的罚款;没有违法所得或者违法所得不足2万元的,并处2万元以上10万元以下的罚款。

第六十二条 未经批准,擅自改建、拆除电影院或者放映设施的，由县级以上地方人民政府电影行政部门责令限期恢复电影院或者放映设施的原状，给予警告，对负有责任的主管人员和其他直接责任人员依法给予纪律处分。

第六十三条 单位违反本条例，被处以吊销许可证行政处罚的，应当按照国家有关规定到工商行政管理部门办理变更登记或者注销登记；逾期未办理的，由工商行政管理部门吊销营业执照。

第六十四条 单位违反本条例，被处以吊销许可证行政处罚的，其法定代表人或者主要负责人自吊销许可证之日起5年内不得担任电影片的制片、进口、出口、发行和放映单位的法定代表人或者主要负责人。

个人违反本条例，未经批准擅自从事电影片的制片、进口、发行业务，或者擅自举办中外电影展、国际电影节或者擅自提供电影片参加境外电影展、电影节的，5年内不得从事相关电影业务。

第六十五条 未按照国家有关规定履行电影事业发展专项资金缴纳义务的，由省级以上人民政府电影行政部门责令限期补交，并自欠缴之日起按日加收所欠缴金额万分之五的滞纳金。

第六十六条 依照本条例的规定实施罚款的行政处罚，应当依照有关法律、行政法规的规定，实行罚款决定与罚款收缴分离；收缴的罚款应当全部上缴国库。

第八章 附 则

第六十七条 国家实行《摄制电影许可证》和《电影发行经营许可证》、《电影放映经营许可证》年检制度。年检办法由国务院广播电影电视行政部门制定。

第六十八条 本条例自2002年2月1日起施行。1996年6月19日国务院发布的《电影管理条例》同时废止。

电影企业经营资格准入暂行规定

（2004 年 10 月 10 日国家广播电影电视总局、商务部发布
根据 2015 年 8 月 28 日《国家新闻出版广电总局
关于修订部分规章和规范性文件的决定》修正）

第一章 总 则

第一条 为了充分调动社会力量，加快发展电影产业，培育市场主体，规范市场准入，增强电影业的整体实力和竞争力，促进社会主义电影业繁荣，满足广大人民群众的精神文化生活需求，根据《中华人民共和国中外合资经营企业法》、《中华人民共和国中外合作经营企业法》、《电影管理条例》，制定本规定。

第二条 本规定适用于境内公司、企业和其他经济组织经营电影制作、发行、放映、进出口业务及境外公司、企业和其他经济组织参与经营电影制作、放映业务的资格准入管理。

第三条 国家对电影制作、发行、放映、进出口经营资格实行许可制度。

第四条 国家广播电影电视总局（以下简称广电总局）为全国电影制片、发行、放映、进出口经营资格准入的行业行政管理部门。

第二章 电 影 制 作

第五条 国家允许境内公司、企业和其他经济组织（不包括外

商投资企业)设立电影制片公司。申请设立电影制片公司,由境内公司、企业和其他经济组织向广电总局提出申请。

(一)已取得《摄制电影许可证》的境内公司、企业和其他经济组织(不包括外商投资企业)联合设立电影制片公司的,需提交申请书、合同、章程、工商行政管理部门颁发的各方营业执照复印件、公司名称预核准通知书。

(二)未取得《摄制电影许可证》的境内公司、企业和其他经济组织(不包括外商投资企业),首次拍摄电影片时须设立影视文化公司,由影视文化公司申请领取《摄制电影片许可证(单片)》。取得《摄制电影片许可证(单片)》的申报条件及程序如下:

1. 地(市)级以上工商行政管理部门注册的各类影视文化单位,均有资格申领《摄制电影片许可证(单片)》;

2. 提交申请书、工商行政管理部门颁发的营业执照复印件、制作影片的资金来源证明、拟摄制影片的文学剧本(故事梗概)一式三份;

3. 广电总局在20个工作日内对申报的摄制资格及电影文学剧本(故事梗概)进行审查。审查合格的,发给《摄制电影片许可证(单片)》。申报单位持广电总局出具的批准文件到所在地工商行政管理部门办理相关手续;不批准的,书面回复理由;

4. 取得《摄制电影片许可证(单片)》的单位,享有影片一次性出品权。出品人可独立出品,也可与其他制片单位(含影视文化单位)联合出品;

5.《摄制电影片许可证(单片)》实行一片一报制度。

(三)已取得《摄制电影片许可证(单片)》的境内公司、企业和其他经济组织(不包括外商投资企业)单独或联合设立电影制片公司的申报条件及程序如下:

1. 已经以《摄制电影片许可证(单片)》的形式投资拍摄了两部以上电影片;

2. 提交申请书、工商行政管理部门颁发的营业执照(联合设立电影制片公司的,还要提供合同、章程、工商行政管理部门颁发的各方营业执照复印件)、公司名称预核准通知书;

3. 投资摄制两部电影片的《摄制电影片许可证(单片)》、《电影片公映许可证》等相关材料。

(四)符合(一)、(三)项的,广电总局在20个工作日内颁发《摄制电影许可证》。申报单位持广电总局出具的批准文件到所在地工商行政管理部门办理相关手续,并报广电总局备案;不批准的,书面回复理由。

第六条 允许境内公司、企业和其他经济组织(以下简称中方)与境外公司、企业和其他经济组织(以下简称外方)合资、合作设立电影制片公司(以下简称合营公司)。申请设立合营公司,由中方向广电总局提出申请。申报条件及程序如下:

(一)中方已取得《摄制电影许可证》的或已取得两个《摄制电影片许可证(单片)》的;

(二)外资在注册资本中的比例不得超过49%;

(三)符合(一)、(二)项的,由中方向广电总局提交项目申请书、可行性研究报告、合同、章程、合营各方注册登记证明(或身份证明)、公司名称预核准通知书等。广电总局依法予以审核。经审核合格的,出具核准文件并颁发《摄制电影许可证》;

(四)符合(一)、(二)、(三)项的,由中方持广电总局出具的核准文件及本条(四)中所列文件,报商务部审批。商务部依法做出批准或不批准的决定。经批准的,颁发《外商投资企业批准证书》;不予批准的,书面回复理由;

(五)申报单位持广电总局、商务部的批准文件,到所在地工商行政管理部门办理相关手续。

第七条 按照本规定第五条、第六条,取得《摄制电影许可证》的电影制片公司,依照《电影管理条例》享有与国有电影制片单位同等的权利和义务。

第八条 允许境内公司、企业和其他经济组织(不包括外商投资企业)设立电影技术公司,改造电影制片、放映基础设施和技术设备。申报条件及程序如下:

(一)提交申请书、工商行政管理部门颁发的营业执照(联合设立电影技术公司的还要提供合同、章程、各方营业执照复印件)、公司名称预核准通知书;

(二)符合(一)项的,申报单位持广电总局出具的批准文件到所在地工商行政管理部门办理相关手续,并报广电总局备案;不批准的,书面回复理由。

第九条 允许境内公司、企业和其他经济组织(以下简称中方)与境外公司、企业和其他经济组织(以下简称外方)合资、合作设立电影技术公司,改造电影制片、放映基础设施和技术设备。申报条件及程序如下:

(一)外资在注册资本中的比例不得超过49%,经国家批准的省市可以控股;

(二)符合(一)项的,由中方向广电总局提交项目申请书、可行性研究报告、合同、章程、合营各方注册登记证明(或身份证明)、公司名称预核准通知书等。广电总局依法予以审核。经审核合格的,出具核准文件;

(三)符合(一)、(二)项的,由中方持广电总局出具的核准文件及本条(二)中所列文件,报商务部审批。商务部依法做出批准或不批准的决定。经批准的,颁发《外商投资企业批准证书》;不予批准的,书面回复理由;

(四)申报单位持广电总局、商务部的批准文件,到所在地工商行政管理部门办理相关手续。

第三章 电影发行、放映

第十条 鼓励境内公司、企业和其他经济组织(不包括外商投

资企业)设立专营国产影片发行公司。申报条件及程序如下:

(一)受电影出品单位委托代理发行过两部电影片或受电视剧出品单位委托发行过两部电视剧;

(二)提交申请书、工商行政管理部门颁发的营业执照复印件、公司名称预核准通知书、已代理发行影视片的委托证明等材料;

(三)符合(一)、(二)项并向广电总局申请设立专营国产影片发行公司的,由广电总局在20个工作日内颁发全国专营国产影片的《电影发行经营许可证》;向当地省级电影行政管理部门申请设立专营国产影片发行公司的,由当地省级电影行政管理部门在20个工作日内颁发本省(区、市)专营国产影片的《电影发行经营许可证》。申报单位持电影行政管理部门出具的批准文件到所在地工商行政管理部门办理相关手续。不批准的,书面回复理由。

第十一条 广电总局依照关于发行放映国产影片的年度考核的有关规定,对取得《电影发行经营许可证》的公司进行年度考核。

第十二条 允许电影院线公司以紧密型或松散型进行整合。鼓励以跨省院线为基础,按条条管理的原则重新整合。不允许按行政区域整体兼并院线。院线整合报广电总局审批。

鼓励境内公司、企业和其他经济组织(不包括外商投资企业)投资现有院线公司或单独组建院线公司。

(一)以参股形式投资现有院线公司的,参股单位须在三年内投资不少于3000万元人民币,用于本院线中电影院的新建、改造;以控股形式投资现有院线公司的,控股单位须在三年内投资不少于4000万元人民币,用于本院线中电影院的新建、改造;单独组建省内或全国电影院线公司的,组建单位须在三年内投资不少于5000万元人民币用于本院线中电影院的新建、改造;

(二)组建省(区、市)内院线公司的,由所在地省、自治区、直辖市人民政府电影行政管理部门在20个工作日内审批,并报广电总局备案;组建跨省院线公司的,由广电总局在20个工作日内审批。申报单位持电影行政管理部门出具的批准文件到所在地工商行政管理部门办理相关手续。不批准的，书面回复理由。

第十三条 鼓励境内公司、企业和其他经济组织（不包括外商投资企业）组建少年儿童电影发行放映院线。

（一）凡在省（区、市）内与20家以上中小学校、少年宫、儿童活动中心、影剧院、礼堂等签订电影供片协议的，可向当地省级电影行政管理部门申请，设立一条省（区、市）内少年儿童电影发行放映院线；

（二）凡在不同省（区、市）与30家以上中小学校、少年宫、儿童活动中心、影剧院、礼堂等签订电影供片协议的，可向广电总局提出申请，设立一条跨省（区、市）的少年儿童电影发行放映院线；

（三）组建省（区、市）内院线公司的，由所在地省、自治区、直辖市人民政府电影行政管理部门在20个工作日内审批，并报广电总局备案；组建跨省院线公司的，由广电总局在20个工作日内审批。申报单位持电影行政管理部门出具的批准文件到所在地工商行政管理部门办理相关手续。不批准的，书面回复理由。

第十四条 鼓励境内公司、企业和其他经济组织及个人依照《电影管理条例》在全国农村以多种方式经营电影发行、放映业务，在城市社区、学校经营电影放映业务。

第十五条 鼓励境内公司、企业和其他经济组织及个人投资建设、改造电影院。经营电影放映业务，须报县级以上地方电影行政管理部门批准，到所在地工商行政管理部门办理相关手续。

外商投资电影院依照《外商投资电影院暂行规定》管理。

第四章 电影进出口

第十六条 电影进口经营业务由广电总局批准的电影进口经营企业专营。进口影片全国发行业务由广电总局批准的具有进口影片全国发行权的发行公司发行。

第十七条 鼓励影片摄制单位多渠道出口取得《电影片公映许可证》的国产影片。

第五章 附 则

第十八条 广电总局颁发的《摄制电影许可证》、《电影发行经营许可证》实行隔年检验制度。地方电影行政管理部门按照管理权限,对颁发的《电影发行经营许可证》、《电影放映经营许可证》实行年检制度。

第十九条 本办法未作规定的,依照《电影管理条例》及有关规定执行。

第二十条 本规定由广电总局、商务部负责解释。

第二十一条 本规定自 2004 年 11 月 10 起施行。广电总局《电影制片、发行、放映经营资格准入暂行规定》(广电总局令第 20 号)、《关于取得〈摄制电影许可证(单片)〉资格认证制度的实施细则(试行)》(广发办字〔2001〕1483 号)同时废止。

《电影企业经营资格准入暂行规定》的补充规定

（2005 年 3 月 7 日国家广播电影电视总局、商务部发布
根据 2015 年 8 月 28 日《国家新闻出版广电总局
关于修订部分规章和规范性文件的决定》修正）

《电影企业经营资格准入暂行规定》的补充规定为了促进香港、澳门与内地建立更紧密经贸关系，鼓励香港、澳门服务提供者在内地设立发行国产电影片的企业，根据国务院批准的《〈内地与香港关于建立更紧密经贸关系的安排〉补充协议》及《〈内地与澳门关于建立更紧密经贸关系的安排〉补充协议》，现对《电影企业经营资格准入暂行规定》（国家广播电影电视总局商务部令第 43 号）作出如下补充规定：

一、自 2005 年 1 月 1 日起，允许香港、澳门服务提供者经内地主管部门批准后，在内地试点设立独资公司发行国产电影片。

二、本规定中的香港服务提供者和澳门服务提供者应分别符合《内地与香港关于建立更紧密经贸关系的安排》及《内地与澳门关于建立更紧密经贸关系的安排》中关于“服务提供者”定义及相关规定的要求。

三、本规定自 2005 年 5 月 8 日起施行。

电影剧本(梗概)备案、电影片管理规定

(2006年5月22日国家广播电影电视总局令第52号发布
自2006年6月22日起施行)

第一章 总 则

第一条 为规范和改进电影剧本(梗概)备案和电影片管理制度,提高电影质量,繁荣电影创作,满足广大群众的精神文化需求,推进电影业健康发展,根据《电影管理条例》,制定本规定。

第二条 国家实行电影剧本(梗概)备案和电影片审查制度。未经备案的电影剧本(梗概)不得拍摄,未经审查通过的电影片不得发行、放映、进口、出口。

第三条 本规定适用于在中华人民共和国境内公映的各类故事片、纪录片、科教片、动画片、专题片(含以上各类型的中外合拍片)等的电影剧本(梗概)备案、电影片审查和进口片审查。

第四条 国家广播电影电视总局(以下简称广电总局)负责电影剧本(梗概)备案和电影片审查的管理工作。

广电总局电影审查委员会和电影复审委员会负责电影片的审查。

省级广播影视行政部门(以下简称省级广电部门),经申请可以受广电总局委托,成立电影审查机构,负责本行政区域内持有《摄制电影许可证》的制片单位摄制的部分电影片的审查工作(以

下简称属地审查）。

第二章 电影剧本（梗概）备案

第五条 持有《摄制电影许可证》的电影制片单位和在地市级以上工商部门注册登记的各类影视文化单位（以下简称影视文化单位）摄制电影片，应在拍摄前将电影剧本（梗概）送广电总局或相应的实行属地审查的省级广电部门备案。

联合摄制电影片的，应当由其中的一个单位提前办理备案手续。

第六条 办理电影剧本（梗概）备案手续，应当提供下列材料：

（一）拟拍摄影片的备案报告；

（二）不少于一千字的电影剧情梗概一份。凡影片主要人物和情节涉及外交、民族、宗教、军事、公安、司法、历史名人和文化名人等方面内容的（以下简称特殊题材影片），需提供电影文学剧本一式三份，并要征求省级或中央、国家机关相关主管部门的意见；

（三）电影剧本（梗概）版权的协议（授权）书；

（四）影视文化单位申请领取《摄制电影片许可证（单片）》，需向广电总局提供本单位营业执照副本及填报《摄制电影片许可证（单片）》申请书。

第七条 电影剧本（梗概）备案的程序：

（一）制片单位向广电总局或实行属地审查的省级广电部门提出备案；

（二）广电总局或实行属地审查的省级广电部门按照《行政许可法》规定的期限，发给《电影剧本（梗概）备案回执单》（式样附后）。

如在二十个工作日内没有提出意见的，制片单位可按备案的电影剧本（梗概）进行拍摄；

如对备案的电影剧本（梗概）有修改意见或不同意拍摄的，应

在二十个工作日内书面通知制片单位;

如电影剧本需另请相关主管部门和专家评审的,需延长二十个工作日,并书面告知制片单位。

第八条 实行属地审查的省级广电部门,应将电影剧本(梗概)备案情况抄报广电总局;广电总局将定期在相关媒体公布电影剧本(梗概)备案情况。

第九条 拍摄重大革命和重大历史题材影片,需报送剧本立项审查,按照广电总局关于重大革命和重大历史题材电影剧本立项及完成片的管理规定办理。

第十条 拍摄重大文献纪录影片,需报送剧本立项审查,按照广电总局关于重大文献纪录影片的管理规定办理。

第十一条 中外合作摄制影片,需报送剧本立项审查,按照广电总局关于中外合作摄制电影片的管理规定办理。

第三章 电影片审查

第十二条 国家提倡创作思想性、艺术性、观赏性统一,贴近实际、贴近生活、贴近群众,有利于保护未成年人健康成长的优秀电影。大力发展先进文化,支持健康有益文化,努力改造落后文化,坚决抵制腐朽文化。

第十三条 电影片禁止载有下列内容:

(一)违反宪法确定的基本原则的;

(二)危害国家统一、主权和领土完整的;

(三)泄露国家秘密,危害国家安全,损害国家荣誉和利益的;

(四)煽动民族仇恨、民族歧视,破坏民族团结,侵害民族风俗、习惯的;

(五)违背国家宗教政策,宣扬邪教、迷信的;

(六)扰乱社会秩序,破坏社会稳定的;

(七)宣扬淫秽、赌博、暴力、教唆犯罪的;

（八）侮辱或者诽谤他人，侵害他人合法权益的；

（九）危害社会公德，诋毁民族优秀文化的；

（十）有国家法律、法规禁止的其他内容的。

第十四条 电影片有下列情形，应删剪修改：

（一）曲解中华文明和中国历史，严重违背历史史实；曲解他国历史，不尊重他国文明和风俗习惯；贬损革命领袖、英雄人物、重要历史人物形象；篡改中外名著及名著中重要人物形象的；

（二）恶意贬损人民军队、武装警察、公安和司法形象的；

（三）夹杂淫秽色情和庸俗低级内容，展现淫乱、强奸、卖淫、嫖娼、性行为、性变态等情节及男女性器官等其他隐秘部位；夹杂肮脏低俗的台词、歌曲、背景音乐及声音效果等；

（四）夹杂凶杀、暴力、恐怖内容，颠倒真假、善恶、美丑的价值取向，混淆正义与非正义的基本性质；刻意表现违法犯罪嚣张气焰，具体展示犯罪行为细节，暴露特殊侦查手段；有强烈刺激性的凶杀、血腥、暴力、吸毒、赌博等情节；有虐待俘虏、刑讯逼供罪犯或犯罪嫌疑人等情节；有过度惊吓恐怖的画面、台词、背景音乐及声音效果；

（五）宣扬消极、颓废的人生观、世界观和价值观，刻意渲染、夸大民族愚昧落后或社会阴暗面的；

（六）鼓吹宗教极端主义，挑起各宗教、教派之间，信教与不信教群众之间的矛盾和冲突，伤害群众感情的；

（七）宣扬破坏生态环境，虐待动物，捕杀、食用国家保护类动物的；

（八）过分表现酗酒、吸烟及其他陋习的；

（九）违背相关法律、法规精神的。

第十五条 电影片的署名、字幕等语言文字，应按《中华人民共和国著作权法》、《中华人民共和国国家通用语言文字法》等有关规定执行。

第十六条 电影片技术质量按照国家有关电影技术标准审查。

第十七条 摄制完成的电影片应当报相应的电影审查机构审查。送审电影片应当提供下列材料：

（一）混录双片

1. 混录双片一套（如用贝塔录像带代替混录双片送审，需另报广电总局批准），数字电影送高清数字节目带一套；

2. 国产电影片送审报告单一式四份；

3. 影片主创人员名单；

4. 影片英文译名报告（一般提前申报）；

5. 原著改编意见书；

6. 联合摄制合同书；

7. 完成台本一套；

8.《电影剧本（梗概）备案回执单》。

（二）标准拷贝

1. 标准拷贝两套（广电总局和中国电影资料馆各一套）；

2. 影片 1/2 录像带三套（中外合拍片四套）、贝塔录像带、贝塔宣传带、终混八轨带各一套；

3. 送审标准拷贝技术鉴定书；

4. 被定为民族语译制影片的音乐效果素材；

5. 完成台本三套（民族语译制影片为四套）；

6. 相关剧照。

数字电影的技术审查标准及需提交的材料，按照广电总局有关规定执行。

第十八条 电影片的审查程序：

（一）制片单位应向广电总局电影审查委员会提出审查申请；

（二）广电总局电影审查委员会自收到混录双片及相关材料之日起二十个工作日内作出审查决定。审查合格的，发给《影片审查决定书》和《电影片公映许可证》片头。审查不合格或需要修改的，应在《影片审查决定书》中作出说明，并通知制片单位；

（三）广电总局电影审查委员会自收到标准拷贝（数字节目带）及相关材料之日起十个工作日内作出审查决定。审查合格的，发给《电影片公映许可证》；审查不合格或需要修改的，应通知制片单位；

（四）影片审查不合格需经修改后再次送审的，审查期限重新计算；

（五）制片单位对电影片审查决定不服的，可以自收到《影片审查决定书》之日起三十个工作日内向广电总局电影复审委员会提出复审申请。广电总局电影复审委员会应在二十个工作日内作出复审决定。复审合格的，发给《电影片公映许可证》；不合格的，书面通知制片单位；

（六）实行属地审查的省级广电部门，应依照本规定进行电影片审查，审查合格的，颁发《影片审查决定书》和《送审标准拷贝技术鉴定书》；审查不合格或需要修改的，按本规定第十八条（二）、（三）、（四）款项中相关规定办理。

制片单位持《影片审查决定书》、《送审标准拷贝技术鉴定书》及本规定第十七条规定的相关材料，到广电总局领取《电影片公映许可证》。

第十九条 实行属地审查的省级广电部门认为必要时，可以将送审影片提交广电总局电影审查委员会审查。

制片单位对省级广电部门的审查决定有异议的，可以向广电总局电影审查委员会申请重审。

第二十条 联合摄制的电影片，由办理备案手续的制片单位按照本规定送相应的电影审查机构审查。

第二十一条 重大革命和重大历史题材影片、重大文献纪录影片、特殊题材影片、中外合作摄制影片，由省级广电部门初审同意后，报广电总局电影审查机构审查。

第二十二条 中央和国家机关所属的电影制片单位和所有持有《摄制电影片许可证（单片）》的单位摄制的影片，直接报广电总局电影审查委员会审查。

第二十三条 进口电影片的审查，按照《电影管理条例》第四章关于电影进口和本规定第三章关于电影片审查的相关条款办理。

第四章 附 则

第二十四条 对违反本规定的行为，依据《电影管理条例》和其他有关法律、法规进行处理。

第二十五条 本规定自2006年6月22日起施行。1997年1月16日广播电影电视部发布的《电影审查规定》（广播电影电视部令第22号）、2004年7月6日广电总局发布的《电影剧本（梗概）立项、电影片审查暂行规定》（广电总局令第30号）同时废止。

中外合作摄制电影片管理规定

（2004 年 7 月 6 日国家广播电影电视总局令第 31 号发布
根据 2016 年 5 月 4 日《国家新闻出版广电总局
关于修改部分规章的决定》修正）

第一条 为繁荣电影创作生产，维护中外合作摄制电影片的制片者及相关人员的合法权益，促进中外电影交流，根据《电影管理条例》，制定本规定。

第二条 本规定所称中外合作摄制电影片，是指依法取得《摄制电影许可证》或《摄制电影片许可证（单片）》的境内电影制片者（以下简称中方）与境外电影制片者（以下简称外方）在中国境内外联合摄制、协作摄制、委托摄制电影片。

第三条 本规定适用于中外电影制片者在中国境内外合作摄制的故事片、美术片、科教片、纪录片、专题片等电影片（含胶片电影、数字电影、电视电影等）。

第四条 国务院广播影视行政部门负责中外合作摄制电影的管理工作。

第五条 中外合作摄制电影片包括下列形式：

（一）联合摄制，即由中外双方共同投资（含资金、劳务或实物）、共同摄制、共同分享利益及共同承担风险的摄制形式；

（二）协作摄制，即外方出资，在中国境内拍摄，中方有偿提供设备、器材、场地、劳务等予以协助的摄制形式；

（三）委托摄制，即外方委托中方在中国境内代为摄制的摄制形式。

第六条 中外合作摄制电影片应当遵循以下原则：

（一）符合中国宪法、法律、法规及有关规定；

（二）尊重中国各民族的风俗、宗教、信仰和生活习惯；

（三）有利于弘扬中华民族的优秀文化传统；

（四）有利于中国的经济建设、文化建设、思想道德建设和社会安定；

（五）有利于中外电影交流；

（六）不得损害第三国的利益。

第七条 国家对中外合作摄制电影片实行许可制度。

境内任何单位或个人未取得《中外合作摄制电影片许可证》或批准文件，不得与境外单位或个人合作摄制电影片。未经批准，境外单位或个人不得在中国境内独立摄制电影片。

第八条 申请中外合作摄制电影片应当具备下列条件：

（一）持有《摄制电影许可证》或《摄制电影片许可证（单片）》的中方制片单位（含在境内批准注册的中外合资电影制片公司，下同）；

（二）中外合作双方均不在因违反《电影管理条例》而停止摄制电影片的处罚期内。

第九条 申请中外合作摄制电影片应当向国务院广播影视行政部门提供下列材料：

（一）中方制片单位的摄制立项申请；

（二）中方制片单位的《摄制电影许可证》（《摄制电影片许可证（单片）》）及营业执照复印件；

（三）电影文学剧本（规范汉字）一式三份；

（四）外方的资信证明和合拍影片情况；

（五）中外双方合作意向书或协议书，主要内容应明确：合作各方投资比例、中外主创人员比例、是否参加国内外电影节（展）等；

（六）主创人员简介。

第十条　中外合作摄制电影片立项申报审批程序：

（一）中方制片单位向国务院广播影视行政部门提出申请；

（二）国务院广播影视行政部门按照《行政许可法》的规定期限受理申请单位提出的书面申请；

（三）决定受理的，国务院广播影视行政部门应当在二十个工作日内作出批准或不批准立项的决定。电影剧本须经专家评审的，应书面告知申请单位，其评审时间应在二十个工作日内完成；

（四）符合联合摄制条件的，发给一次性《中外合作摄制电影片许可证》；符合协作摄制、委托摄制条件的，发给批准文件。不批准的，应当书面说明理由。

第十一条　取得《中外合作摄制电影片许可证》或批准文件后，中外双方应根据批准立项的内容签订合同。

第十二条　《中外合作摄制电影片许可证》有效期为两年。

第十三条　联合摄制中需聘用境外主创人员的，应当报国务院广播影视行政部门批准，且外方主要演员比例不得超过主要演员总数的三分之二。

第十四条　联合摄制的电影片，应当制作普通话语言版本，其字幕须使用规范汉字。根据影片发行的需要，允许以普通话版本为标准，制作相应国家、地区、少数民族的语言文字版本。

第十五条　中外合作摄制完成的电影片，经当地省级广播影视行政部门提出初审意见后，报国务院广播影视行政部门电影审查委员会审查；中央和国家机关所属电影制片单位和持有《摄制电影片许可证（单片）》的单位申请立项并摄制完成的电影片，直接报国务院广播影视行政部门电影审查委员会审查。

第十六条　联合摄制的电影片，经审查合格，取得国务院广播影视行政部门颁发的《电影片公映许可证》后，方可在中国境内外发行公映。

协作摄制、委托摄制的电影片，经审查合格的，可持国务院广播影视行政部门的批准文件办理出境手续。

第十七条 中外双方如需更改已经取得《电影片公映许可证》的电影片，应当报国务院广播影视行政部门审批。

第十八条 联合摄制的电影片，需参加中外电影节（展）的，应按照举办、参加中外电影节（展）的有关规定报国务院广播影视行政部门备案。

第十九条 外方应通过中方在中国内地聘用电影创作及劳务人员，并依据中国法律、法规与应聘者签订合同。

第二十条 对违反本规定的行为，依据《电影管理条例》的有关规定处罚。

第二十一条 本规定适用于香港、澳门特别行政区及台湾地区的电影制片者在境内合作摄制电影。

第二十二条 本规定自2004年8月10日起施行。广电总局《中外合作摄制电影片管理规定》（广电总局令第19号）同时废止。

广播影视节(展)及节目交流活动管理规定

(2004年9月7日国家广播电影电视总局令第38号发布
根据2016年5月4日《国家新闻出版广电总局关于修改部分规章的决定》修正)

第一条 为规范广播影视节(展)及节目交流活动,促进中外广播影视交流,根据《广播电视管理条例》和《电影管理条例》,制定本规定。

第二条 举办国际性广播影视节(展)、节目交流活动和设评奖的全国性广播影视节(展),须经国务院广播影视行政部门批准。

第三条 国家鼓励国产电影片、电视剧(含影视动画片)和其他广播影视节目参加境内外广播影视节(展)、节目交流活动。

在境内外广播影视节(展)参赛及展播展映的国产电影片、电视剧(含影视动画片),须取得《电影片公映许可证》或《电视剧(电视动画片)发行许可证》;其他广播电视节目,应符合《广播电视管理条例》有关节目内容的要求。

第四条 在境内外举办国际性广播影视节(展)、中外政府间广播影视节(展)和设评奖的全国性广播影视节(展),由国务院广播影视行政部门举办或与国家相关政府部门、地方政府等联合举办。

全国性广播影视社会团体、行业组织经国务院广播影视行政部门批准可以举办设评奖的全国性广播影视节(展)。

第五条　国家鼓励各相关单位依法与境外国家(地区)开展对等交流互办电影展映等活动。

在京的中央单位及其直属机构在境内举办上述活动须报国务院广播影视行政部门批准。其他单位在境内举办上述活动,如涉及多个国家(地区),该活动须报国务院广播影视行政部门批准;如只涉及单一国家(地区),须报省级广播影视行政部门批准,其拟展映的境外影片须经省级广播影视行政部门审查,批准时应同时抄报国务院广播影视行政部门。

第六条　国际性广播影视科研、学术交流活动可由全国性广播影视社会团体、行业组织或广播影视科研、教学、研究机构举办,须报国务院广播影视行政部门批准。拟展映的境外影片须报国务院广播影视行政部门审查批准。

第七条　在综合性文化活动中举办涉外电影展映活动的,举办单位须持文化行政部门对该综合性文化活动的批准文件,按照本规定的有关规定,报国务院广播影视行政部门或者相关省级广播影视行政部门审查批准。

第八条　国家鼓励我国驻外使、领馆举办非商业性的中国电影展映活动。驻外使、领馆如代表中国选送影片参加在所在国举办的电影节,应商国务院广播影视行政部门同意。

第九条　赴境外举办中国广播影视节(展),可由广播影视行政部门、社会团体、行业组织、企事业单位等举办,须符合国家外交和对我国港、澳、台工作的有关方针、政策,事先报国务院广播影视行政部门备案。

第十条　申请举办国际性广播影视节(展)、节目交流活动和设评奖的全国性广播影视节(展),应当具备下列条件:

(一)符合国务院广播影视行政部门的整体布局和规划要求;

（二）如设评奖，应符合国家有关文艺评奖的规定；

（三）成立举办活动的专门工作机构和制定切实可行的办节（展）方案；

（四）举办综合性国际电影节（展）和设评奖的全国性电影节（展）的，还应具备专业标准的放映设备、设施；

（五）节（展）活动符合国家有关外交方针、政策。

第十一条　申请举办国际性广播影视节（展）、节目交流活动和设评奖的全国性电影节（展），申请单位应当提交下列材料：

（一）申请报告及举办方案，举办方案应包括节（展）名称、活动内容、性质、规模、时间、地点以及活动组织机构等内容；

（二）如设评奖项目，还应提供拟设奖项名称、数额、参评条件和评选办法；

（三）在境内举办的，须提交拟邀请的境外机构、主要人员及拟参展的境外广播影视节目情况；赴境外举办的，须提交与境外合作方签署的合作文件或境外合作方的邀请函。

第十二条　广播影视节（展）的举办单位、参展单位应遴选内容健康，思想性、艺术性、观赏性较高的影视片（剧）和其他广播影视节目参加节（展）。

入境参赛的境外电影片，须报国务院广播影视行政部门审查批准。入境展映的境外影片，由国务院广播影视行政部门或其委托的省级广播影视行政部门审查批准。赴境外参展的电影片报国务院广播影视行政部门备案。

入境参赛、展播的境外广播电视节目，须经省级以上广播电视行政部门审查批准。赴境外参展的广播电视节目，送展单位应根据《广播电视管理条例》有关节目内容要求进行审查后，事先报省级以上广播电视行政部门备案。

第十三条　拟入境参赛、展映的境外电影片，申请审查时应提交电影片简介和录像带（或 DVD 光盘），并需有中文（或英文）字幕或其他形式的中、英文翻译。

第十四条 赴境外参展的国产电影片由出品单位报国务院广播影视行政部门备案，合拍电影片由各方出品单位共同报送备案。备案应在节（展）举办二十天前报送，并提交下列材料：

（一）《电影片公映许可证》复印件；

（二）拟参加电影节（展）的名称、时间、地点；

（三）该电影节（展）主办单位的邀请函及中文译文；

（四）电影片出品单位联系人、联系电话、传真、电子邮件及通信地址；

（五）如需国务院广播影视行政部门向海关出具电影片拷贝临时出入关函，须在申请中提出并注明出入海关的名称及时间。

第十五条 广播影视行政部门应当按照行政许可法的有关要求，自受理申请之日起二十个工作日内提出审查意见或作出审查决定。

对入境参赛、展映的电影片和入境参赛、展播的境外广播电视节目需组织专家评审的，专家评审时间不计算在审批时间内，但应将所需时间书面告知申请人。

第十六条 参加国际性广播电视节（展）、节目交流活动的广播电视节目出入境，须按照海关规定办理相关手续。

获准在境内参赛、参展的境外影片入出境，由节（展）等有关活动的举办单位持国务院广播影视行政部门或者相关省级广播影视行政部门批准文件到海关办理拷贝临时入出境手续；赴境外参加电影节（展）并已备案的影片出入境，由参展单位持国务院广播影视行政部门相关文件到海关办理拷贝临时出入境手续。

第十七条 举办单位应在广播影视节（展）结束后三十日内，将举办节（展）情况报国务院广播影视行政部门备案。

第十八条 在境内举办我国香港特别行政区、澳门特别行政区和台湾地区广播影视节（展）、节目交流活动，参照本规定执行。

第十九条　违反本规定的，依照《广播电视管理条例》、《电影管理条例》进行处罚。

第二十条　本规定自 2004 年 10 月 10 日起施行。《举办、参加中外电影节、展管理规定》（广发影字〔1998〕94 号）同时废止。

后　记

党的十八大以来,以习近平同志为核心的党中央高度重视文化立法工作,十八届四中全会《决定》把加强文化立法作为全面推进依法治国的一项重要任务。电影产业促进法由第十二届全国人民代表大会常务委员会第二十四次会议于2016年11月7日通过,自2017年3月1日起施行。电影产业促进法立足我国电影产业的实际需要和发展趋势,确立了促进电影产业发展的基本原则、基本制度,规范了电影创作、摄制、放映、发行等活动,加大了对电影产业的支持和保障力度,是加强文化领域立法的一个重要成果。电影产业促进法的颁布和实施,对于激发电影市场活力,规范电影市场秩序,丰富人民群众精神文化生活,弘扬社会主义核心价值观,具有十分重要的意义。

为配合电影产业促进法的学习和宣传工作,让社会各界对电影产业促进法的立法原意和相关规定有全面、准确的了解,全国人大常委会法制工作委员会参与电影产业促进法立法工作的同志编写了本书,供大家学习参考。

本书由全国人大常委会法制工作委员会副主任许安标任主编,全国人大常委会法制工作委员会立法规划室主任王瑞贺任副主编。参加编写的人员有:郭庆、诸政红、王历磊、侯晓光、陶勇、袁先鹏、刘林、刘汉思等。国家新闻出版广电总局政策法制司、电影局对本书的编写工作给予了大力支持。

因时间和水平有限,释义不妥和疏漏之处在所难免,敬请广大读者批评指正。

图书在版编目(CIP)数据

中华人民共和国电影产业促进法释义／许安标主编
.—北京:法律出版社，2017.5
(中华人民共和国法律释义)
ISBN 978－7－5118－6913－5

Ⅰ.①中…　Ⅱ.①许…　Ⅲ.①电影事业—产业发展—法律解释—中国　Ⅳ.①D922.85

中国版本图书馆CIP数据核字(2017)第095154号

中华人民共和国电影产业促进法释义
ZHONGHUA RENMIN GONGHEGUO DIANYING CHANYE CUJIN FA SHIYI

许安标 主编

策划编辑 麦 锐
责任编辑 麦 锐
装帧设计 李 瞻

出版 法律出版社
总发行 中国法律图书有限公司
经销 新华书店
印刷 北京北苑印刷有限责任公司
责任印制 吕亚莉

编辑统筹 法规出版分社
开本 850毫米×1168毫米
印张 11
字数 265千
版本 2017年5月第1版
印次 2017年5月第1次印刷

法律出版社／北京市丰台区莲花池西里7号(100073)
网址／www.lawpress.com.cn
投稿邮箱／info@lawpress.com.cn
举报维权邮箱／jbwq@lawpress.com.cn
销售热线／010－63939792
咨询电话／010－63939796

中国法律图书有限公司／北京市丰台区莲花池西里7号(100073)
全国各地中法图分、子公司销售电话：
统一销售客服／400－660－6393
第一法律书店／010－63939781/9782　西安分公司／029－85330678　重庆分公司／023－67453036
上海分公司／021－62071639/1636　深圳分公司／0755－83072995

书号:ISBN 978－7－5118－6913－5　**定价**:39.00元
(如有缺页或倒装,中国法律图书有限公司负责退换)